Glencoe
Middle School Spanish

¿Cómo te va?

B

Conrad J. Schmitt

Mc Graw Hill **Glencoe**

New York, New York   Columbus, Ohio   Chicago, Illinois   Peoria, Illinois   Woodland Hills, California

About the Front Cover

(left) **Plaza de España, Sevilla, España** The grandiose structure on the **Plaza de España** was Spain's pavilion at the 1928 Hispanic-American Exhibition. The brightly colored tile pictures in the arches represent what were the southern provinces of Spain. The four bridges over the lake represent the medieval kingdoms of the Iberian Peninsula.

(right) **Volcán Arenal, Costa Rica** This volcano is located in the southern part of the **Parque Nacional Rincón de la Vieja.** After a long dormant period, **el volcán Arenal** erupted in 1968 and has been quite active. Its cone has permanent flames and although there have been periods of inactivity, the volcano normally has eruptions every few hours spewing forth stone, ash, and gases. The volcano offers a particularly beautiful sight at nighttime. The **balneario de Tabacón** is famous for its hot springs. The water comes directly from the depths of the Arenal volcano.

Glencoe

The McGraw-Hill Companies

Send all inquiries to:
Glencoe/McGraw-Hill
8787 Orion Place
Columbus, OH 43240-4027

ISBN-13: 978-0-07-876975-7
ISBN-10: 0-07-876975-2

Printed in the United States of America.

1 2 3 4 5 6 7 8 9 10 027/055 10 09 08 07 06

Conrad J. Schmitt

Conrad J. Schmitt received his B.A. degree from Montclair State University in Montclair, New Jersey. He received his M.A. from Middlebury College, Middlebury, Vermont. He did additional graduate work at New York University.

Mr. Schmitt has taught Spanish and French at all levels from elementary school to university graduate courses. He taught at the Middle School in Hackensack, New Jersey, prior to becoming Coordinator of Foreign Languages for all the schools in the city. He also taught methodology at the Graduate School of Education, Rutgers University, New Brunswick, New Jersey.

Mr. Schmitt has authored or coauthored more than one hundred books, all published by the McGraw-Hill Companies. He has addressed teacher groups and given workshops throughout the United States. In addition, he has lectured and presented seminars in Japan, People's Republic of China, Taiwan, Philippines, Singapore, Thailand, Iran, Egypt, Spain, Portugal, Germany, Haiti, Jamaica, Mexico, Panama, Colombia, and Brazil.

Mr. Schmitt has traveled extensively throughout Spain and all of Latin America.

CONTENIDO

Repaso

Unidad ❶ Los deportes

Objetivos

In this unit, you will learn to:

- talk about sports
- talk about what you begin to, want to, and prefer to do
- talk about people's activities
- express what interests, bores, or pleases you
- discuss the role of sports in the Spanish-speaking world

Unidad 2 La salud

Objetivos

In this unit, you will learn to:

- explain a minor illness to a doctor
- describe some feelings
- have a prescription filled at a pharmacy
- describe characteristics and conditions
- tell where things are and where they're from
- tell where someone or something is now
- tell what happens to you or to someone else

CONTENIDO

Unidad 3 Un viaje en avión

Objetivos

In this unit, you will learn to:

- check in for a flight
- get through the airport after deplaning
- tell what you or others are currently doing
- tell what you know and whom you know
- discuss the importance of air travel in South America

CONTENIDO

Unidad 4 El verano y el invierno

Objetivos

In this unit, you will learn to:

- describe summer and winter weather
- talk about summer sports and summer activities
- talk about winter sports
- discuss past actions and events
- refer to people and things already mentioned
- talk about resorts in the Spanish-speaking world

GRANADA

SIERRA NEVADA

Unidad **5** Pasatiempos y diversiones

Objetivos

In this unit, you will learn to:

- discuss movies, museums, and concerts
- relate more past actions or events
- talk about what doesn't happen
- talk about cultural activities that are popular in the Spanish-speaking world
- discuss a famous Spanish novel

CONTENIDO

Unidad 6 La rutina y el camping

Objetivos

In this unit, you will learn to:

- describe your personal grooming habits
- talk about your daily routine
- tell some things you do for yourself
- talk about a camping trip

Literary Companion

CONTENIDO

Handbook

Guide to Symbols

Throughout **¿Cómo te va?** you will see these symbols, or icons. They will tell you how to best use the particular part of the unit or activity they accompany. Following is a key to help you understand these symbols.

Audio link This icon indicates material in the unit that is recorded on compact disc format.

Recycling This icon indicates sections that review previously introduced material.

Paired Activity This icon indicates sections that you can practice orally with a partner.

Group Activity This icon indicates sections that you can practice together in groups.

Un poco más This icon indicates additional practice activities that review knowledge from current units.

¡Adelante! This icon indicates the end of new material in each section and the beginning of the recombination section at the end of the unit.

El mundo hispanohablante

Spanish is the language of more than 350 million people around the world. Spanish had its origin in Spain. It is sometimes fondly called the "language of Cervantes," the author of the world's most famous novel and character, *Don Quijote*. The Spanish **conquistadores** and **exploradores** brought their language to the Americas in the fifteenth and sixteenth centuries. Spanish is the official language of almost all the countries of Central and South America. It is the official language of Mexico and several of the larger islands in the Caribbean. Spanish is also the heritage language of some forty million people in the United States.

▼ Trujillo, Perú

▲ Cibeles, Madrid

▲ El Zócalo, México

▲ Santiago de Chile

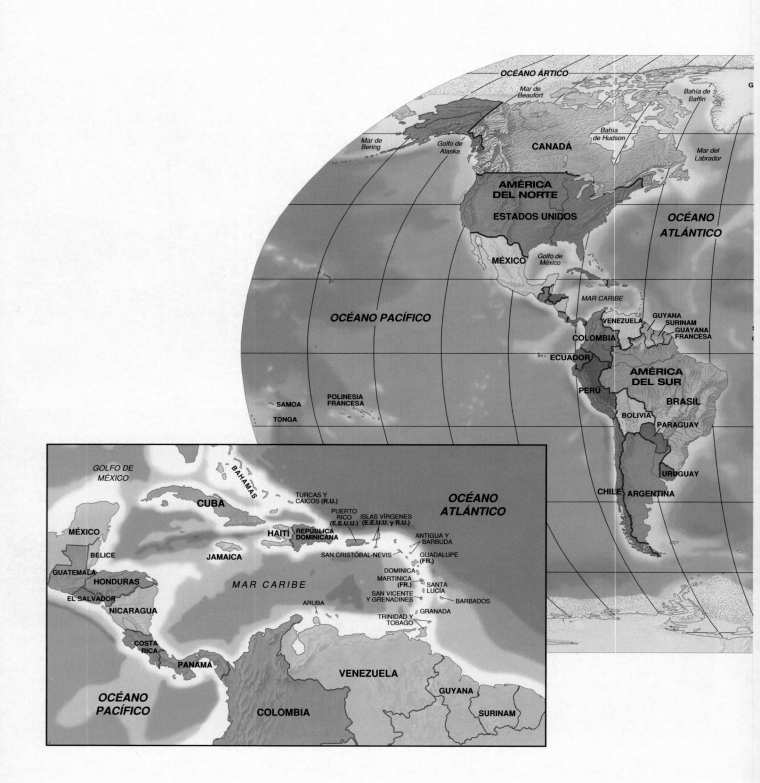

OCÉANO ÁRTICO

Mar de Beaufort

Bahía de Baffin

Mar de Bering

Golfo de Alaska

Bahía de Hudson

CANADÁ

Mar del Labrador

AMÉRICA DEL NORTE

ESTADOS UNIDOS

OCÉANO ATLÁNTICO

MÉXICO

Golfo de México

OCÉANO PACÍFICO

MAR CARIBE

VENEZUELA

GUYANA

SURINAM

GUAYANA FRANCESA

COLOMBIA

ECUADOR

AMÉRICA DEL SUR

PERÚ

BRASIL

SAMOA

POLINESIA FRANCESA

BOLIVIA

TONGA

PARAGUAY

URUGUAY

CHILE

ARGENTINA

GOLFO DE MÉXICO

BAHAMAS

TURCAS Y CAICOS (R.U.)

OCÉANO ATLÁNTICO

CUBA

PUERTO RICO (E.E.U.U.)

ISLAS VÍRGENES (E.E.U.U. y R.U.)

MÉXICO

HAITÍ

REPÚBLICA DOMINICANA

ANTIGUA Y BARBUDA

BELICE

JAMAICA

SAN CRISTÓBAL-NEVIS

GUADALUPE (FR.)

GUATEMALA

DOMINICA

HONDURAS

MAR CARIBE

MARTINICA (FR.)

SANTA LUCÍA

EL SALVADOR

SAN VICENTE Y GRENADINES

BARBADOS

NICARAGUA

ARUBA

GRANADA

COSTA RICA

TRINIDAD Y TOBAGO

PANAMÁ

OCÉANO PACÍFICO

VENEZUELA

GUYANA

COLOMBIA

SURINAM

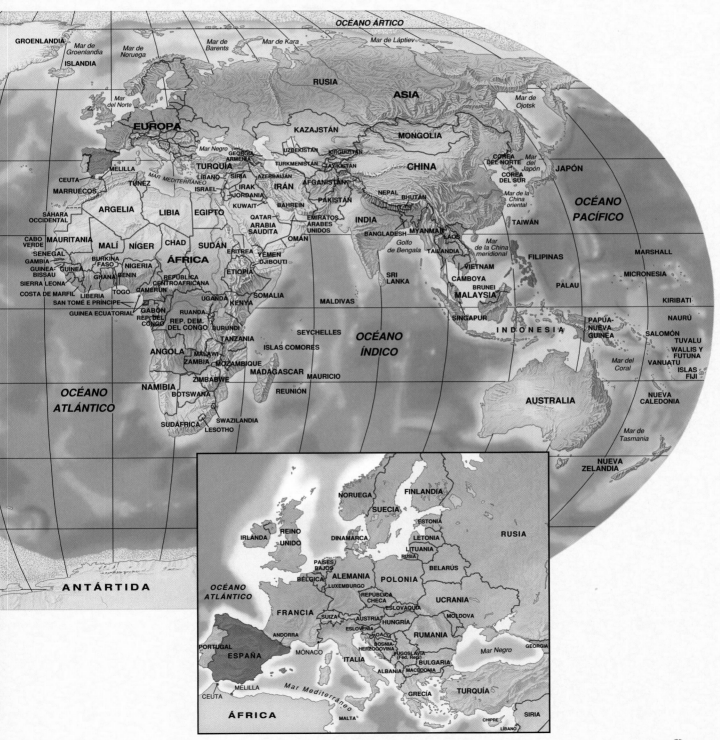

OCÉANO ÁRTICO

GROENLANDIA
Mar de Groenlandia
Mar de Barents
Mar de Kara
Mar de Láptiev

ISLANDIA

RUSIA

ASIA

Mar de Noruega

Mar de Ojotsk

Mar del Norte

EUROPA

KAZAJSTÁN

MONGOLIA

Mar Negro
GEORGIA
ARMENIA
TURQUÍA
MELILLA
UZBEKISTÁN
KIRGUIZITÁN
TURKMENISTÁN
TAYIKISTÁN

CHINA

COREA DEL NORTE
Mar del Japón
JAPÓN

COREA DEL SUR

CEUTA
MARRUECOS
TÚNEZ
MAR MEDITERRÁNEO
LÍBANO
SIRIA
IRAK
ISRAEL
JORDANIA
AZERBAIJÁN
IRÁN
AFGANISTÁN
NEPAL
BHUTÁN

Mar de la China oriental

OCÉANO PACÍFICO

KUWAIT
BAHREIN
PAKISTÁN

TAIWÁN

ARGELIA
LIBIA
EGIPTO
QATAR
EMIRATOS ÁRABES UNIDOS
ARABIA SAUDITA
OMÁN
INDIA

SÁHARA OCCIDENTAL

CABO VERDE
MAURITANIA
MALÍ
NÍGER
CHAD
SUDÁN
ERITREA
YEMEN
DJIBOUTI

BANGLADESH
MYANMAR
LAOS
Golfo de Bengala

Mar de la China meridional

FILIPINAS

MARSHALL

SENEGAL
GAMBIA
BURKINA FASO
NIGERIA
ÁFRICA
TAILANDIA
VIETNAM

MICRONESIA

GUINEA BISSAU
GUINEA
GHANA
BENIN
ETIOPÍA
SRI LANKA
CAMBOYA
PALAU

SIERRA LEONA
TOGO
REPÚBLICA CENTROAFRICANA
BRUNEI

KIRIBATI

COSTA DE MARFIL
LIBERIA
CAMERÚN
UGANDA
SOMALIA
MALDIVAS
MALAYSIA

SAN TOMÉ E PRÍNCIPE
KENYA
NAURÚ

GUINEA ECUATORIAL
GABÓN
REP. DEL CONGO
RUANDA
REP. DEM. DEL CONGO
BURUNDI
SINGAPUR
PAPÚA-NUEVA GUINEA
SALOMÓN
TUVALU

SEYCHELLES
INDONESIA

TANZANIA
OCÉANO ÍNDICO
WALLIS Y FUTUNA
VANUATU

ANGOLA
MALAWI
ZAMBIA
ISLAS COMORES
Mar del Coral
ISLAS FIJI

MOZAMBIQUE
MADAGASCAR
MAURICIO

NAMIBIA
ZIMBABWE
REUNIÓN
NUEVA CALEDONIA

BOTSWANA
AUSTRALIA

OCÉANO ATLÁNTICO

SUDÁFRICA
SWAZILANDIA
LESOTHO

Mar de Tasmania

NUEVA ZELANDIA

ANTÁRTIDA

NORUEGA
FINLANDIA

SUECIA

IRLANDA
REINO UNIDO
DINAMARCA
ESTONIA
RUSIA

LETONIA
LITUANIA
RUSIA
BELARÚS

PAÍSES BAJOS
BÉLGICA
ALEMANIA
LUXEMBURGO
POLONIA
UCRANIA

OCÉANO ATLÁNTICO
REPÚBLICA CHECA
ESLOVAQUIA
MOLDOVA

FRANCIA
SUIZA
AUSTRIA
HUNGRÍA

ANDORRA
ESLOVENIA
CROACIA
RUMANIA

PORTUGAL
MÓNACO
BOSNIA-HERZOGOVINA
YUGOSLAVIA (Fed. Rep.)
GEORGIA

ESPAÑA
ITALIA
BULGARIA
Mar Negro

MELILLA
ALBANIA
MACEDONIA

CEUTA
Mar Mediterráneo
GRECIA
TURQUÍA

ÁFRICA
MALTA
SIRIA
CHIPRE
LÍBANO

XV

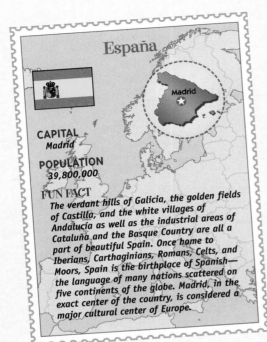

España

CAPITAL
Madrid

POPULATION
39,800,000

FUN FACT
The verdant hills of Galicia, the golden fields of Castilla, and the white villages of Andalucía as well as the industrial areas of Cataluña and the Basque Country are all a part of beautiful Spain. Once home to Iberians, Carthaginians, Romans, Celts, and Moors, Spain is the birthplace of Spanish—the language of many nations scattered on five continents of the globe. Madrid, in the exact center of the country, is considered a major cultural center of Europe.

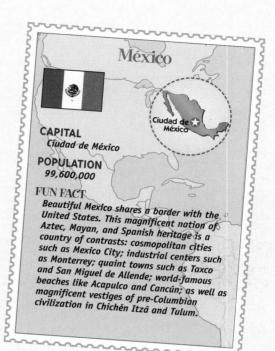

México

CAPITAL
Ciudad de México

POPULATION
99,600,000

FUN FACT
Beautiful Mexico shares a border with the United States. This magnificent nation of Aztec, Mayan, and Spanish heritage is a country of contrasts: cosmopolitan cities such as Mexico City; industrial centers such as Monterrey; quaint towns such as Taxco and San Miguel de Allende; world-famous beaches like Acapulco and Cancún; as well as magnificent vestiges of pre-Columbian civilization in Chichén Itzá and Tulum.

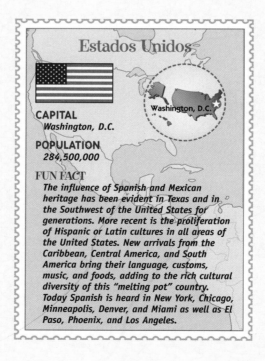

Estados Unidos

CAPITAL
Washington, D.C.

POPULATION
284,500,000

FUN FACT
The influence of Spanish and Mexican heritage has been evident in Texas and in the Southwest of the United States for generations. More recent is the proliferation of Hispanic or Latin cultures in all areas of the United States. New arrivals from the Caribbean, Central America, and South America bring their language, customs, music, and foods, adding to the rich cultural diversity of this "melting pot" country. Today Spanish is heard in New York, Chicago, Minneapolis, Denver, and Miami as well as El Paso, Phoenix, and Los Angeles.

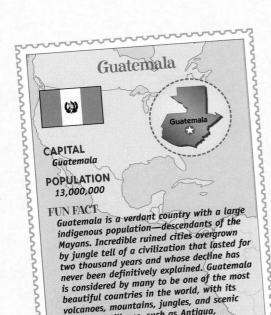

Guatemala

CAPITAL
Guatemala

POPULATION
13,000,000

FUN FACT
Guatemala is a verdant country with a large indigenous population—descendants of the Mayans. Incredible ruined cities overgrown by jungle tell of a civilization that lasted for two thousand years and whose decline has never been definitively explained. Guatemala is considered by many to be one of the most beautiful countries in the world, with its volcanoes, mountains, jungles, and scenic cities and villages, such as Antigua, Panajachel, and Chichicastenango.

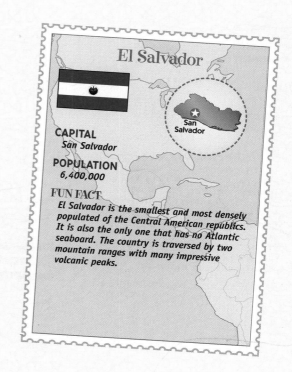

El Salvador

CAPITAL
San Salvador

POPULATION
6,400,000

FUN FACT
El Salvador is the smallest and most densely populated of the Central American republics. It is also the only one that has no Atlantic seaboard. The country is traversed by two mountain ranges with many impressive volcanic peaks.

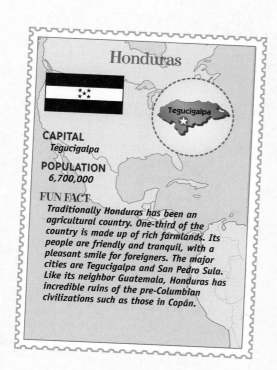

Honduras

CAPITAL
Tegucigalpa

POPULATION
6,700,000

FUN FACT
Traditionally Honduras has been an agricultural country. One-third of the country is made up of rich farmlands. Its people are friendly and tranquil, with a pleasant smile for foreigners. The major cities are Tegucigalpa and San Pedro Sula. Like its neighbor Guatemala, Honduras has incredible ruins of the pre-Columbian civilizations such as those in Copán.

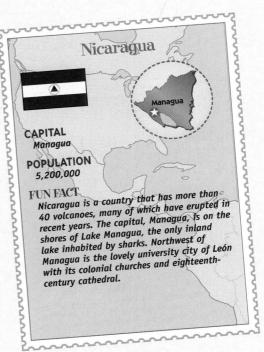

Nicaragua

CAPITAL
Managua

POPULATION
5,200,000

FUN FACT
Nicaragua is a country that has more than 40 volcanoes, many of which have erupted in recent years. The capital, Managua, is on the shores of Lake Managua, the only inland lake inhabited by sharks. Northwest of Managua is the lovely university city of León with its colonial churches and eighteenth-century cathedral.

Costa Rica

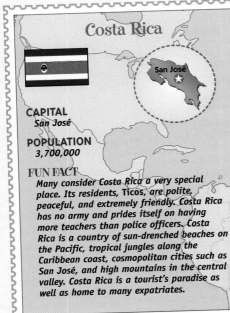

CAPITAL
San José

POPULATION
3,700,000

FUN FACT
Many consider Costa Rica a very special place. Its residents, Ticos, are polite, peaceful, and extremely friendly. Costa Rica has no army and prides itself on having more teachers than police officers. Costa Rica is a country of sun-drenched beaches on the Pacific, tropical jungles along the Caribbean coast, cosmopolitan cities such as San José, and high mountains in the central valley. Costa Rica is a tourist's paradise as well as home to many expatriates.

Panamá

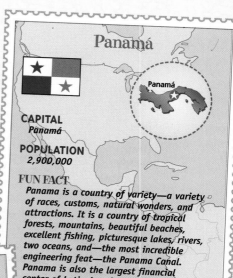

CAPITAL
Panamá

POPULATION
2,900,000

FUN FACT
Panama is a country of variety—a variety of races, customs, natural wonders, and attractions. It is a country of tropical forests, mountains, beautiful beaches, excellent fishing, picturesque lakes, rivers, two oceans, and—the most incredible engineering feat—the Panama Canal. Panama is also the largest financial center of Latin America. All this in a mere 77,432 square kilometers!

Cuba

CAPITAL
La Habana

POPULATION
11,300,000

FUN FACT
Havana, the capital of Cuba, is known for its gorgeous colonial architecture. This lush island, not far from Florida, is one of the world's greatest producers of sugar cane. Cuba has been ruled by Fidel Castro since 1959 when he overthrew the dictator Fulgencio Batista.

La República Dominicana

CAPITAL
Santo Domingo

POPULATION
8,600,000

FUN FACT
The Dominican Republic shares with Haiti the island of Hispaniola in the greater Antilles. The oldest university in our hemisphere, la Universidad de Santo Domingo, was founded in Santo Domingo. The Dominicans are ardent fans or aficionados of baseball, and this rather small island nation has produced some of the finest major league players.

Puerto Rico

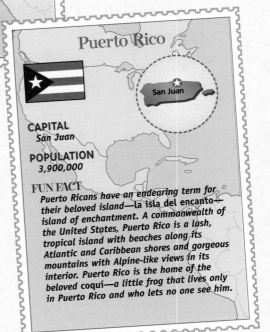

CAPITAL
San Juan

POPULATION
3,900,000

FUN FACT
Puerto Ricans have an endearing term for their beloved island—la isla del encanto—island of enchantment. A commonwealth of the United States, Puerto Rico is a lush, tropical island with beaches along its Atlantic and Caribbean shores and gorgeous mountains with Alpine-like views in its interior. Puerto Rico is the home of the beloved coquí—a little frog that lives only in Puerto Rico and who lets no one see him.

Venezuela

CAPITAL
Caracas

POPULATION
24,600,000

FUN FACT
Venezuela was the name given to this country by Spanish explorers in 1499, when they came across indigenous villages where people lived on the water and where all commerce was conducted by dugout canoes. The waterways reminded them of Venice, Italy. Caracas is a teeming cosmopolitan city of high-rises surrounded by mountains and tucked in a narrow nine-mile valley. Angel Falls in southern Venezuela is the highest waterfall in the world, reaching a height of 3,212 feet with an unbroken fall of 2,648 feet.

Colombia

CAPITAL
Bogotá

POPULATION
43,100,000

FUN FACT
Colombia covers over 440,000 square miles of tropical and mountainous terrain. Bogotá is situated in the center of the country in an Andean valley 8,640 feet above sea level. The Caribbean coast in the North boasts many beautiful beaches; the South is covered by jungle, and the southern port of Leticia is on the Amazon River.

Ecuador

CAPITAL
Quito

POPULATION
12,900,000

FUN FACT
Ecuador takes its name from the equator, which cuts right across the country. Ecuador is the meeting place of the high Andean sierra in the center, the tropical coastal plain to the west, and the Amazon Basin jungle to the east. Snowcapped volcanoes stretch some 400 miles from north to south. The beautiful colonial section of the capital, Quito, is sometimes called "the Florence of the Americas."

Perú

CAPITAL
Lima

POPULATION
26,100,000

FUN FACT
Peru, like Ecuador, is divided into three geographical areas—a narrow coastal strip of desert along the Pacific, the Andean highlands where nearly half the population lives, and the Amazon jungle to the east. Lima is on the coast, and for almost nine months out of the year it is enshrouded in a fog called la garúa. Peru is famous for its Incan heritage. Nothing can prepare visitors for the awe-inspiring view of the Incan city of Machu Picchu, an imposing architectural complex high in the Andes.

Bolivia

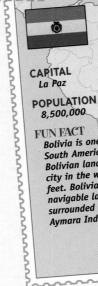

CAPITAL
La Paz

POPULATION
8,500,000

FUN FACT
Bolivia is one of two landlocked countries in South America. Mountains dominate the Bolivian landscape. La Paz is the highest city in the world at an altitude of 12,500 feet. Bolivia also has the world's highest navigable lake, Lake Titicaca, which is surrounded by the picturesque villages of the Aymara Indians.

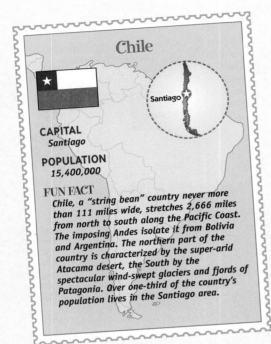

Chile

CAPITAL
Santiago

POPULATION
15,400,000

FUN FACT
Chile, a "string bean" country never more than 111 miles wide, stretches 2,666 miles from north to south along the Pacific Coast. The imposing Andes isolate it from Bolivia and Argentina. The northern part of the country is characterized by the super-arid Atacama desert, the South by the spectacular wind-swept glaciers and fjords of Patagonia. Over one-third of the country's population lives in the Santiago area.

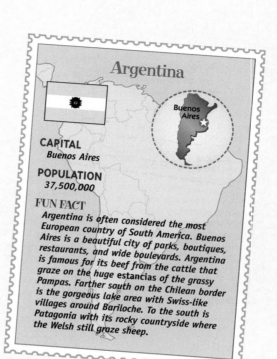

Argentina

CAPITAL
Buenos Aires

POPULATION
37,500,000

FUN FACT
Argentina is often considered the most European country of South America. Buenos Aires is a beautiful city of parks, boutiques, restaurants, and wide boulevards. Argentina is famous for its beef from the cattle that graze on the huge estancias of the grassy Pampas. Farther south on the Chilean border is the gorgeous lake area with Swiss-like villages around Bariloche. To the south is Patagonia with its rocky countryside where the Welsh still graze sheep.

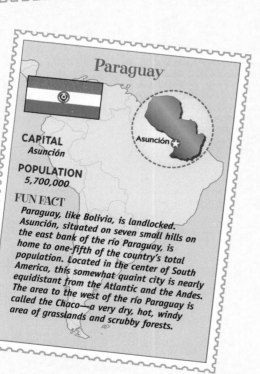

Paraguay

CAPITAL
Asunción

POPULATION
5,700,000

FUN FACT
Paraguay, like Bolivia, is landlocked. Asunción, situated on seven small hills on the east bank of the río Paraguay, is home to one-fifth of the country's total population. Located in the center of South America, this somewhat quaint city is nearly equidistant from the Atlantic and the Andes. The area to the west of the río Paraguay is called the Chaco—a very dry, hot, windy area of grasslands and scrubby forests.

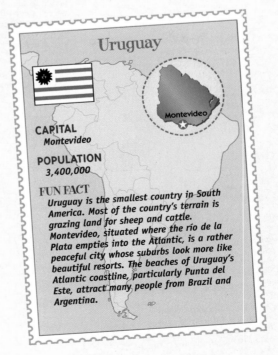

Uruguay

CAPITAL
Montevideo

POPULATION
3,400,000

FUN FACT
Uruguay is the smallest country in South America. Most of the country's terrain is grazing land for sheep and cattle. Montevideo, situated where the río de la Plata empties into the Atlantic, is a rather peaceful city whose suburbs look more like beautiful resorts. The beaches of Uruguay's Atlantic coastline, particularly Punta del Este, attract many people from Brazil and Argentina.

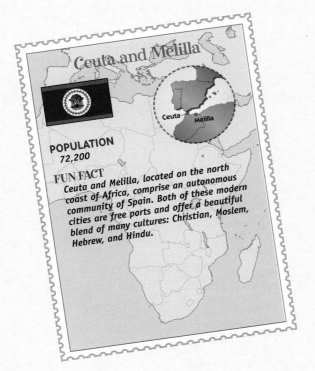

Ceuta and Melilla

Ceuta Melilla

POPULATION
72,200

FUN FACT
Ceuta and Melilla, located on the north coast of Africa, comprise an autonomous community of Spain. Both of these modern cities are free ports and offer a beautiful blend of many cultures: Christian, Moslem, Hebrew, and Hindu.

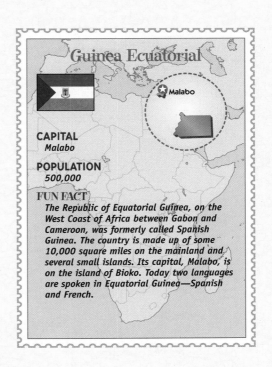

Guinea Ecuatorial

Malabo

CAPITAL
Malabo

POPULATION
500,000

FUN FACT
The Republic of Equatorial Guinea, on the West Coast of Africa between Gabon and Cameroon, was formerly called Spanish Guinea. The country is made up of some 10,000 square miles on the mainland and several small islands. Its capital, Malabo, is on the island of Bioko. Today two languages are spoken in Equatorial Guinea—Spanish and French.

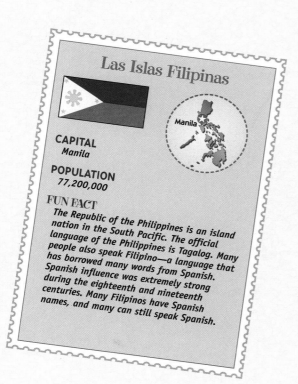

Las Islas Filipinas

Manila

CAPITAL
Manila

POPULATION
77,200,000

FUN FACT
The Republic of the Philippines is an island nation in the South Pacific. The official language of the Philippines is Tagalog. Many people also speak Filipino—a language that has borrowed many words from Spanish. Spanish influence was extremely strong during the eighteenth and nineteenth centuries. Many Filipinos have Spanish names, and many can still speak Spanish.

La América del Sur

MAR CARIBE

OCÉANO ATLÁNTICO

Barranquilla
Maracaibo
Cartagena
Caracas
Lago de Maracaibo
Río Orinoco

Medellín
VENEZUELA
GUYANA
SURINAM
Santafé de Bogotá
GUAYANA FRANCESA
Cali
COLOMBIA

Ecuador
Otavalo
Quito
Río Amazonas
ECUADOR
Islas Galápagos (Ecuador)
Guayaquil
Cuenca

PERÚ
BRASIL

El Callao
Lima
Cuzco
CORDILLERA DE LOS ANDES

Lago Titicaca
BOLIVIA
La Paz
Brasília
Cochabamba
Santa Cruz
Sucre

Trópico de Capricornio
PARAGUAY
Asunción

CHILE
Río Paraná

Vicuña
Córdoba

OCÉANO PACÍFICO
Valparaíso
Rosario
URUGUAY
Santiago
Buenos Aires
Montevideo
La Plata
Río de la Plata
ARGENTINA
Mar del Plata

OCÉANO ATLÁNTICO

Puerto Montt

PATAGONIA

Estrecho de Magallanes
Islas Malvinas (R.U.)
Tierra del Fuego
Punta Arenas

Cabo de Hornos

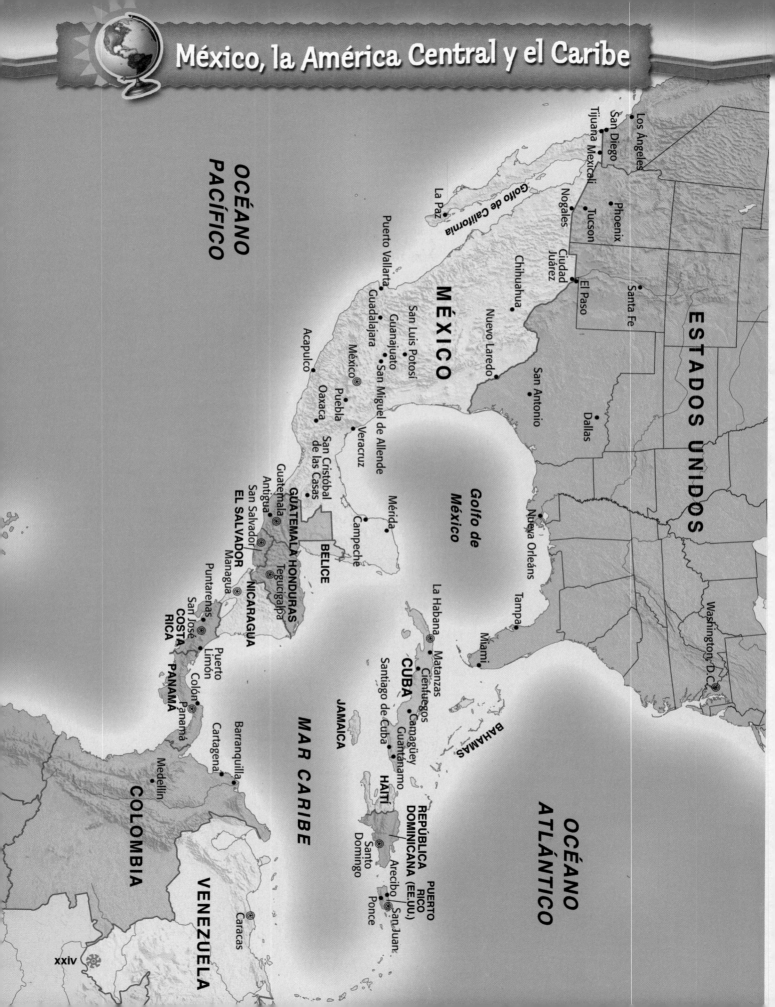

México, la América Central y el Caribe

Estados Unidos

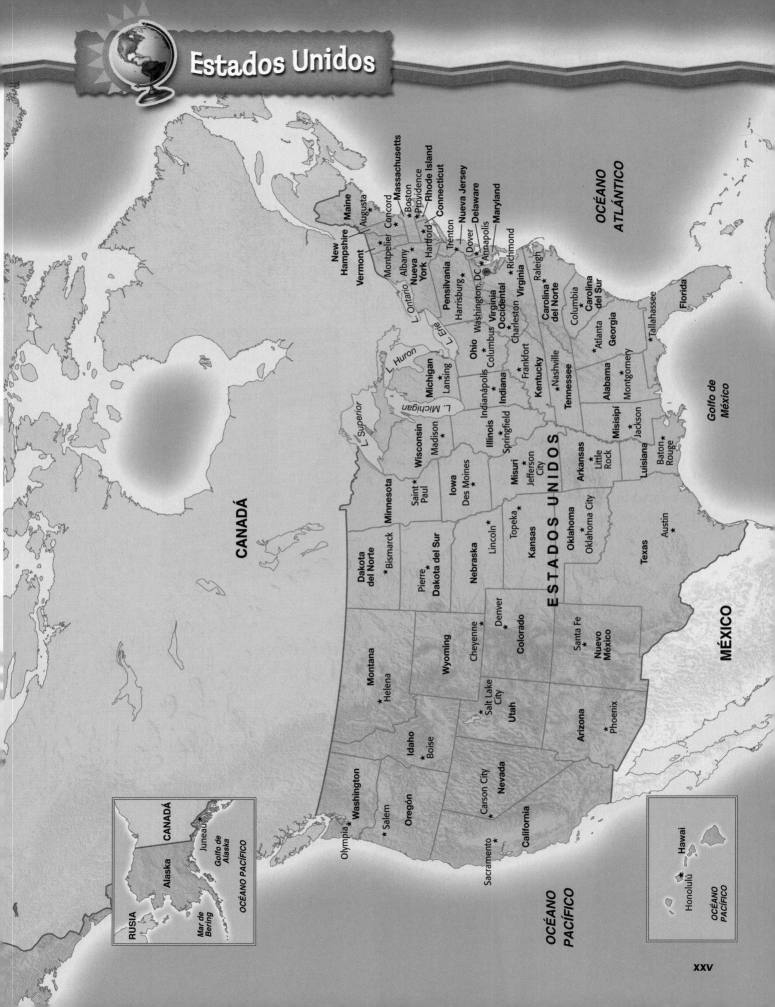

OCÉANO ATLÁNTICO

OCÉANO PACÍFICO

CANADÁ

MÉXICO

ESTADOS UNIDOS

Golfo de México

Maine
Augusta
Massachusetts
Boston
Providence
Rhode Island
Connecticut
Nueva Jersey
Delaware
Maryland
New Hampshire
Vermont
Montpelier
Concord
Albany
Nueva York
Hartford
Trenton
Dover
Annapolis
Richmond
L. Ontario
L. Erie
Pensilvania
Harrisburg
Washington, DC
Virginia Occidental
Charleston
Virginia
Raleigh
Carolina del Norte
Columbia
Carolina del Sur
Ohio
Columbus
Frankfort
Nashville
Atlanta
Georgia
Tallahassee
Florida
L. Huron
Michigan
Lansing
Kentucky
Tennessee
Alabama
Montgomery
L. Michigan
Indianápolis
Indiana
Illinois
Springfield
Misuri
Jefferson City
Misisipi
Jackson
Baton Rouge
Luisiana
L. Superior
Wisconsin
Madison
Iowa
Des Moines
Arkansas
Little Rock
Saint Paul
Minnesota
Bismarck
Dakota del Norte
Pierre
Dakota del Sur
Nebraska
Lincoln
Topeka
Kansas
Oklahoma
Oklahoma City
Austin
Texas
Denver
Cheyenne
Colorado
Santa Fe
Nuevo México
Wyoming
Montana
Helena
Salt Lake City
Utah
Arizona
Phoenix
Idaho
Boise
Washington
Salem
Oregón
Olympia
Carson City
Nevada
Sacramento
California

RUSIA
CANADÁ
Alaska
Juneau
Golfo de Alaska
Mar de Bering
OCÉANO PACÍFICO

Hawai
Honolulú
OCÉANO PACÍFICO

The Spanish-Speaking World

Knowing Spanish will open doors to you around the world. As you study the language, you will come to understand and appreciate the way of life, customs, values, and cultures of people from many different areas of the world. Look at the map on pages xiv–xv to see where Spanish is spoken, either as a first or second language.

Learning Spanish can be fun and will bring you a sense of accomplishment. You'll be really pleased when you are able to carry on a conversation in Spanish. You will be able to read the literature of Spain and Latin America, keep up with current events in magazines and newspapers from Spain and Latin America, and understand Spanish-language films without relying on subtitles.

The Spanish language will be a source of enrichment for the rest of your life—and you don't have to leave home to enjoy it. In all areas of the United States there are Hispanic radio and television stations, Latin musicians, Spanish-language magazines and newspapers, and a great diversity of restaurants serving foods from all areas of the Spanish-speaking world. The Latin or Hispanic population of the United States today totals more than forty million people and is the fastest growing segment of the population.

Career Opportunities

Your knowledge of Spanish will also be an asset to you in a wide variety of careers. Many companies from Spain and Latin America are multinational and have branches around the world, including the United States. Many U.S. corporations have great exposure in the Spanish-speaking countries. With the growth of the Hispanic population in the United States, bilingualism is becoming an important asset in many fields including retail, fashion, cosmetics, pharmaceutical, agriculture, automotive, tourism, airlines, technology, finance, and accounting.

You can use your Spanish in all these fields, not only abroad but also in the United States. On the national scene there are innumerable possibilities in medical and hospital services, banking and finance, law, social work, and law enforcement. The opportunities are limitless.

Language Link

Another benefit to learning Spanish is that it will improve your English. Once you know another language, you can make comparisons between the two and gain a greater understanding of how languages function. You'll also come across a number of Spanish words that are used in English. Just a few examples are: **adobe, corral, meseta, rodeo, poncho, canyon, llama, alpaca**. Spanish will also be helpful if you decide to learn yet another language. Once you learn a second language, the learning process for acquiring other languages becomes much easier.

Spanish is a beautiful, rich language spoken on many continents. Whatever your motivation is for choosing to study it, Spanish will expand your horizons and increase your job opportunities. **¡Viva el español!**

EL ALFABETO ESPAÑOL

a avión

b bebé

c cesta

d dedo

e elefante

f foto

g gemelos

h hamaca

i iglesia

j jabón

k kilo

l lago

m mono

n nariz

ñ
*ñ*ame

o
*o*so

p
*p*elo

q
*q*ueso

r
*r*ana

s
*s*ala

t
*t*é

u
*u*va

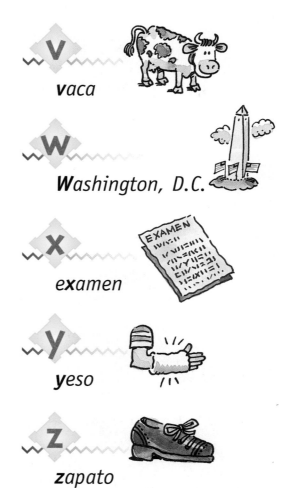

v
*v*aca

w
*W*ashington, D.C.

x
e*x*amen

y
*y*eso

z
*z*apato

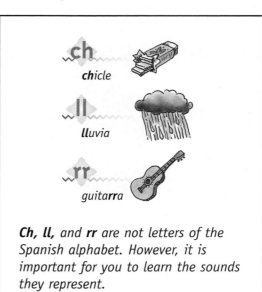

ch
*ch*icle

ll
*ll*uvia

rr
guita*rr*a

Ch, ll, and *rr* are not letters of the Spanish alphabet. However, it is important for you to learn the sounds they represent.

Amigos y alumnos

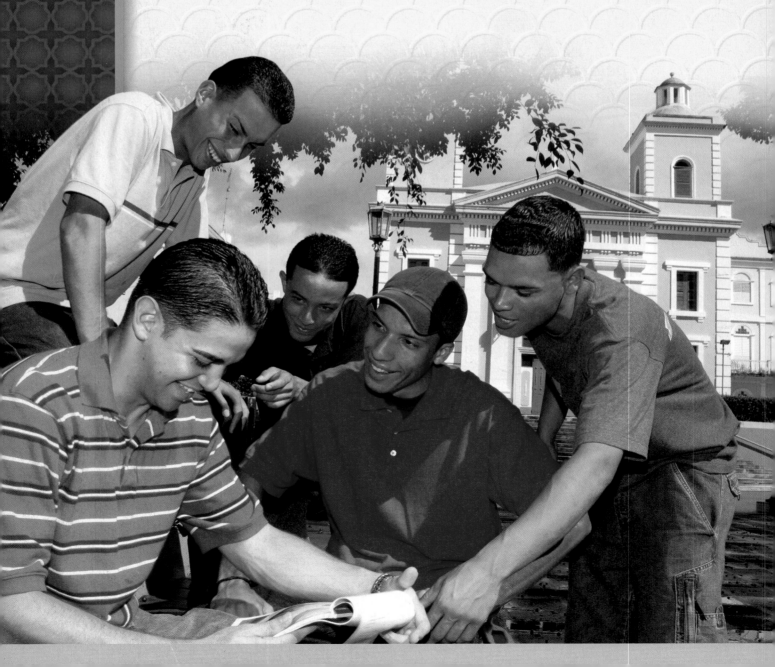

Palabras

Lupe Cárdenas es mexicana.
Es morena y bastante alta.
Lupe es de Guanajuato.
Ella es alumna en un colegio en Guanajuato.

José es dominicano.
Él es alumno en un colegio.
José es un alumno muy bueno.

Felipe y Maïte son amigos.
Son alumnos en la misma escuela.
Ellos son bastante cómicos.

¿Qué palabra necesito?

1 Historieta **Casandra Ramos**

Contesten. *(Answer.)*

1. Casandra Ramos es de Bogotá, Colombia. ¿De qué nacionalidad es ella?
2. No es rubia. ¿Cómo es ella?
3. No es muy baja. ¿Cómo es ella?
4. ¿De dónde es ella?
5. ¿Es Casandra alumna en un colegio de Bogotá?
6. Es ella una amiga sincera?

2 Historieta **Fernando Arenal de San Juan**

Contesten. *(Answer.)*

1. ¿De dónde es Fernando?
2. ¿Es él alumno en una escuela primaria o en un colegio?
3. Fernando no es un alumno malo. ¿Qué tipo de alumno es?
4. ¿Es él un amigo muy simpático?

3 Historieta **Felipe y Maïte** Completen. *(Complete.)*

1. Felipe y Maïte no son hermanos. Son _____.
2. Ellos no son alumnos en escuelas diferentes. Son alumnos en la _____ escuela.
3. Ellos no son alumnos malos. Son alumnos _____.
4. Ellos no son tímidos. Son _____.

Conversación

¿De dónde son?

Lucas   ¡Hola!

Mario   ¡Hola! ¿Qué tal?

Lucas   Bien. ¿Y tú?

Mario   Bien. Oye, ¿eres un amigo de Cristina Irizarry, ¿no?

Lucas   Sí, soy un amigo de Cristina. Pero ella es mi prima también.

Mario   Ah, Cristina y tú son primos. Y tú, ¿eres de Ponce también?

Lucas   Sí, soy de Ponce.

Mario   Pues, todos (nosotros) somos ponceños.

¿Comprendes?

Contesten. *(Answer.)*

1. ¿Son puertorriqueños los dos muchachos?
2. ¿Es Lucas un amigo de Cristina Irizarry?
3. ¿Es también el primo de Cristina?
4. ¿Son primos Mario y Cristina?
5. ¿Es Mario de Ponce también?

Formas Presente del verbo ser

Review the forms of the irregular verb **ser.**

ser	
soy	somos
eres	*sois*
es	son

¿Cómo lo digo?

4 **Entrevista** Contesten. (*Answer about yourself.*)

1. ¿Quién eres?
2. ¿De qué nacionalidad eres?
3. ¿Dónde eres alumno o alumna?
4. ¿Cómo es tu escuela?

5 **Historieta** **El amigo de Andrés** Completen con **ser.**
(*Complete with* ser.)

Yo __1__ un amigo de Andrés. Andrés __2__ muy
simpático. Y él __3__ gracioso. Andrés y yo __4__
dominicanos. __5__ de la República Dominicana.

La capital de la República Dominicana __6__ Santo
Domingo. Nosotros __7__ alumnos en un colegio en Santo
Domingo. Nosotros __8__ alumnos de inglés. La profesora de
inglés __9__ la señorita White. Ella __10__ americana.

Unos alumnos dominicanos.
Villa Fundación, la República Dominicana

Sustantivos, artículos y adjetivos

1. Spanish nouns are either masculine or feminine. Most nouns ending in **o** are masculine and most nouns ending in **a** are feminine. The definite articles **el** and **los** accompany masculine nouns; **la** and **las** accompany feminine nouns.

el alumno	los alumnos	la amiga	las amigas
el curso	los cursos	la escuela	las escuelas

2. An adjective must agree with the noun it describes or modifies. Adjectives that end in **o** have four forms.

el amigo sincero	los amigos sinceros
la amiga sincera	las amigas sinceras

3. Adjectives that end in **e** or in a consonant have only two forms.

el curso interesante	los cursos interesantes
la asignatura interesante	las asignaturas interesantes
el curso difícil	los cursos difíciles
la asignatura difícil	las asignaturas difíciles

Unas amigas argentinas. Buenos Aires

¿Cómo lo digo?

6 Silvia Describan a la muchacha.
(*Describe the girl.*)

Hatillo, Puerto Rico

7 Los amigos
Describan a los amigos.
(*Describe the friends.*)

San Miguel de
Allende, México

8 Historieta Mis clases Contesten. (*Answer.*)

1. ¿Es grande o pequeña tu clase de español?
2. ¿De dónde es el/la profesor(a) de español?
3. ¿Es interesante la clase de español?
4. ¿Es difícil o fácil?
5. Las clases de ciencias y matemáticas, ¿son grandes o pequeñas?
6. Para ti, ¿los cursos de ciencias son fáciles o difíciles?
7. ¿Cuál es tu clase favorita?
8. ¿Quién es tu profesor(a) favorito(a)?

El Salto Ángel, Venezuela

9 En Venezuela You are spending the summer with a family in Venezuela. Tell your Venezuelan "brother" or "sister" (your partner) all you can about your Spanish class and your Spanish teacher. Answer any questions he or she may have. Then reverse roles.

10 Cursos You are speaking with an exchange student from Peru (your partner). He or she wants to know about your school, your schedule, and your classes. Tell as much as you can about your school and then ask him or her about school life in Peru.

B De compras para la escuela

Palabras

Los alumnos llegan a la escuela a las
 ocho menos cuarto.
Algunos toman el bus escolar.
Otros van a la escuela a pie.

Los alumnos estudian mucho.
Toman apuntes.
Escuchan a la profesora cuando habla.
La profesora enseña.

Teresa está en la papelería.
Necesita materiales escolares.
Compra un cuaderno, un lápiz y un
 bolígrafo (una pluma).
Paga en la caja.

José está en la tienda de ropa.
Compra unos pantalones para llevar
 a la escuela.
Mira los pantalones.

¿Qué palabra necesito?

1 **Historieta En la escuela** Contesten. *(Answer.)*

1. ¿Cómo llegan los alumnos a la escuela? ¿Toman el bus, van en carro o van a pie?
2. ¿A qué hora llegan a la escuela?
3. ¿Con quién hablan los alumnos cuando entran en la sala de clase?
4. ¿Quiénes toman exámenes y quién da los exámenes?
5. ¿Sacan los alumnos notas altas?
6. ¿Prestan ellos atención cuando la profesora habla?

San Juan, Puerto Rico

2 **A la papelería** Escojan. *(Choose.)*

1. Alicia necesita materiales escolares. ¿Adónde va ella?
   a. a la cafetería **b.** a la tienda de ropa **c.** a la papelería
2. ¿Con quién hablan los alumnos cuando entran en la sala de clase?
   a. con el empleado **b.** con el profesor **c.** con el mesero
3. ¿Qué compra Alicia en la papelería?
   a. un refresco **b.** un pantalón **c.** un cuaderno
4. ¿Dónde paga Alicia?
   a. cien pesos **b.** en la caja **c.** en la cocina
5. ¿En qué lleva ella los materiales escolares?
   a. en una mochila **b.** en un cuaderno **c.** en un bolígrafo

Una tienda de departamentos, Marbella, España

3 **Historieta En la tienda de ropa**

Contesten según se indica. *(Answer as indicated.)*

1. ¿Adónde va Roberto? (a la tienda de ropa)
2. ¿Qué necesita? (una camisa de mangas cortas)
3. ¿Busca una camisa verde? (no, roja y azul)
4. ¿Qué talla usa? (treinta y ocho)
5. ¿Compra Roberto una camisa? (sí)
6. ¿Cuánto cuesta? (veinticinco euros)
7. ¿Dónde paga Roberto? (en la caja)

Conversación

En la tienda de ropa

Buenos días. ¿Qué deseas hoy?

Un blue jean, por favor.

¿Qué talla usas?

Treinta y dos.

Un momento. Voy a buscar un treinta y dos.

Pues, aquí hay.

Perfecto. ¿Cuánto es, por favor?

Mil quinientos pesos.

Y necesito una camisa.

¿De qué color?

Una camisa blanca o azul, por favor. Y de mangas cortas.

LIQUIDACIÓN

¡Qué suerte! Hoy hay una liquidación. Los precios son muy bajos.

¿Comprendes?

Contesten. (*Answer.*)

1. ¿Dónde está Marcos?
2. ¿Qué desea?
3. ¿Qué talla usa él?
4. ¿Qué busca el dependiente?
5. ¿Compra Marcos el blue jean?
6. ¿Cuánto cuesta?
7. ¿Qué más necesita Marcos?
8. ¿Qué hay hoy en la tienda?
9. ¿Cómo son los precios?

Formas Presente de los verbos en -ar

1. Review the forms of the present tense of regular **-ar** verbs.

mirar		tomar	
miro	miramos	tomo	tomamos
miras	*miráis*	tomas	*tomáis*
mira	miran	toma	toman

2. Remember that to make a sentence negative you put **no** before the verb.

No hablamos francés. Hablamos español.

3. Remember to use **tú** when talking to a friend, a family member, or a person your own age. Use **usted** when speaking to an adult, a person you do not know well, or someone to whom you wish to show respect.

¿Tú estudias español, Roberto?
¿Y usted, señora? ¿Usted también estudia español?

¿Cómo lo digo?

4 **Entrevista** Contesten. *(Answer about yourself.)*

1. ¿En qué escuela estudias?
2. ¿Cómo llegas a la escuela?
3. ¿Cuántos cursos tomas?
4. ¿En qué llevas los materiales escolares?
5. ¿Estudian mucho los alumnos de tu escuela?
6. ¿Sacan ustedes buenas notas?
7. ¿Toman ustedes muchos exámenes?
8. ¿Escuchan ustedes cuando la profesora habla?

Alumnos delante del colegio Francisco Febres Cordero La Salle, Quito, Ecuador

5 **Historieta En la fiesta** Completen. *(Complete.)*

1. Durante la fiesta todos nosotros _____. (bailar)
2. Felipe _____ el piano. (tocar)
3. Mientras él _____ el piano, Elena y Carlos _____. (tocar, cantar)
4. ¿_____ ustedes refrescos para la fiesta? (Preparar)
5. ¿_____ ustedes fotos durante la fiesta? (Tomar)
6. Sí, y todos nosotros _____ las fotografías. (mirar)

Nota

You use **tocar** with a musical instrument.
Juan toca el piano.
Yo toco la guitarra.

Los verbos ir, dar, estar

1. Note that the verbs **ir, dar,** and **estar** are the same as regular **-ar** verbs in all forms except **yo.**

ir	voy	vas	va	vamos	*vais*	van
dar	doy	das	da	damos	*dais*	dan
estar	estoy	estás	está	estamos	*estáis*	están

2. The preposition **a** often follows the verb **ir.** Remember that **a** contracts with **el** to form one word, **al.**

   Voy al parque.   *but*   **Voy a la tienda.**

El Parque del Retiro, Madrid, España

¿Cómo lo digo?

6 Historieta *Voy a la escuela.*

Contesten. (*Answer.*)

1. ¿Vas a la escuela?
2. ¿A qué hora vas a la escuela?
3. ¿Con quién vas a la escuela?
4. ¿Cómo van ustedes a la escuela?
5. ¿Están ustedes en la escuela ahora?
6. Después de las clases, ¿van ustedes al café?

7 Historieta En la papelería

Completen. *(Complete.)*

Yo ___1___ (ir) a la papelería. Elisa ___2___ (ir) también. Ella y yo ___3___ (estar) en la tienda. Yo ___4___ (necesitar) una calculadora para la clase de matemáticas. Yo ___5___ (buscar) una calculadora. Elisa necesita solamente un cuaderno.

Yo ___6___ (comprar) mi calculadora y Elisa ___7___ (comprar) su cuaderno. Nosotros ___8___ (pagar) en la caja. Nosotros ___9___ (hablar) con la dependienta.

Una papelería. Santiago de Chile

8 Juego ¿Para qué clase? Name a school supply you need. Another classmate will try to guess which class you need it for.

Una librería en avenida Amazonas. Quito, Ecuador

9 Juego ¿Quién es? Work in small groups. One person tells what someone in the class is wearing. The others have to guess who it is. If several people are wearing the same thing, the person giving the clues will have to give more details.

C

Mi familia y mi casa

Palabras

Es la familia Suárez.
En la familia Suárez hay cinco personas.
Los señores Suárez tienen tres hijos.

Los Suárez tienen una casa en San Andrés.
Ellos viven en Colombia.

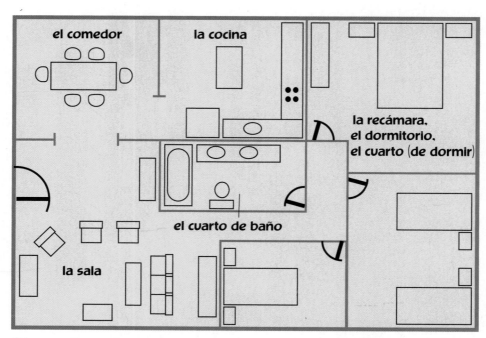

Su casa tiene siete cuartos.

La familia está en la sala.
La señora Suárez lee un libro.
Su esposo (marido) lee el periódico.
José ve la televisión.
Una hermana escribe una carta.
La otra habla por teléfono.

La familia va al mercado.
Compran comida.
En el mercado venden frutas y vegetales.
Venden carne también.
La señora compra un kilo de tomates.
Los tomates están a cincuenta pesos el kilo.

Mi familia y mi casa

REPASO C

¿Qué palabra necesito?

1 **Historieta** **La familia López** Contesten según se indica. *(Answer as indicated.)*

1. ¿Cuántas personas hay en la familia López? (cinco personas)
2. ¿Tienen ellos una casa o un apartamento? (una casa)
3. ¿Dónde viven ellos? (San Andrés)
4. ¿Cuántos cuartos tiene su casa? (ocho)

Un restaurante de pescado,
San Andrés, Colombia

2 **Expresiones** Pareen. *(Match.)*

1. leer	a. mucho en la escuela
2. escribir	b. al quinto piso
3. vivir	c. una novela
4. aprender	d. un alumno bueno y serio
5. vender	e. una carta con bolígrafo (pluma)
6. comer	f. una limonada
7. ver	g. en una casa particular
8. ser	h. una emisión deportiva
9. subir	i. discos en una tienda
10. beber	j. carne, ensalada y papas

3 **Juego** **¿Cuáles son?** Contesten. *(Answer.)*

1. ¿Cuáles son algunas cosas que comemos?
2. ¿Cuáles son algunas cosas que bebemos?
3. ¿Cuáles son algunas cosas que leemos?
4. ¿Cuáles son algunas cosas que escribimos?

Conversación
¿Vive en Caracas tu familia?

Marisa   Javier, ¿tienes una familia grande?

Javier   Sí, bastante grande. Somos siete. Tengo cuatro hermanos.

Marisa   ¿Viven ustedes aquí en la capital?

Javier   Sí, vivimos en la capital. Tenemos un apartamento en el edificio Bolívar en la Castellana.

¿Comprendes?

Contesten. *(Answer.)*
1. ¿Tiene Javier una familia grande?
2. ¿Cuántos hermanos tiene Javier?
3. ¿Vive su familia en la capital?
4. ¿Dónde tienen un apartamento?
5. ¿En qué sección de la ciudad está el edificio Bolívar?

REPASO C

Formas Presente de los verbos en -er e -ir

1. Review the following forms of regular **-er** and **-ir** verbs.

comer		vivir	
como	comemos	vivo	vivimos
comes	*coméis*	vives	*vivís*
come	comen	vive	viven

2. Note that the **-er** and **-ir** verbs have the same endings in all forms except **nosotros** (and **vosotros**).

comemos	vivimos
coméis	*vivís*

¿Cómo lo digo?

Un café al aire libre. Ronda. España

4 **Tú y tus amigos** Contesten. (*Answer.*)

1. ¿Qué comes cuando vas a un café?
2. ¿Qué bebes cuando estás en un café?
3. ¿Qué aprenden tú y tus amigos en la escuela?
4. ¿Qué leen ustedes en la clase de inglés?
5. ¿Qué escriben ustedes?
6. ¿Comprenden los alumnos cuando la profesora de español habla?
7. ¿Reciben ustedes notas buenas en todos sus cursos?

5 **Historieta En un café** Completen. (*Complete.*)

En el café los clientes __1__ (ver) al mesero. Ellos __2__ (hablar) con el mesero. Los clientes __3__ (leer) el menú y __4__ (decidir) lo que van a tomar. Los meseros __5__ (tomar) la orden y __6__ (escribir) la orden en un cuaderno pequeño o en un bloc. Los meseros no __7__ (leer) el menú. Y los clientes no __8__ (escribir) la orden.

El verbo tener

1. Review the forms of the irregular verb **tener.**

	tener
tengo	tenemos
tienes	*tenéis*
tiene	tienen

2. Note that the expression **tener que** followed by an infinitive means *to have to.*

Tenemos que estudiar y aprender mucho.

¿Cómo lo digo?

6 **Historieta Mi familia** Contesten. *(Answer.)*

1. ¿Tienes una familia grande o pequeña?
2. ¿Cuántos hermanos tienes?
3. ¿Cuántos años tienen ellos?
4. ¿Y cuántos años tienes tú?
5. ¿Tienen ustedes un perro o un gato?
6. ¿Tiene tu padre o tu madre un carro?
7. En la escuela, ¿tienes que estudiar mucho?
8. ¿Y tienen que trabajar mucho tus padres?

7 **Historieta La familia Bravo**

Completen con **tener.** *(Complete with tener.)*

La familia Bravo __1__ un piso o apartamento en Madrid. Su piso __2__ seis cuartos. Está en Salamanca, una zona muy bonita de la ciudad. Muchas calles en la zona Salamanca __3__ los nombres de artistas famosos—la calle Goya, la calle Velázquez.

Hay cuatro personas en la familia Bravo. Teresa __4__ diecisiete años y su hermano __5__ quince años. Ellos __6__ un perro adorable.

Una casa de apartamentos, barrio Salamanca, Madrid, España

Adjetivos posesivos

1. Review the forms of the possessive adjectives **mi, tu,** and **su.**
   These adjectives have only two forms.

   > **¿Dan una fiesta tu hermana y tus primos?**
   > **Sí, mi hermana y mis primos dan una fiesta.**
   > **Todos sus amigos van a recibir una invitación a su fiesta.**

2. The possessive adjective **nuestro** has four forms.

   > **Nuestro primo, nuestra tía, nuestras primas y nuestros**
   > **abuelos viven todos en Madrid.**

¿Cómo lo digo?

8 Historieta **Mi familia y mi casa** Contesten. *(Answer.)*
   1. ¿Dónde está tu casa o tu apartamento?
   2. ¿Cuántos cuartos tiene tu casa o tu apartamento?
   3. ¿Cuántas personas hay en tu familia?
   4. ¿Dónde viven tus abuelos?
   5. Y tus primos, ¿dónde viven?

9 Historieta **Nuestra casa** Completen. *(Complete.)*

Nosotros vivimos en __1__ *(name of city or town)*. __2__
casa está en la calle __3__ *(name of street)*. __4__ padres
tienen un carro. __5__ carro es bastante nuevo. Yo tengo una
bicicleta. __6__ bicicleta está en el garaje con el carro de
__7__ padres. Nosotros tenemos un perro. __8__ perro es
adorable.

__9__ perro está en el jardín. Mi hermano y __10__ amigos
siempre juegan en el jardín alrededor de __11__ casa.

10 **Apartamentos** With a classmate, look at this plan of the fourth floor of an apartment building. A different family lives in each of the two apartments. Give each family a name. Then say as much as you can about each family and their activities. Don't forget to describe their apartment. Be as original as possible.

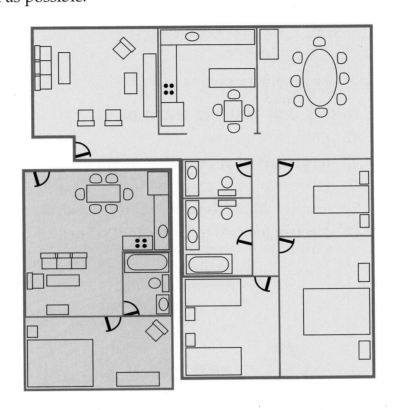

11 **En el café** Work in groups of three or four. You're all friends from Chile. After school you go to a café where you talk about lots of things—school, teachers, friends, home, family, etc. One of you will be the server. You have to interrupt the conversation once in a while to take the orders and serve. Take turns.

Un café al aire libre.
Valparaíso, Chile

Mi familia y mi casa

Unidad 1

Los deportes

Objetivos

In this unit you will learn to:

- talk about sports
- talk about what you begin to, want to, and prefer to do
- talk about people's activities
- express what interests, bores, or pleases you
- discuss the role of sports in the Spanish-speaking world

¡Me gusta jugar al fútbol!

Marla
Deportes y Regalos

Palabras El fútbol 🎧

el equipo
la mano derecha
la mano izquierda
la rodilla
la pierna
el pie
el jugador
la cabeza
el brazo
la jugadora

el estadio

el tablero indicador
2do. TIEMPO
ATLAS 2
GUADALAJARA 0
el tanto
el espectador, la espectadora
la portería
el portero

el campo de fútbol

Hoy hay un partido.
El Real Madrid juega contra el Barcelona.

Los jugadores juegan al fútbol.
Un jugador lanza el balón.
Lanza el balón con el pie.
El portero guarda la portería.

El segundo tiempo empieza.
Los dos equipos vuelven al campo.
El tanto queda empatado a cero.

El portero no puede bloquear
   (parar) el balón.
El balón entra en la portería.
López mete un gol.
Él marca un tanto.

El Real Madrid gana el partido.
El Barcelona pierde.
Los espectadores no duermen
   durante el partido.

¿Qué palabra necesito?

1 **Un partido de fútbol** Completen según se indica.
(Answer as indicated.)

1. Diego lanza el balón con _____.

2. Él no lanza el balón con _____.

3. También lanza el balón con _____.

4. Pero no lanza el balón con _____.

5. Diego es un jugador muy bueno porque tiene _____ fuertes.

2 **Historieta** **El fútbol** Contesten según se indica.
(Answer as indicated.)

1. ¿Cuántos jugadores hay en el equipo de fútbol? (once)
2. ¿Cuántos tiempos hay en un partido de fútbol? (dos)
3. ¿Quién guarda la portería? (el portero)
4. ¿Cuándo mete un gol el jugador? (cuando el balón entra en la portería)
5. ¿Qué marca un jugador cuando el balón entra en la portería? (un tanto)
6. En el estadio, ¿qué indica el tablero? (el tanto)
7. ¿Cuándo queda empatado el tanto? (cuando los dos equipos tienen el mismo tanto)

3 **Historieta** **Un partido de fútbol**

Contesten. *(Answer.)*

1. ¿Cuántos equipos de fútbol hay en el campo de fútbol?
2. ¿Cuántos jugadores hay en cada equipo?
3. ¿Qué tiempo empieza, el primero o el segundo?
4. ¿Vuelven los jugadores al campo cuando empieza el segundo tiempo?
5. ¿Tiene un jugador el balón?
6. ¿Lanza el balón con el pie o con la mano?
7. ¿Para el balón el portero o entra el balón en la portería?
8. ¿Mete el jugador un gol?
9. ¿Marca un tanto?
10. ¿Queda empatado el tanto?
11. ¿Quién gana, el Valencia o el Liverpool?
12. ¿Qué equipo pierde?
13. ¿Siempre pierde?

El estadio de Mestalla, Valencia, España

4 **Un partido de fútbol** Work with a classmate. Take turns asking and answering each other's questions about the illustration below.

 Formas — Verbos de cambio radical *e* → **ie**
Telling what you begin to, want to, or prefer to do

1. Some verbs in Spanish are called stem-changing verbs. The verbs **empezar, querer, perder,** and **preferir** are examples of stem-changing verbs. All forms, except the **nosotros** (and **vosotros**) forms, change the **e** of the infinitive to **ie.** The endings of these verbs are the same as those of a regular verb.

	empezar	querer	preferir
yo	empiezo	quiero	prefiero
tú	empiezas	quieres	prefieres
él, ella, Ud.	empieza	quiere	prefiere
nosotros(as)	empezamos	queremos	preferimos
vosotros(as)	*empezáis*	*queréis*	*preferís*
ellos, ellas, Uds.	empiezan	quieren	prefieren

2. The verbs **empezar, querer,** and **preferir** are often followed by an infinitive.

   Prefieren ganar. No quieren perder.

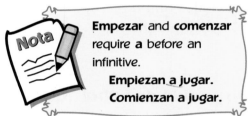

Nota
Empezar and **comenzar** require **a** before an infinitive.
   Empiezan a jugar.
   Comienzan a jugar.

Los muchachos juegan fútbol en Tortuguero, Costa Rica

¿Cómo lo digo?

5 **Historieta** Queremos ganar.

Contesten. (*Answer.*)

1. ¿Empiezan ustedes a jugar?
2. ¿Empiezan ustedes a jugar a las tres?
3. ¿Quieren ustedes ganar el partido?
4. ¿Quieren ustedes marcar un tanto?
5. ¿Pierden ustedes a veces o ganan siempre?
6. ¿Prefieren ustedes jugar en el parque o en la calle?

Papá y su hijo juegan fútbol.
Plaza Catedral, Cádiz, España

6 **Historieta** El partido continúa.

Formen oraciones según el modelo.
(*Form sentences according to the model.*)

> el segundo tiempo / empezar ⟶
> **El segundo tiempo empieza.**

1. los jugadores / empezar a jugar
2. los dos equipos / querer ganar
3. ellos / preferir marcar muchos tantos
4. Sánchez / querer meter un gol
5. el portero / querer parar el balón
6. el equipo de Sánchez / no perder

7 **Historieta** ¿Un(a) aficionado(a) a los deportes?

Contesten. (*Answer about yourself.*)

1. ¿Prefieres jugar al béisbol o al fútbol?
2. ¿Prefieres jugar con un grupo de amigos o con un equipo formal?
3. ¿Prefieres jugar en el partido o prefieres mirar el partido?
4. ¿Prefieres ser jugador(a) o espectador(a)?
5. ¿Siempre quieres ganar?
6. ¿Pierdes a veces?

El estadio Atahualpa,
Quito, Ecuador

PASO 1

Verbos de cambio radical o → ue
Describing more activities

1. The verbs **volver** *(to return to a place)*, **devolver** *(to return a thing)*, **poder** *(to be able to)*, and **dormir** *(to sleep)* are also stem-changing verbs. The **o** of the stem changes to **ue** in all forms except **nosotros** (and **vosotros**). The endings are the same as those of the regular verbs. Study the following forms.

	volver	poder	dormir
yo	vuelvo	puedo	duermo
tú	vuelves	puedes	duermes
él, ella, Ud.	vuelve	puede	duerme
nosotros(as)	volvemos	podemos	dormimos
vosotros(as)	volvéis	podéis	dormís
ellos, ellas, Uds.	vuelven	pueden	duermen

2. The **u** in the verb **jugar** changes to **ue** in all forms except **nosotros** (and **vosotros**).

   jugar   **juego, juegas, juega, jugamos,** *jugáis,* **juegan**

> **Nota**
>
> **Jugar** is sometimes followed by **a** when a sport is mentioned. Both of the following are acceptable:
> **Juegan al fútbol.**
> **Juegan fútbol.**

ES INCREÍBLE LO QUE PUEDE HACER CON MÁS ESPACIO.

¿Cómo lo digo?

8 **¿Qué juegan?** Practiquen la conversación.
(Practice the conversation.)

9 **Historieta** **¿Qué quieren jugar?**

Contesten. *(Answer based on the conversation.)*

1. ¿Quiénes juegan mucho al fútbol?
2. ¿A qué juegan Tomás y Elena?
3. ¿Pueden los jugadores usar las manos cuando juegan al fútbol?
4. ¿Con qué tienen que lanzar el balón?
5. ¿Quieren jugar Tomás y Elena?
6. ¿Prefieren jugar o mirar?

PASO 1

10 **Historieta** **Un partido de fútbol** Contesten. *(Answer.)*

1. ¿Juegan ustedes (al) fútbol?
2. ¿Juegan con unos amigos o con el equipo de su escuela?
3. ¿Vuelven ustedes al campo cuando empieza el segundo tiempo?
4. ¿Pueden ustedes usar las manos cuando juegan (al) fútbol?
5. ¿Tienen ustedes que lanzar el balón con los pies o el brazo?
6. ¿Duermen ustedes bien después de jugar (al) fútbol?

Los niños juegan al fútbol, Casares, España

11 **Historieta** **En la clase de español**

Contesten. *(Answer.)*
1. ¿Juegas al Bingo en la clase de español?
2. ¿Puedes hablar inglés en la clase de español?
3. ¿Qué lengua puedes o tienes que hablar en la clase de español?
4. ¿Duermes en la clase de español?
5. ¿Devuelve el/la profesor(a) los exámenes pronto?

12 **Historieta** **Sí, pero ahora no puede.**

Completen. *(Complete.)*

Yo __1__ (jugar) mucho al fútbol y Diana __2__ (jugar) mucho también, pero ahora ella no __3__ (poder).

—Diana, ¿por qué no __4__ (poder) jugar ahora?

—No __5__ (poder) porque __6__ (querer) ir a casa.

Sí, Diana __7__ (querer) ir a casa porque ella __8__ (tener) un amigo que __9__ (volver) hoy de Puerto Rico y ella __10__ (querer) estar en casa. Pero mañana todos nosotros __11__ (ir) a jugar. Y el amigo puertorriqueño de Diana __12__ (poder) jugar también. Su amigo __13__ (jugar) muy bien.

Un estadio de fútbol, San Juan, Puerto Rico

13 **Quiero pero no puedo.** A classmate will ask you if you want to do something or go somewhere. Tell him or her that you want to but you can't because you have to do something else. Tell what it is you have to do. Take turns asking and answering the questions.

14 **¿Es así o no?** Choose one of the illustrations below and make a statement about it. Your partner will look at the other illustration and agree with your statement or correct you if his or her picture is different.

 *For more practice using words and forms from **Paso 1**, do Activity 1 on page H2 at the end of this book.*

Palabras   El béisbol 🎧

el campo de béisbol

la base

el bateador

el jugador de béisbol

el pícher, el lanzador

la pelota

El pícher lanza la pelota.

el cátcher, el receptor

El cátcher devuelve la pelota.

atrapar

la jardinera

el bate

el guante

el platillo

La jugadora atrapa la pelota.
Atrapa la pelota con el guante.

correr

El bateador batea.
Batea un jonrón.
El jugador corre de una base a otra.

En un juego de béisbol hay nueve entradas.
Si después de la novena entrada el tanto
queda empatado, el partido continúa.

El básquetbol, El baloncesto

pasar el balón

Son campeones.
Ganan un trofeo.

driblar con
el balón

la cancha de básquetbol

el balón

el cesto,
la canasta

meter el balón
en el cesto

encestar

tirar el balón

¿Qué palabra necesito?

1 **¿Qué deporte es?** Escojan. *(Choose.)*

1. El jugador lanza el balón con el pie.
2. Hay cinco jugadores en el equipo.
3. Hay nueve entradas en el partido.
4. El jugador corre de una base a otra.
5. El portero para o bloquea el balón.
6. El jugador tira el balón y encesta.

2 **Historieta** **El béisbol** Escojan. *(Choose.)*

1. Juegan (al) béisbol en _____ de béisbol.
   a. un campo   **b.** una pelota   **c.** una base
2. El pícher _____ la pelota.
   a. lanza   **b.** encesta   **c.** batea
3. El jardinero atrapa la pelota en _____.
   a. una portería   **b.** un cesto   **c.** un guante
4. El jugador _____ de una base a otra.
   a. tira   **b.** devuelve   **c.** corre
5. En un partido de béisbol hay _____ entradas.
   a. dos   **b.** nueve   **c.** once

Una cancha de pelota. Copán. Honduras

3 **Historieta** **El baloncesto** Contesten. *(Answer.)*

1. ¿Es el baloncesto un deporte de equipo o un deporte individual?
2. ¿Hay cinco o nueve jugadores en un equipo de baloncesto?
3. Durante un partido de baloncesto, ¿los jugadores driblan con el balón o lanzan el balón con el pie?
4. ¿El jugador tira el balón en el cesto o en la portería?
5. ¿El encestado (canasto) vale dos puntos o seis puntos?

4 **Historieta** **Los campeones**

Contesten. (*Answer.*)

1. ¿Juegan muy bien los Leones?
2. ¿Tienen un equipo muy bueno?
3. ¿Ganan o pierden muchos partidos?
4. ¿Son campeones?
5. ¿Ganan un trofeo?
6. ¿Duermen los espectadores cuando miran un partido de los Leones?

Un partido entre Yugoslavia y España

5 **Juego** **¿Qué deporte es?** Work with a classmate. Give him or her some information about a sport. He or she has to guess what sport you're talking about. Take turns.

6 **Juego** **¡Adivina quién es!** Think of your favorite sports hero. Tell a class-mate something about him or her. Your classmate will ask you three questions about your hero before guessing who it is. Then reverse roles and you guess who your classmate's hero is.

7 **Pobre Mario** Work with a partner. One of you can be Mario and the other, María. Mario is confused. He wants to do everything but he always makes mistakes. Mario will explain what he wants to do and María tells him why he cannot.

Formas

Los verbos **interesar**, **aburrir**, **gustar**
Expressing what interests, bores, or pleases you

1. The verbs **interesar** and **aburrir** function the same in English and in Spanish. Study the following examples.

¿Te aburre el béisbol?	*Does baseball bore you?*
No, el béisbol me interesa.	*No, baseball interests me.*
¿Te aburren los deportes?	*Do sports bore you?*
No, los deportes me interesan.	*No, sports interest me.*

2. The verb **gustar** in Spanish works (functions) the same as **interesar** and **aburrir**. **Gustar** conveys the meaning *to like,* but its true meaning is *to please*. The Spanish way of saying *I like baseball* is *Baseball pleases me.*

    ¿Te aburre el béisbol? No, no. Me interesa.
    ¿Te gusta el béisbol? Sí, me gusta mucho el béisbol.
    ¿Te gustan los deportes en general? Sí, me gustan.

El colegio San José, Estepona, España

3. **Gustar** is often used with an infinitive to tell what you like to do.

    ¿Te gusta ganar? Sí. No me gusta perder.
    ¿Te gusta comer?

Nota

Mí and **ti** are used after a preposition: **para mí** and **para ti.**

A mí me gustan.
¿A ti también?
A mí no me gustan.
Ni a mí tampoco.

¿Cómo lo digo?

8 **¿Qué cursos te interesan y qué cursos te aburren?** Contesten. *(Answer.)*

1. ¿Te interesa la historia?
2. ¿Te interesa la geografía?
3. ¿Te interesa la biología?
4. ¿Te interesa la educación física?
5. ¿Te interesan las matemáticas?
6. ¿Te interesan las ciencias?

9 **¿Te interesan o te aburren?**

 Sigan el modelo. *(Follow the model.)*

> **las ciencias →**
> **Las ciencias me interesan. No me aburren.**

1. las matemáticas
2. los estudios sociales
3. mis cursos
4. los deportes

¿Es una clase interesante?
Santiago de Chile

10 **¿Te interesa o te aburre?**

Contesten. *(Answer.)*

1. ¿Te interesa o te aburre el béisbol?
2. ¿Te interesa o te aburre el arte?
3. ¿Te interesan o te aburren los partidos de fútbol?
4. ¿Te interesan o te aburren las emisiones deportivas?

11 **Los deportes** Contesten. *(Answer.)*

1. ¿Te gusta el fútbol?
2. ¿Te gusta el béisbol?
3. ¿Te gusta el voleibol?
4. ¿Te gusta más el béisbol o el fútbol?
5. ¿Te gusta más el voleibol o el básquetbol?
6. ¿Te gusta el golf?
7. ¿Te gusta el tenis?

¿Quieres un helado? Plasencia. España

12 **Los alimentos** Contesten. *(Answer.)*

1. ¿Te gusta la ensalada?
2. ¿Te gusta un sándwich de jamón y queso?
3. ¿Te gusta el pescado?
4. ¿Te gusta el helado?
5. ¿Te gusta la torta?
6. ¿Te gustan las frutas?
7. ¿Te gustan los tomates?
8. ¿Te gustan las hamburguesas?
9. ¿Te gustan los mariscos?

13 **¿Te gusta la ropa?**

Sigan el modelo. *(Follow the model.)*
—¿Te gusta la gorra? →
—Sí, a mí me gusta.

1.

2.

3.

4.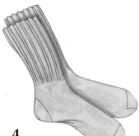

5.

6.

14 **¿Qué te gusta hacer?**

 Contesten. (*Answer.*)

1. ¿Te gusta cantar?
2. ¿Te gusta bailar?
3. ¿Te gusta comer?
4. ¿Te gusta leer?
5. ¿Te gusta más hablar o escuchar?
6. ¿Te gusta más jugar o ser espectador(a)?

15 **Gustos** Work with a classmate. Tell one another some things you like and don't like. Let one another know when you agree. Following are some categories you may want to explore.

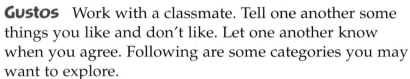

ropa comida deportes cursos actividades

Los niños juegan baloncesto. Quetzalan, México

*For more practice using words and forms from **Paso 2**, do Activity 2 on page H3 at the end of this book.*

 Andas bien. ¡Adelante!

Conversación

Un partido de fútbol

¿Comprendes?

Contesten. *(Answer.)*

1. ¿Va a jugar fútbol Madela?
2. ¿Quiere jugar Alicia?
3. ¿Cuándo van a jugar?
4. ¿Puede jugar la amiga de Alicia?
5. Si juega Alicia, ¿cuántas jugadoras tienen?
6. ¿Cuándo puede jugar la amiga de Alicia?
7. Y, ¿quién juega hoy?

Pronunciación

Las consonantes s, c, z

The consonant **s** is pronounced the same as the *s* in *sing*. Repeat the following.

sa	se	si	so	su
sala	base	sí	peso	su
pasa	serio	simpático	piso	Susana
saca	seis	siete	sopa	supermercado
mesa	mesero		sobrino	

The consonant **c** in combination with **e** or **i** (**ce, ci**) is pronounced the same as an **s** in all areas of Latin America. In many parts of Spain, **ce** and **ci** are pronounced like the *th* in English. Likewise, the pronunciation of **z** in combination with **a, o, u** (**za, zo, zu**) is the same as an **s** throughout Latin America and as a *th* in most areas of Spain. Repeat the following.

za	ce	ci	zo	zu
cabeza	cero	cinco	zona	zumo
empieza	encesta	ciudad	almuerzo	Zúñiga
lanza	cena		venezolano	Venezuela

Trabalenguas

Repeat the following.

> **González enseña en la sala de clase.**
> **El sobrino de Susana es serio y sincero.**
> **La ciudad de Zaragoza tiene cinco zonas.**
> **Toma el almuerzo a las doce y diez en la cocina.**

Refrán

Can you guess what the following proverb means?

Perro que ladra no muerde.

¡Guao Guao!

Cultura y lectura
Los deportes en el mundo hispano

Reading Strategy

Using titles and subtitles Look at titles and subtitles before you begin to read. They will usually help you know what the reading is about. Having an idea of what a reading is about will help you better understand as you read.

El Valencia contra el Manchester

El fútbol

El fútbol es un deporte muy popular en todos los países hispanos. Los equipos nacionales tienen millones de aficionados[1], pero el fútbol que juegan en los países hispanos no es el fútbol que jugamos nosotros. El fútbol americano no es muy popular. El fútbol que juegan es lo que llamamos «soccer». Los jugadores no pueden tocar el balón con las manos ni con los brazos. Tienen que usar la cabeza, el pie o las piernas.

Un jugador de béisbol, la República Dominicana

El béisbol

El béisbol es popular en algunos países hispanos, pero no en todos. El béisbol tiene muchos aficionados en Cuba, Puerto Rico, la República Dominicana, Venezuela, Nicaragua, México y Panamá.

Muchos jugadores de béisbol de las Grandes Ligas son latinos. Entre 1919 y hoy, más de cien jugadores latinos juegan en la Serie mundial[2].

El pueblo pequeño de San Pedro de Macorís en la República Dominicana produce más jugadores de las Grandes Ligas que cualquier otro[3] pueblo o ciudad del mundo.

[1] aficionados *fans*   [2] Serie mundial *World Series*   [3] cualquier otro *any other*

La golfista Nancy López

El golf y el tenis

El golf y el tenis son otros deportes que gozan de[4] mucha popularidad en los países hispanos. ¿Puedes nombrar algunos jugadores latinos de golf o de tenis?

[4] gozan de *enjoy*

La tenista argentina Gabriela Sabatini

¿Comprendes?

A. Contesten. *(Answer.)*
1. ¿Cuál es un deporte popular en todos los países de habla española?
2. ¿Tienen muchos aficionados los equipos nacionales?
3. ¿Eres muy aficionado(a) al fútbol?
4. ¿Te gusta mucho el fútbol?
5. El fútbol que juegan en los países hispanos, ¿es como el fútbol americano o no?
6. ¿Qué no pueden usar los jugadores de fútbol cuando lanzan el balón?

B. Busquen. *(Find the following information.)*
1. países hispanos donde es muy popular el béisbol
2. desde 1919 el número de jugadores latinos de béisbol que juegan en la Serie mundial
3. un pueblo que produce muchos buenos jugadores de béisbol

C. Give a major difference between the football played in the United States and the football played in the Spanish-speaking countries.

PASO 3

Repaso

1. In this unit, I learned stem-changing verbs **e → ie, o → ue.**
Stem-changing verbs with **e** change to **ie** in all forms except
nosotros (and **vosotros**); **o** changes to **ue.**

querer (e → ie)		poder (o → ue)	
quiero	queremos	puedo	podemos
quieres	*queréis*	puedes	*podéis*
quiere	quieren	puede	pueden

2. The verb **gustar** *(to like)* functions the same in Spanish
as the verbs **interesar** and **aburrir.**

> **Me interesan los deportes. ¿Te interesan a ti?**
> **No me aburren los deportes. ¿Te aburren a ti?**
> **Me gustan mucho los deportes. Y, ¿a ti te gustan?**

Nota

Mí and **ti** are used
following a preposition.
**A mí me gustan
los deportes.
¿Y a ti también?**

Un estadio de fútbol,
Barcelona, España

¡Pongo todo junto!

1 **¡A jugar!** Completen. *(Complete.)*

1. Ellos _____ fútbol. (jugar)
2. Y nosotros _____ béisbol. (jugar)
3. ¿Qué _____ ustedes jugar? (preferir)
4. ¿Tú _____ jugar con nosotros? (poder)
5. Si yo _____, nuestro equipo gana. Nosotros no _____. (jugar, perder)
6. ¿A qué hora _____ el partido? (empezar)

2 **Intereses y gustos**
Sigan el modelo. *(Follow the model.)*

los deportes ⟶

¿Te aburren los deportes?
Sí, me aburren.

¿Te interesan los deportes?
Sí, me interesan.

¿Te gustan mucho
los deportes? Sí, me
gustan mucho.

1. el béisbol y el básquetbol
2. el fútbol
3. la televisión
4. las emisiones deportivas
5. los cursos

3 **yo practic o**

Work with a partner. Practice your
verbs using your manipulatives.

PASO 3

¡Te toca a ti!

Hablar

1 Mi(s) deporte(s) favorito(s)

✓ *Discuss a sport or sports you like*

Pick your favorite sport or sports. Get together with a classmate who likes the same sport or sports as you. Take turns describing the sport or sports you like best.

Hablar

2 Intereses y gustos

✓ *Discuss what does or does not interest you and what you like to do*

Work with a classmate. Share with one another things that interest you and that you like to do.

El polideportivo de Ojén, España

Hablar

3 Un partido de fútbol

✓ *Describe a soccer game*

You are at a soccer match with a friend (your classmate). He or she has never been to a soccer game before and doesn't understand the game. Your friend has a lot of questions. Answer the questions and explain the game. You may want to use some of the following words.

ganar   **empezar**   lanzar

marcar   jugar

meter   volver   **perder**

Mia Hamm, futbolista popular de Estados Unidos

Escribir

4 El béisbol

✓ *Write about baseball*

You have a key pal from Ceuta in Africa. He or she e-mails you and tells you he or she doesn't know anything about baseball. E-mail him or her describing important things about a baseball game.

Escribir

5 Un reportaje

✓ *Describe a sporting event*

You went to a sporting event at your school. Write an article about the event for the "Spanish Corner" in your school newspaper. You can write your report in the present tense.

Una calle de Ceuta, África del Norte

Escribir

6 La Copa mundial

Many of you already know that the World Cup is a soccer championship. Try to give a description of the World Cup as best you can in Spanish. If you are not familiar with it, you will need to do some research. It might be interesting to take what you know or find out about the World Cup and compare it to the World Series in baseball. Gather information about both these champion-ships and write a report in Spanish.

Writing Strategy

Gathering information If your writing projects deal with a subject you are not familiar with, you may need to gather information before you begin to write. Some of your best sources are the library, the Internet, and people who know something about the topic. Even if you plan to interview people about the topic, it may be necessary to do some research in the library or on the Internet to acquire enough knowledge to prepare good interview questions.

Assessment

¿Estoy listo(a)?

Palabras

To review words from **Paso 1,** turn to pages 2–3.

1 Completen. *(Complete.)*

1–2. El _____ juega en el partido y el _____ mira el partido.

3–4. Dos partes del cuerpo humano son _____ y _____.

5. El portero _____ la portería.

6. Un equipo _____ y el otro pierde.

7–8. El jugador _____ un gol y marca un _____.

2 Identifiquen. *(Identify the player.)*

9.

10–11.

3 Identifiquen. *(Identify the sport.)*

12. Corren de una base a otra.

13. Dribla con el balón.

14. Tira el balón y encesta.

15. Lanza el balón con el pie.

To review words from **Paso 2,** turn to pages 12–13.

Formas

4 Completen. *(Complete.)*
16. Los jugadores _____ al campo. (volver)
17. Nosotros _____ jugar. (querer)
18. Nuestro equipo no _____. (perder)
19. Tú _____ jugar si quieres. (poder)
20. Nosotros _____ bastante bien. (jugar)

To review stem-changing verbs, turn to pages 6 and 8.

5 Completen. *(Complete.)*
21. ¿Te gust__ los deportes? Sí, _____ gust__ mucho.
22. _____ gust__ el pescado pero a ti no _____ gust__.
23. El arte me interes__ pero los deportes me aburr__.

To review verbs like **interesar**, **aburrir**, and **gustar**, turn to page 16.

Cultura

6 Den la información. *(Give the following information.)*
24. el deporte número uno en los países hispanos
25. dos países donde hay muchos aficionados al béisbol

To review this cultural information, turn to pages 22–23.

El canal de Panamá

PASO 4

Diversiones

Canta con Justo
El gran campeón

Pa- ra triun- far hay que sa- ber. Pue- des ga- nar pue- des per- der. Si an- das

bien, o an- das, mal, muy bue- no es po- der lle- gar y con- ti- nuar ha- cia el fi- nal. La

vi- da es un par- ti- do, tú tie- nes que ga- nar. Si quie- res ser un gran cam- peón de- bes co-

rrer y no pa- rar. Tus ma- nos, pier- nas y tus pies, tie- nes que u- sar pa- ra ju-

gar. No es im- po- si- ble, fá- cil es Siem- pre ha- cia ade- lan- te por la Co- pa mun- dial.

Levanta un brazo y celebra el gol
Canta muy fuerte con esta canción
Este trofeo es para el mejor
Y nuestro equipo es el gran campeón
Sube tu brazo, luego bájalo
Mueve tu cuerpo, vamos muévelo
Este trofeo es para el mejor
Y nuestro equipo es el gran campeón

Para triunfar, hay que saber
Que puedes ganar, puedes perder
Si andas bien, o andas mal
Divino es poder llegar
Y continuar hacia el final
La vida es un partido
tú tienes que ganar

Levanta un brazo y celebra el gol
Canta muy fuerte con esta canción
Este trofeo es para el mejor
Y nuestro equipo es el gran campeón
Sube tu brazo, luego bájalo
Mueve tu cuerpo, vamos muévelo
Este trofeo es para el mejor
Y nuestro equipo es el gran campeón.

Teatro

Stand up and act out the following "plays."

lanzar el balón con el pie

bloquear el balón   lanzar el balón con la cabeza

correr   **pasar el balón**   **batear**

driblar con el balón

atrapar la pelota   tirar el balón

Juego

Play this version of **Simón dice.**

Levanta la mano.
Levanta la mano izquierda.
Levanta el brazo derecho.
Levanta la pierna derecha.
Levanta la rodilla izquierda.

PASO 4

 Manos a la obra

Carteles Make a poster indicating in Spanish all the sporting events that will take place in your school next month.

Juego **Los deportes** Work with a classmate. Take turns saying something about a sport. Your classmate will tell what sport you're talking about.

El beisbolista y héroe puertorriqueño
Roberto Clemente

Investigaciones

Look up some information about any one of the following famous Hispanic athletes. You may choose from the list below or write about any others you know.

Béisbol
José Canseco
Bobby Bonilla
Fernando Valenzuela

Fútbol
Claudio Reyna
Carlos Llamosa
Jaime Moreno

Tenis
Mary Joe Fernández
Gigi Fernández
Gabriela Sabatini

Golf
"Chi Chi" Rodríguez
Nancy López
Lee Trevino

Spanish Online

For more information about sports in the Spanish-speaking world, go to the Glencoe Spanish Web site: spanish.glencoe.com.

La tenista Gigi Fernández

Entrevista

¿Te gustan los deportes?
¿Cuál es tu deporte favorito?
¿Juegas con un equipo de tu escuela?
¿Con qué equipo juegas?
¿Prefieres jugar o ser espectador(a)?
¿Tiene tu escuela un equipo muy bueno?
¿En qué deporte?
¿Cuántos partidos gana el equipo?
Y, ¿cuántos pierde?

PLEGABLES™ Study Organizer

Mi autobiografía Use this *minibook* organizer to write and illustrate your autobiography. Before you begin to write, think about the many things concerning yourself that you have the ability to write about in Spanish. On the left pages, draw the events of your life in chronological order. On the right, write about your drawings.

Step 1 **Fold** a sheet of paper (8½" x 11") in half like a *hot dog*.

Step 2 **Fold** it in half again like a *hamburger*.

Step 3 Then **fold** in half again, forming eights.

Step 4 **Open** the fold and cut the eight sections apart.

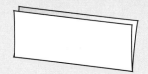

Step 5 **Place** all eight sections in a stack and fold in half like a hamburger.

Step 6 **Staple** along the center fold line. Glue the front and back sheets into a construction paper cover.

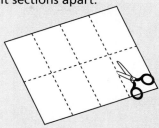

Más cultura y lectura

La Copa mundial

Fernando Hierro y Roberto Carlos da Silva son dos jugadores de fútbol muy buenos. Los dos juegan con el mismo equipo profesional, el Real Madrid. Es un equipo español muy popular e Hierro y da Silva tienen muchos aficionados.

Los dos van a jugar en la Copa mundial[1]. Pero no van a jugar con el mismo equipo. Cada uno va a jugar con un equipo diferente. ¿Cómo es posible? Pues, da Silva juega con el equipo español, el Real Madrid. Pero él no es español. Es del Brasil y en la Copa mundial él tiene que jugar con el equipo de su país. Él va a jugar con el equipo brasileño. Hierro es español y él va a jugar con el equipo de España. Así, los dos compañeros tienen que jugar en equipos contrarios.

▲ El equipo nacional de España

Cada cuatro años las estrellas[2] de cada país forman parte de su equipo nacional. Hay treinta y dos equipos nacionales que juegan en la Copa mundial.

[1] Copa mundial *World Cup*
[2] estrellas *stars*

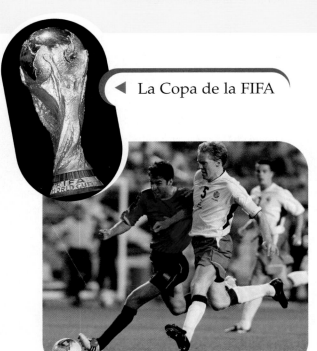

◄ La Copa de la FIFA

▲ España contra Irlanda

¿Comprendes?

Busquen. *(Find the following information.)*
1. con qué equipo juegan Hierro y da Silva
2. la nacionalidad de da Silva
3. la nacionalidad de Hierro
4. con qué equipo tiene que jugar da Silva en la Copa mundial
5. con qué equipo juega Hierro en la Copa mundial
6. el número de equipos nacionales que participan en la Copa mundial

Personajes latinos famosos

◄ Sammy Sosa es un jardinero derecho con los Chicago Cubs. En tres temporadas consecutivas Sosa golpea más de cincuenta jonrones.

¿De dónde es Sammy Sosa? Es de San Pedro de Macorís en la República Dominicana. Es el pueblo que produce más jugadores de las Grandes Ligas que cualquier otro pueblo o ciudad.

Sosa es un jugador popular y es también una persona muy buena. En 1998, él funda la Fundación Sammy Sosa para ayudar[1] a niños necesitados[2] en Chicago y en la República Dominicana. En 1999 la Fundación establece el Centro Médico Sammy Sosa para niños en su pueblo natal, San Pedro de Macorís.

[1] ayudar *to help*   [2] necesitados *needy*

▶ El joven español Sergio García es un jugador de golf muy famoso. Es de Castellón en España. Tiene el apodo[3] «el Niño» porque empieza a jugar cuando es muy joven. Su objetivo es de «ser el mejor[4] del mundo». Como en el caso de Tiger Woods, el padre de Sergio es un entrenador[5].

[3] apodo *nickname*
[4] mejor *best*
[5] entrenador *trainer, coach*

¿Comprendes?

Tell all you knew about Sammy Sosa or Sergio García before you read about them. Then tell what you learned from the reading.

PASO 4

Conexiones
Las ciencias

La anatomía

Staying in good physical shape is important for all athletes. To do so, they have to know how to care for their bodies. They also have to know something about their bones and muscles to avoid injuries. All athletes should have some basic knowledge of anatomy. Anatomy is the branch of science that studies the structure of humans and animals.

Before reading this selection on anatomy, study the diagrams of the human body.

El esqueleto

El esqueleto humano tiene doscientos seis huesos. Hay treinta y dos huesos en cada brazo y treinta y uno en cada pierna. El cuerpo cuenta con más de seiscientos músculos. Algunos músculos están conectados a un hueso. Pueden estar conectados directamente a un hueso o por medio de un tendón.

Además de[1] los músculos esqueléticos, hay muchos músculos internos. El corazón es un ejemplo.

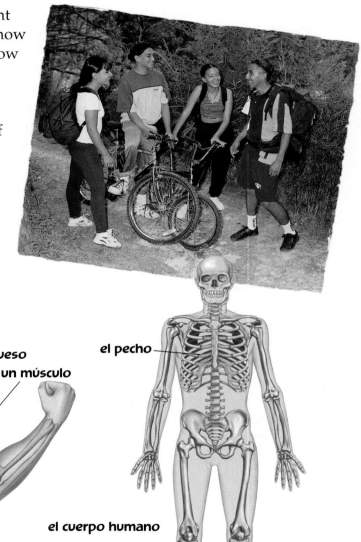

un hueso

un músculo

un tendón

el pecho

el cuerpo humano

el esqueleto

[1] Además de *Besides*

El corazón

El corazón es un órgano muscular. Es el órgano principal de la circulación de la sangre[2]. Está situado más o menos en el centro del pecho.

Los pulmones

Los dos pulmones están situados a cada lado[3] del corazón. El pulmón es el órgano principal del aparato respiratorio. El aire llega a cada pulmón por un bronquio. La sangre llega por la artería pulmonar. La sangre, cuando llega, está cargada de dióxido de carbono. Cuando sale[4] de las venas pulmonares la sangre está purificada.

No hay duda[5] que el cuerpo humano es una máquina[6] extraordinaria.

el corazón

los pulmones

[2] sangre *blood*
[3] a cada lado *on each side*
[4] sale *it leaves*
[5] duda *doubt*
[6] máquina *machine*

¿Comprendes?

A. **Busquen.** *(Find all the cognates in the reading.)*

B. **Busquen.** *(Find the following information.)*
   1. el número de huesos en cada brazo
   2. el número de huesos en cada pierna
   3. lo que puede conectar un músculo a un hueso
   4. un músculo interno, un órgano vital
   5. el órgano principal del aparato respiratorio

PASO 4

Tell all you can about the following illustration.

Identifying sports

el deporte   el fútbol   el béisbol   el básquetbol, el baloncesto

---

Describing a sporting event in general

el estadio	el equipo	jugar	lanzar
el/la espectador(a)	el tablero indicador	empezar	correr
el campo	el tanto	continuar	guardar
la cancha	empatado	indicar	perder
el partido	el/la campeón(ona)	entrar	ganar
el/la jugador(a)	un trofeo	tirar	contra

Describing a football (soccer) game

el fútbol	el/la portero(a)	parar	usar
el balón	la portería	tocar	marcar un tanto
el tiempo	bloquear	poder	meter un gol

Describing a baseball game

el béisbol	el/la cátcher,	la base	el bate
el/la bateador(a)	el/la receptor(a)	un jonrón	el guante
el/la pícher,	el/la jardinero(a)	la entrada	batear
el/la lanzador(a)	el platillo	la pelota	atrapar
			devolver

Describing a basketball game

el básquetbol,	driblar
el baloncesto	pasar
el cesto, la canasta	encestar
el balón	meter

Identifying some parts of the body

el pie	la mano
la pierna	el brazo
la rodilla	la cabeza

Expressing likes and dislikes

gustar
interesar
aburrir

Other useful expressions

derecho(a)	volver
izquierdo(a)	quedar
durante	dormir

Unidad 2

La salud

Objetivos

In this unit, you will learn to:

- explain a minor illness to a doctor
- describe some feelings
- have a prescription filled at a pharmacy
- describe characteristics and conditions
- tell where things are and where they're from
- tell where someone or something is now
- tell what happens to you or to someone else

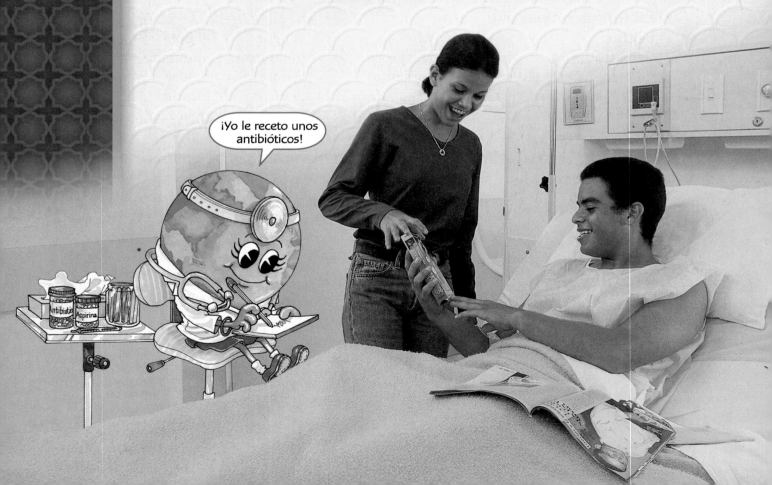

¡Yo le receto unos antibióticos!

FARMACIA

Palabras   ¿Cómo está? 🎧

¡Hola, Felipe! ¿Cómo estás?

Estoy bien.

enfermo

contento

triste

cansada

nervioso

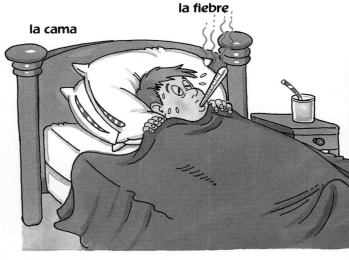

la cama

la fiebre

estornudar

un pañuelo

un kleenex

El pobre muchacho está enfermo.
Está en cama.
¿Qué tiene?
Pues, tiene escalofríos y fiebre.
Creo que tiene la gripe.
Tiene que guardar cama.

La muchacha tiene catarro.
Está resfriada.
Estornuda mucho.
Necesita un pañuelo.

Enrique tose.
Tiene tos.
Tiene dolor de garganta.

José tiene dolor de estómago.

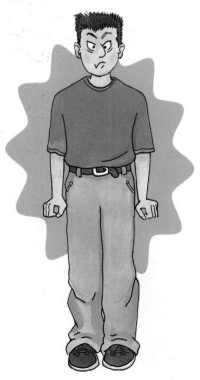

Charo tiene dolor de cabeza.

José Luis está de mal humor.
No está de buen humor.

¿Qué palabra necesito?

1 **Historieta** **¡Qué enferma está!**

Contesten. *(Answer.)*

1. ¿Está enferma la pobre muchacha?
2. ¿Tiene que guardar cama?
3. ¿Está en cama?
4. ¿Tiene tos?
5. ¿Tiene dolor de garganta?
6. ¿Tiene dolor de cabeza también?
7. ¿Tiene fiebre y escalofríos?
8. ¿Está siempre cansada?
9. ¿Qué tiene? ¿Tiene la gripe?

2 **¿Cómo está?** Contesten según las fotos.
(Answer based on the photos.)

1. ¿Cómo está el joven?
   ¿Está triste o contento?

2. Y la joven, ¿cómo está?
   ¿Está bien o está enferma?

3. Y la señora, ¿está nerviosa
   o muy tranquila?

4. El señor, ¿está de mal humor
   o de buen humor?

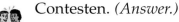

3 **Historieta** **¿Qué tiene Alicia?**

Contesten. *(Answer.)*

1. ¿Está enferma Alicia?
2. ¿Estornuda mucho?
3. ¿Tiene tos también?
4. ¿Está resfriada?
5. ¿Qué opinión tienes? ¿Está Alicia de buen humor o de mal humor?

4 **¿Cómo estás tú?** Contesten. *(Answer about yourself.)*

1. ¿Cómo estás hoy?
2. Cuando estás enfermo(a), ¿estás de buen humor o estás de mal humor?
3. Cuando tienes dolor de cabeza, ¿estás contento(a) o triste?
4. Cuando tienes catarro, ¿siempre estás cansado(a) o no?
5. Cuando tienes catarro, ¿tienes fiebre y escalofríos?
6. Cuando tienes la gripe, ¿tienes fiebre y escalofríos?
7. ¿Tienes que guardar cama cuando tienes catarro?
8. ¿Tienes que guardar cama cuando tienes fiebre?

5 **¿Qué te pasa?** Work with a classmate. Ask your partner what's the matter—**¿Qué te pasa?** He or she will tell you. Then suggest something he or she can do to feel better. **¿Por qué no... ?** Take turns.

Use your manipulatives to practice your new vocabulary.

PASO 1

Formas

Ser y estar—característica y condición
Characteristics and conditions

1. Spanish has two verbs that mean *to be*. They are **ser** and **estar**. Each of these verbs has very distinct uses. **Ser** expresses a trait or a characteristic that does not change.

> **El muchacho es moreno. Él es muy sincero.**
> **La casa de apartamentos es muy alta.**

2. **Estar** expresses a temporary state or condition.

> **Juan no está bien hoy. Está enfermo.**
> **La joven está cansada.**
> **Está nerviosa también.**

¿Cómo lo digo?

6 **Juego** ¿Característica o condición?

Listen to each sentence. Raise your right hand if it describes a characteristic. Raise your left hand if it describes a condition.

1. Está enfermo.
2. Es muy guapo.
3. Es muy sincera.
4. Está nerviosa.
5. Estoy bien.
6. Son inteligentes.
7. Están cansados.
8. Son simpáticos.

El muchacho está enfermo pero no está de mal humor.

7 **Al contrario** Sigan el modelo. *(Follow the model.)*

> **Roberto es rubio.** →
> **Al contrario. No es rubio. Roberto es moreno.**

1. Teresa es morena.
2. Justo es alto.
3. Héctor es feo.
4. Catalina es muy seria.
5. La clase de biología es aburrida.
6. Los cursos son fáciles.
7. Nuestro equipo de fútbol es malo.
8. Su familia es grande.

8 **Historieta** **Mi casa y mi familia**

Contesten. *(Answer.)*

1. ¿Es grande o pequeña tu casa?
2. ¿Es bonita tu casa?
3. ¿De qué color es tu casa?
4. ¿Es grande o pequeña tu familia?
5. ¿Son muy cómicos tus primos?
6. ¿Es muy inteligente tu hermano o tu hermana?

Una casa particular. Sitges, España

9 **Historieta** **Hoy yo...** Contesten. *(Answer.)*

1. Hoy, ¿cómo estás? ¿Estás bien o estás enfermo(a)?
2. ¿Estás contento(a)?
3. ¿Estás triste?
4. ¿Estás nervioso(a)?
5. ¿Estás de mal humor o de buen humor?

10 **¿Cómo está o cómo es?** Describan a las personas en el dibujo.
(Describe the people in the picture.)

11 **Yo** Give a brief description of yourself.

PASO 1

Ser y estar—origen y colocación
Origin and location

1. You use the verb **ser** to tell where someone or something is from.

   La profesora es de Puerto Rico.
   El café es de Colombia.

2. You use **estar** to express where someone or something is located. **Estar** expresses both temporary and permanent location.

   Los alumnos están en la escuela.
   Madrid está en España.

¿Cómo lo digo?

12 **Juego** **¿Origen o colocación?** Listen to each sentence. Raise your right hand if it tells where someone is from. Raise your left hand if it tells where someone or something is located.

1. Somos de Tejas.
2. Guadalajara está en México.
3. La profesora es de Cuba.
4. Sus abuelos son de España.
5. Su casa está en Miami.
6. Miami está en Florida.

La Gran Vía. Madrid. España

 ¿De dónde es Micaela? Practiquen la conversación.
 (Practice the conversation.)

 Historieta Micaela Contesten según la conversación.
(Answer based on the conversation.)

1. ¿Es de Nicaragua Micaela?
2. ¿De dónde es?
3. ¿De qué nacionalidad es?
4. ¿Dónde están Teresa y Micaela ahora?
5. ¿Están ellas en la misma clase de inglés?
6. ¿Cómo es Micaela?

15 **¿De dónde es?** Contesten según el modelo.
(Answer according to the model.)

> **¿Es cubano el muchacho?** →
> **Sí, creo que es de Cuba.**

1. ¿Es colombiana la muchacha?
2. ¿Es guatemalteco?
3. ¿Es puertorriqueña?
4. ¿Es española?
5. ¿Es peruano el médico?
6. ¿Son venezolanos los amigos?
7. ¿Son chilenas las amigas?
8. ¿Son costarricenses los jugadores?

Una niña con su mascota, cerca de Arequipa, Perú

¿Es Bernardo argentino?

16 **¿De dónde es y dónde está ahora?**
Contesten. *(Answer.)*

1. Bernardo es de Argentina pero ahora
   está en España.
   ¿De dónde es Bernardo?
   ¿Dónde está ahora?
   ¿De dónde es y dónde está?
2. Linda es de Estados Unidos pero
   ahora está en Colombia.
   ¿De dónde es Linda?
   ¿Dónde está ahora?
   ¿De dónde es y dónde está?
3. La señora Martín es de Cuba pero
   ahora está en Puerto Rico.
   ¿De dónde es la señora Martín?
   ¿Dónde está ella ahora?
   ¿De dónde es y dónde está?

For more practice using words and forms from **Paso 1,** *do Activity 3 on page H4 at the end of this book.*

17 Historieta Una carta a un amigo

Completen la carta. (*Complete the letter with* ser *or* estar.)

A

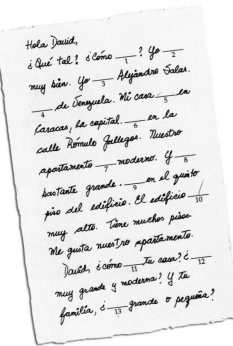

Hola David,
¿Qué tal? ¿Cómo ___1___? Yo ___2___ muy bien. Yo ___3___ Alejandro Salas. ___4___ de Venezuela. Mi casa ___5___ en Caracas, la capital. ___6___ en la calle Rómulo Gallegos. Nuestro apartamento ___7___ moderno. Y ___8___ bastante grande. ___9___ en el quinto piso del edificio. El edificio ___10___ muy alto. Tiene muchos pisos. Me gusta nuestro apartamento.
David, ¿cómo ___11___ tu casa? ¿___12___ muy grande y moderna? Y tu familia, ¿___13___ grande o pequeña?

Caracas, Venezuela

18 Entrevista Contesten. (*Answer about yourself.*) Questions A

1. ¿Estás en la escuela ahora?
2. ¿Dónde está la escuela?
3. ¿En qué clase estás?
4. ¿En qué piso está la sala de clase?
5. ¿Está el/la profesor(a) en clase también?
6. ¿De dónde es él/ella?
7. ¿Y de dónde eres tú?
8. ¿Cómo estás hoy?
9. ¿Y el/la profesor(a), ¿cómo está?
10. ¿Y cómo es?

19 Mi familia Talk about your family or friends. Tell where they are from and where they are now.

Un colegio, Gaucín, España

Palabras En la consulta del médico

Me duele la cabeza.

Me duele la garganta.

Me duele el estómago.

el médico

la consulta del médico, el consultorio

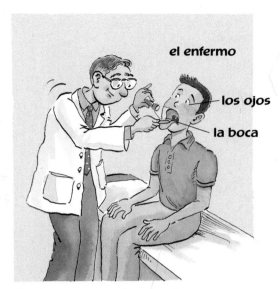

el enfermo

los ojos

la boca

una receta

Carlos está en el consultorio.
El médico examina a Carlos.
Carlos abre la boca.
El médico le examina la garganta.

El médico le da una receta.
El médico le receta unos antibióticos.

la farmacia

la farmacéutica

el farmacéutico

las pastillas, las píldoras

Isabel está en la farmacia.
El farmacéutico le vende (despacha)
   los medicamentos.
Él le da una caja de pastillas.

Nota

Study the following cognates
related to health and medicine.

el síntoma	la dosis
la diagnosis	la tableta
la alergia	la aspirina
la inyección	el antibiótico
la medicina	

PASO 2

¿Qué palabra necesito?

1 **¿Qué te pasa?** Sigan el modelo. *(Follow the model.)*

 Me duele la garganta. →
—¿Qué te pasa? ¿Tienes dolor de garganta?
—Sí, me duele mucho. ¡Qué enfermo(a) estoy!

1. Me duele el estómago.
2. Me duele la cabeza.

2 **Historieta** **En la consulta del médico**

 Contesten. *(Answer.)*

1. ¿Está Ricardo en la consulta del médico?
2. ¿Cómo está Ricardo?
3. ¿Tiene fiebre y escalofríos?
4. ¿Le duele la garganta?
5. ¿Examina el médico a Ricardo?
6. ¿Ricardo abre la boca?
7. ¿Tiene Ricardo la gripe?
8. ¿Le receta unos antibióticos el médico?
9. ¿Va Ricardo a la farmacia con su receta?
10. ¿Le vende los medicamentos el farmacéutico?

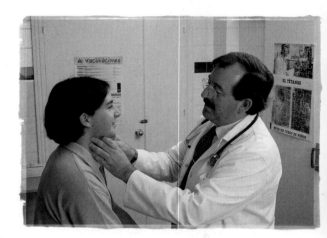

3 **Juego** **¿Qué te pasa?** Work in small groups. Take turns pantomiming different illnesses and emotions. The other group members have to tell what is being pantomimed.

4 **Todo es falso.** Corrijan estas oraciones falsas.
(Correct these false statements.)

1. El paciente está muy bien.
2. El paciente examina al médico.
3. El paciente está muy tranquilo.
4. El paciente abre la boca y el médico le examina los ojos.
5. La farmacéutica le da una receta.
6. El paciente va al consultorio con su receta.
7. El médico le vende los medicamentos.
8. El farmacéutico le da una lista de píldoras.

5 **R o m p e c a b e z a s**

Palabras nuevas Change one letter in each word to form a new word. After you do these, work with a partner and try to form new words by changing one letter.

1. poco   4. bien
2. ajo   5. casa
3. dos   6. color

6 **Buenos días, doctor López.** Look at this illustration. Pretend you're the patient. Tell the doctor how you're feeling. Give the doctor all your symptoms.

PASO 2

🏰 Formas — Los pronombres **me, te, nos**
Telling what happens to whom

1. You have already learned the pronouns **me, te,** and **nos** with the expressions **me gusta, te interesa,** and **nos aburre.**

> **Me gustan los deportes.**
> **¿Te interesa el arte?**
> **No nos aburre el curso.**

2. **Me, te,** and **nos** are called object pronouns. Note that you place the object pronoun right before the verb.

> **El médico me ve. Me examina.**
> **¿Te habla el médico?**
> **Sí, y me da una receta.**

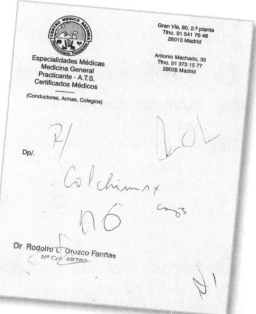

¿Cómo lo digo?

7 **Historieta** En el consultorio
Contesten. *(Answer.)*

1. ¿Estás enfermo(a)?
2. ¿Vas a la consulta del médico?
3. ¿Te ve el médico?
4. ¿Te examina?
5. ¿Te habla el médico?
6. Según el médico, ¿qué tienes?
7. ¿Te receta unas pastillas?
8. ¿Te despacha los medicamentos la farmacéutica?

8 **Historieta El médico** Sigan el modelo.
(Follow the model.)

ver ⟶
Cuando estamos enfermos, el médico nos ve.

1. hablar
2. examinar
3. dar una receta
4. recetar un medicamento

9 **Juego Preguntas y más preguntas** Work with a partner. Have some fun making up silly questions and giving answers. For example, **¿Te da tu amigo una receta cuando es tu cumpleaños?** Use as many of the following words as possible. Be original.

da   tu mamá   te   tu amigo(a)   me   enseña

tu profesor(a)   habla   nos   el/la mesero(a)

tu abuelo(a)   el/la médico(a)   tu papá   invita

compra   el/la farmacéutico(a)   comprende

Una farmacia,
Buenos Aires, Argentina

Los pronombres le, les
Telling what happens to others

1. **Le** and **les** are indirect object pronouns. They are the indirect receivers of the action of the verb.

> **El médico le da una receta a Pablo.**
> **El médico les habla a sus pacientes.**

What does the doctor give Pablo?—**una receta. Una receta** is the direct object of the sentence because it is the direct receiver of the action. It tells what was given. Pablo is the indirect object because it indicates to whom the prescription was given.

2. The indirect object pronouns **le** and **les** are both masculine and feminine. **Le** and **les** are often used along with a noun phrase as in the following examples.

> **El médico le da una receta al enfermo.**
> **Le da una receta a la enferma.**
> **El médico les da una receta a sus pacientes.**

3. Since **le** and **les** can refer to more than one person, they are often clarified as follows.

| **Le hablo** | a él.
a ella.
a usted. | **Les hablo** | a ellos.
a ellas.
a ustedes. |

¿Cómo lo digo?

10 **Historieta** **En el consultorio**
Contesten. (*Answer.*)

1. ¿Está Pepe en el consultorio?
2. ¿Le habla la médica?
3. ¿Pepe le explica sus síntomas a la médica?
4. ¿La médica le examina los ojos?
5. ¿La médica le da una receta a Pepe?
6. ¿Le receta unos antibióticos?

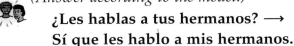

11 Sí que... Contesten según el modelo.
(*Answer according to the model.*)

¿Les hablas a tus hermanos? →
Sí que les hablo a mis hermanos.

1. ¿Les hablas a tus amigos?
2. ¿Les hablas por teléfono?
3. ¿Les escribes una carta a tus abuelos?

4. ¿Les envías un correo electrónico?
5. ¿Les das un regalo a tus padres?
6. ¿Les compras un regalo para su cumpleaños?

En el museo del Prado, Madrid, España

12 Intereses y gustos Sigan el modelo.
(*Follow the model.*)

A mí me gusta mucho el arte. →
A mi amigo le gusta mucho también.

1. A mí me gustan mucho los deportes.
2. A mí me gusta mucho la clase de español.
3. A mí me gustan mucho las camisas de mangas cortas.
4. A mí me gustan mucho los blue jeans.
5. A mí me gusta mucho el helado.
6. A mí me gusta mucho la comida mexicana.

13 Regalos para todos Work in pairs. Tell what each of the following people is like. Then tell what you buy or give to each one as a gift. If possible, tell where you buy him or her the gift and whether or not he or she likes it.

tu padre   tu madre   tu abuelo(a)

tu amigo(a)   tu hermano(a)

UN POCO MÁS For more practice using words and forms from **Paso 2**, do Activity 4 on page H5 at the end of this book.

Andas bien. ¡Adelante!

Conversación

Un muchacho enfermo

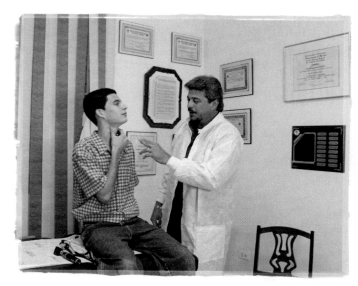

Ricardo	Buenos días, doctor Paredes.
Doctor	Buenos días, Ricardo. ¿Qué te pasa? ¿Qué tienes?
Ricardo	Doctor Paredes, ¡qué enfermo estoy!
Doctor	¿Me puedes explicar tus síntomas?
Ricardo	Pues, tengo fiebre. Y tengo escalofríos.
Doctor	¿Te duele la garganta?
Ricardo	¿La garganta? Me duele todo— la garganta, la cabeza.
Doctor	Bien, Ricardo. ¿Puedes abrir la boca? *(Después de mirar)* Ya veo. Tienes la garganta muy roja.
Ricardo	¿Qué tengo, doctor?
Doctor	No es nada serio. Tienes la gripe. Te voy a recetar unos antibióticos. Dentro de dos días vas a estar muy bien.

¿Comprendes?

A. Contesten. *(Answer.)*

1. ¿Dónde está Ricardo?
2. ¿Con quién habla?
3. ¿Cómo está Ricardo?
4. ¿Qué tiene?
5. ¿Tiene dolor de garganta?
6. ¿Tiene dolor de cabeza?
7. ¿Abre la boca Ricardo?
8. ¿Qué examina el médico?
9. ¿Cómo está la garganta?
10. ¿Qué cree el médico que Ricardo tiene?

B. ¿Qué opinas? ¿Va Ricardo a la farmacia? ¿Qué lleva a la farmacia? ¿Qué le da al farmacéutico? ¿Y qué le da el farmacéutico a Ricardo?

Pronunciación

La consonante c

You have already learned that **c** in combination with **e** or **i** (**ce, ci**) is pronounced like an **s**. The consonant **c** in combination with **a, o, u** (**ca, co, cu**) has a hard **k** sound. Since **ce** and **ci** have the soft **s** sound, **c** changes to **qu** when it combines with **e** or **i** (**que, qui**) in order to maintain the hard **k** sound. Repeat the following.

ca	que	qui	co	cu
cama	que	equipo	como	cubano
casa	queso	aquí	médico	cucaracha
catarro	parque	química	cocina	
cansado	pequeño	tranquilo	cola	
cabeza				
boca				

Trabalenguas

Repeat the following.

El médico cubano está en la consulta pequeña.
El queso está en la cocina de la casa.
El cubano come el queso aquí en el parque pequeño.
¿Quién quiere una cola en el café?
¿Qué equipo quiere jugar allí?

Refrán

Can you guess what the following proverb means?

Gallo que no canta, algo tiene en la garganta.

PASO 3

Cultura y lectura
¿Qué le pasa a Adela?

Reading Strategy

Visualizing As you are reading, try to visualize (or make a mental picture of) exactly what it is you are reading. Allow your mind to freely develop an image. This will help you to remember what you read. It may also help you identify with the subject of the reading.

Hoy la pobre Adela no está bien. Tampoco[1] está muy contenta. Tampoco está de muy buen humor. Ella tiene dolor de garganta y tiene tos. Y siempre está muy cansada. Mañana tiene un partido importante de fútbol y no quiere perder el partido. No hay más remedio. Adela tiene que ir a la consulta del médico.

En el consultorio Adela le habla a la médica. La médica examina a Adela. Ella abre la boca y la médica le examina la garganta. Está un poco roja.

Adela le habla a la médica:

—No puedo guardar cama. Mañana tengo que jugar fútbol y es un partido muy importante.

—No hay problema. No tienes nada serio. Te voy a recetar unos antibióticos. Vas a tomar una pastilla tres veces al día—una pastilla con cada comida. En muy poco tiempo vas a estar mucho mejor[2] y no vas a perder tu partido.

¹ Tampoco *Nor, Neither*   ² mejor *better*

Una farmacia, Zafra, España

A. Contesten. *(Answer.)*

1. ¿Quién está enferma?
2. ¿Cuáles son sus síntomas?
3. ¿Adónde tiene que ir Adela?
4. ¿Qué examina la médica?
5. ¿Cómo está la garganta?
6. ¿Tiene que guardar cama Adela?
7. ¿Qué le da la médica?
8. ¿Cuántas pastillas tiene que tomar Adela cada día?

9. ¿Cómo va a estar mañana?
10. ¿Va a perder su partido de fútbol?

B. ¿Qué opinas? ¿Por qué le receta la médica unos antibióticos a Adela? ¿Tiene ella catarro o la gripe?

 Manos a la obra

Read the Reading Strategy again. Draw what you visualized as you were reading this selection. Describe your drawing.

PASO 3

Repaso

1. In this unit, I learned the uses of the verbs **ser** and **estar**.

	ser
Característica	Ella **es** muy **sincera.**
Origen	Él **es de** México.

	estar
Condición	Ella **está** muy **nerviosa.**
Colocación	Él **está en** Venezuela.

2. I also reviewed the object pronouns **me, te,** and **nos. Me, te,** and **nos** can be either a direct object or an indirect object.

indirect object	**direct object**
El médico **me** habla.	El médico **me** ve.
El médico **te** da una receta.	El médico **me** examina.

3. In this unit, I learned the indirect object pronouns **le** and **les.**

Le hablo { a él. / a ella. / a usted.   **Les escribo** { a ellos. / a ellas. / a ustedes.

El señor le da la receta a la farmacéutica.

¡Pongo todo junto!

1 ¿Ser o estar? Completen. (Complete.)

1. Él _____ muy simpático pero hoy no _____ muy contento.
2. Yo _____ nervioso(a) porque mañana tengo un examen muy difícil.
3. Nosotros _____ inteligentes y vamos a recibir una nota muy buena.
4. La ciudad de Lima _____ en Perú. La ciudad _____ muy bonita.
5. Los abuelos de Francisco _____ de Galicia pero ahora ellos _____ en Estados Unidos. Galicia _____ en el norte de España.

La Coruña. Galicia. España

2 En la consulta del médico

Contesten. (Answer.)

1. ¿Te habla el médico?
2. ¿Te examina?
3. ¿Te receta un medicamento?
4. ¿Quién te vende los medicamentos?
5. ¿Te da una caja de pastillas?

3 Una invitación Completen. (Complete.)

—Aquí tienes una carta.
—¿Quién __1__ escribe?
—Carlos __2__ escribe.
—¿Ah, sí?
—Sí, __3__ invita a una fiesta.
—¿__4__ invita a una fiesta?
—Sí, Carlos siempre __5__ invita cuando tiene una fiesta.

4 En la consulta Contesten. (Answer.)

1. ¿El médico le habla a Alicia?
2. ¿Y Alicia le habla al médico?
3. ¿Alicia le explica sus síntomas?
4. ¿El médico le hace una diagnosis?
5. ¿Los médicos les dan una receta a sus pacientes?
6. ¿Los médicos les despachan los medicamentos a sus pacientes?

¡Te toca a ti!

1 **Todo el mundo está enfermo.**

✓ *Describe cold symptoms and minor ailments*

Work with a classmate. Choose one of the people in the illustrations. Describe him or her. Your partner will guess which person you're talking about and he or she will say what's the matter with the person. Take turns.

Juan   Isabel

Federico

Cristina

David

2 **Una receta**

✓ *Discuss a prescription with a pharmacist*

You are in a pharmacy in Guanajuato, Mexico. Your classmate will be the pharmacist. Make up a conversation about your prescription. Explain why you have to take the medicine and the pharmacist will tell you how you have to take it.

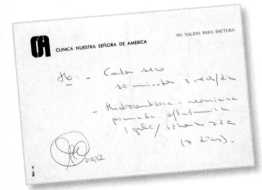

3 **Estoy muy mal hoy.**

✓ *Talk about how you are feeling*

Work with a partner. Make gestures to indicate how you're feeling today. Your partner will ask you why you feel that way. Tell him or her. Be as creative and humorous as possible.

Escribir
4 Perdón

✓ *Write a note describing a minor illness.*

You're supposed to take a Spanish test today but you're not feeling well. Write a note to your Spanish teacher explaining why you can't take the test and mention some symptoms you have.

Writing Strategy

Writing a personal essay When writing a personal essay, you have several options. You can tell a personal story, describe something personal, or encourage your readers to do something or to think a certain way. A personal essay permits you to describe your own experience and express your personal viewpoint. When writing a personal essay in Spanish you will frequently use **yo.** Double check your essay and make sure you have used the correct **yo** form whenever necessary.

Hablar
5 Un voluntario

Escribir Your school has quite a few Spanish-speaking students. Some are new arrivals and speak very little English. Students from the Spanish Club assist the school nurse—**el/la enfermero(a)**—serving as translators for students who speak only Spanish. You are one of the students who takes part in this program. Write a flyer for your Spanish Club. Tell about your experience with one or more "patients." Give your feelings about the work you do.

Quebradillas, Puerto Rico

Assessment

¿Estoy listo(a)?

Palabras

1 Pareen. *(Match.)*

a.

b.

c.

d.

e.

f.

1. Está triste.
2. Está cansado.
3. Está contento.
4. Estornuda.
5. Tose.
6. Tiene dolor de cabeza.

*To review words from **Paso 1**, turn to pages 42–43.*

2 Completen. *(Complete.)*

7–8. El enfermo _____ la boca y el médico le examina la _____.
9. El médico examina a sus pacientes en su _____.
10. El médico le _____ unos antibióticos al enfermo.
11. La farmacéutica le da una _____ de pastillas.
12. Vemos con los _____.

*To review words from **Paso 2**, turn to pages 52–53.*

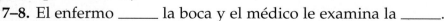

Formas

3 Completen con **ser** o **estar**. *(Complete with* ser *or* estar.*)*

13. Madrid _____ en España.
14. El médico _____ muy inteligente.
15. Le duele la garganta. La garganta _____ muy roja.
16. Nuestra escuela _____ grande.
17. Él _____ nervioso porque tiene un examen.
18–19. Ellos _____ de Colombia pero ahora _____ en España.
20. Su casa _____ muy bonita.

To review **ser** and **estar**, turn to pages 46 and 48.

4 Completen. *(Complete.)*

21. ¿_____ va a invitar Juan a la fiesta?
Sí, siempre me invita.
22. ¿Les habla a Uds. el profesor?
Sí, _____ habla.
23. A Juan _____ gusta mucho el fútbol.
24. El farmacéutico _____ vende los medicamentos a sus clientes.
25. Elena tiene la gripe y el médico _____ receta unos antibióticos.

To review the pronouns **me, te, nos, le,** and **les** turn to pages 56 and 58.

Un barrio residencial. San Andrés, Colombia

Diversiones

Canta con Justo
Siempre por siempre

Ho - jas se - cas que ca - en,_____ el llan - to ha ca - lla - do mi voz._____

Sien - to frí - o en el al - ma_____ y aún guar - do a - que - lla vie - ja can - ción._____

Hoy, mi a - mor,_____ a - ún si - go es - pe - rán - do - te_____ Hey, ¿có - mo es - tás?

___ Cuen - ta con - mi____go. No llo - res más,_____ te ne - ce - si - to._____

___ Siem - pre por siem - pre te a - ma__ ré_____ Y a tu la - do yo es - ta - ré.

___ Siem - pre por siem - pre tú____ se - rás_____ mi a - mor.

Aunque mi vida se apague,
como un mago crearé una ilusión—
Y si el cielo se oculta,
no importa, encontraré mi canción.

Hoy, mi amor, aún sigo esperándote

Hey, ¿cómo estás? Cuenta conmigo.
No llores más, te necesito.
Siempre por siempre te amaré
Y a tu lado yo estaré.
Siempre por siempre tú serás mi amor.

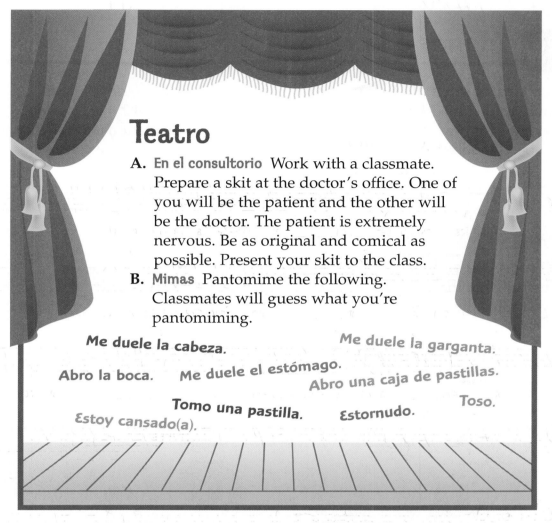

Teatro

A. **En el consultorio** Work with a classmate. Prepare a skit at the doctor's office. One of you will be the patient and the other will be the doctor. The patient is extremely nervous. Be as original and comical as possible. Present your skit to the class.

B. **Mimas** Pantomime the following. Classmates will guess what you're pantomiming.

Me duele la cabeza.

Me duele la garganta.

Abro la boca.   Me duele el estómago.

Abro una caja de pastillas.

Tomo una pastilla.   Estornudo.   Toso.

Estoy cansado(a).

Emociones Complete the following statements to explain when you experience certain emotions.

Estoy contento(a) cuando...

Estoy triste cuando...

Estoy nervioso(a) cuando...

Estoy de buen humor cuando...

Estoy de mal humor cuando...

 ## Manos a la obra

1. Una tira cómica Prepare your own comic strip entitled **En el consultorio.** Do your own drawings and make up the speech bubbles.

2. Caras Draw a series of faces. Indicate in Spanish the emotion, state, condition, or characteristic the expression on the face conveys.

Rompecabezas

El mensaje secreto Substitute numbers for letters to reveal what the nurse might be saying to Susana. After you solve the puzzle, you may wish to work with a partner to make up **un mensaje secreto** of your own.

1. **A**	8. **H**	15. **Ñ**	22. **U**
2. **B**	9. **I**	16. **O**	23. **V**
3. **C**	10. **J**	17. **P**	24. **W**
4. **D**	11. **K**	18. **Q**	25. **X**
5. **E**	12. **L**	19. **R**	26. **Y**
6. **F**	13. **M**	20. **S**	27. **Z**
7. **G**	14. **N**	21. **T**	

Entrevista

¿Vas al médico cuando tienes (un) catarro?
¿Vas al médico si tienes la gripe?
¿Quién es el médico de tu familia?
¿Dónde está su consultorio?
Si te da una receta, ¿adónde vas?

Las emociones Use this *paper file folder* organizer to keep track of happenings or events that cause you to feel a certain way.

Step 1 **Fold** four sheets of paper (8½" x 11") in half like a *hamburger*. Leave one side one inch longer than the other side.

Step 2 On each sheet, **fold** the one-inch tab over the short side, forming an envelopelike fold.

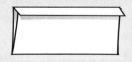

Step 3 **Place** the four sheets side-by-side, then move each fold so that the tabs are exposed.

Step 4 Moving left to right, **cut** staggered tabs in each fold, 2⅛" wide. Fold the tabs upward.

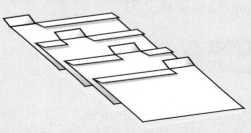

Step 5 **Glue** the ends of the folders together. On each tab, write an emotion you sometimes feel. Pay attention to when it is that you feel happy, sad, nervous, etc. Describe the situation in Spanish and file it in the correct pocket.

Más cultura y lectura

Una clínica

Una clínica, Palma de Mallorca

▲ ¿Qué es una clínica en inglés? Pues, una clínica es un establecimiento hospitalario o médico adonde pueden ir los enfermos para recibir asistencia médica gratis o a precio módico. Hay muchas clínicas de este tipo también en España y en los países hispanos.

Pero en español «clínica» tiene otro significado[1]. Una clínica puede ser también un hospital privado. Muchas veces un médico o un grupo de médicos son los dueños o propietarios de la clínica. Algunas clínicas en España y Latinoamérica son muy buenas y muy elegantes.

[1]significado *meaning*

¿Comprendes?

A. In English give a description of the two types of **clínicas** that exist in the Spanish-speaking world.

B. Describe a clinic in the United States.

Conexiones
Las ciencias naturales

La nutrición

Good nutrition is very important. What we eat can determine if we will enjoy good or poor health. For this reason, it is important to have a balanced diet and avoid the temptation to eat **chuchería** (junk food).

Comer bien

Si queremos estar de buena salud, es necesario comer una variedad de vegetales, frutas, granos, cereales y carne.

Calorías

El número de calorías que necesita una persona depende de su metabolismo, de su tamaño[1] y de su nivel[2] de actividad física. Los adolescentes, por ejemplo, necesitan más calorías que los ancianos porque son muy activos.

Vitaminas

Las vitaminas son indispensables para el funcionamiento del cuerpo humano. Esta tabla indica algunas fuentes[3] de las vitaminas que necesita el cuerpo humano.

VITAMINA	FUENTE
A	vegetales, leche, algunas frutas
B	carne, huevos, leche, cereales, vegetales verdes
C	frutas cítricas, tomates, lechuga
D	leche, huevos, pescado
E	aceites[4], vegetales, huevos, cereales

[1]tamaño *size*   [3]fuentes *sources*
[2]nivel *level*   [4]aceites *oils*

¿Comprendes?

A. **Contesten.** *(Answer.)*
1. ¿Qué tenemos que comer cada día?
2. ¿De qué depende el número de calorías que necesita una persona?
3. ¿Quiénes requieren más calorías? ¿Los adolescentes o los ancianos?
4. ¿Por qué necesitan más calorías los adolescentes?
5. ¿Contienen muchas vitaminas las frutas y los vegetales?

B. Make a list of all the cognates in this reading.

C. There are other elements the body needs.

proteínas   **grasas o lípidos**
carbohidratos   **minerales**

Can you guess the meanings of these words?

¡Hablo como un pro!

Tell all you can about the following illustration.

Vocabulario

Describing minor health problems

la salud	el catarro	enfermo(a)	toser
la fiebre	el dolor	cansado(a)	
los escalofríos	un pañuelo	estornudar	
la gripe	un kleenex	estar resfriado(a)	

Speaking with the doctor

¿Qué tienes?	el/la médico(a)	abrir la boca
¿Qué te pasa?	el síntoma	guardar cama
la consulta,	la diagnosis	recetar
el consultorio	la alergia	Me duele...
el/la enfermo(a)	la inyección	Tengo dolor de...
el/la paciente	examinar	

Describing some emotions

contento(a)	de buen humor
triste	nervioso(a)
pobre	tranquilo(a)
de mal humor	

Identifying more parts of the body

la garganta	la boca
los ojos	el estómago

Speaking with a pharmacist

la farmacia
el/la farmacéutico(a)
la receta
el medicamento, la medicina
la aspirina
el antibiótico
la pastilla, la píldora, la tableta
la dosis
vender, despachar

Unidad

3

Un viaje en avión

Objetivos

In this unit, you will learn to:

- ❧ check in for a flight
- ❧ get through the airport after deplaning
- ❧ tell what you or others are currently doing
- ❧ tell what you know and whom you know
- ❧ discuss the importance of air travel in South America

¡Me encanta viajar!

Palabras En el aeropuerto 🎧

el pasaporte

el aeropuerto

el billete, el boleto

el taxi

la pantalla de salidas y llegadas

¿Me permite ver su pasaporte, por favor? ¿Y su boleto?

Buenos Aires 10:20

la agente

el agente

el mostrador de la línea aérea

el equipaje de mano

la báscula

la maleta

el equipaje

Tomás hace un viaje.
La agente está revisando el pasaporte y el boleto.

Sandra hace un viaje a la América del Sur.
Toma un vuelo a Buenos Aires.
Ahora está facturando su equipaje.
Pone su maleta en la báscula.

la tarjeta de embarque

el número
del vuelo

la puerta
de salida

el número
del asiento

el control de seguridad

Los pasajeros están pasando por
el control de seguridad.

el avión

la puerta de salida

Los pasajeros están esperando en
la puerta de salida.
El avión sale de la puerta 14.
El vuelo sale a tiempo.

No sale tarde. No sale con una demora.
Los pasajeros están abordando el avión.
Los pasajeros están embarcando.

PASO 1

¿Qué palabra necesito?

1 **Historieta** **Un viaje a Barcelona**

Contesten con **sí.** (*Answer with* sí.)

1. ¿Hace Mara un viaje a España?
2. ¿Va con su tía?
3. ¿Están en el aeropuerto?
4. ¿Está hablando su tía con la agente en el mostrador?
5. ¿Está facturando su equipaje a Barcelona?
6. ¿Pone su equipaje en la báscula?
7. ¿Tiene que revisar los pasaportes la agente?
8. ¿Le da la agente las tarjetas de embarque a la tía de Mara?

Rambla de las Flores, Barcelona, España

2 **La tarjeta de embarque** Den la información.
(*Give the following information.*)

1. el nombre de la línea aérea
2. el número del vuelo
3. el destino del vuelo
4. el aeropuerto de salida
5. la hora de embarque
6. la fecha del vuelo, el día que sale

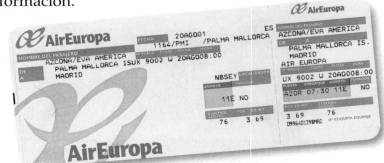

3 **Juego** **El vuelo** ¿Sí o no? *(True or false?)*

1. La pantalla en el aeropuerto indica los vuelos que llegan y los vuelos que salen.
2. Es necesario tener un boleto de avión para tomar un vuelo.
3. Un pasajero puede tomar un taxi o un autobús para ir del aeropuerto al centro de la ciudad.
4. Los pasajeros tienen que facturar su equipaje de mano.
5. El vuelo sale a tiempo. Hay una demora.

4 **En el aeropuerto** Work with a classmate. Discuss all you see in these illustrations of an airport.

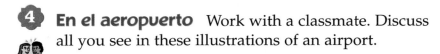

Formas

Hacer, poner, traer y salir en el presente
Telling what people do

1. The verbs **hacer** (*to do, to make*), **poner** (*to put, to place*), **traer** (*to bring*), and **salir** (*to leave*) have an irregular **yo** form. The **yo** form has a **g.** All other forms are regular.

	hacer	poner	traer	salir
yo	hago	pongo	traigo	salgo
tú	haces	pones	traes	sales
él, ella, Ud.	hace	pone	trae	sale
nosotros(as)	hacemos	ponemos	traemos	salimos
vosotros(as)	hacéis	ponéis	traéis	salís
ellos, ellas, Uds.	hacen	ponen	traen	salen

2. Remember that the verb **tener** has a **g** in the **yo** form. **Tener** also has a stem change. The verb **venir** (*to come*) follows the same pattern.

tener	venir
tengo	vengo
tienes	vienes
tiene	viene
tenemos	venimos
tenéis	venís
tienen	vienen

Machu Picchu, Perú

¿Cómo lo digo?

5 **Historieta** **Un viaje en avión**

Contesten. *(Answer.)*

1. ¿Haces un viaje?
2. ¿Haces un viaje a Perú?
3. ¿Haces el viaje con un grupo de alumnos?
4. ¿Sales para el aeropuerto con tus padres?
5. ¿Traes mucho equipaje?
6. En el aeropuerto, ¿pones el equipaje en la báscula?
7. ¿Sales en el vuelo 201?
8. ¿Sales de la puerta número ocho?

Puente sobre el río Rímac, Lima, Perú

6 **Haciendo la maleta** Haces un viaje. Antes, haces tus maletas.

¿Qué pones en la maleta?

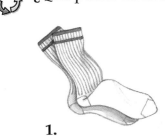

1.

2.

3.

4.

5.

6.

7.

8.

9.

10.

7 Historieta Al aeropuerto

Sigan el modelo. *(Follow the model.)*

Ellos hacen un viaje. →

Sí, ellos hacen un viaje y nosotros también hacemos un viaje.

ellos / nos

1. Ellos hacen un viaje a Perú.
2. Ellos salen para el aeropuerto.
3. Ellos traen mucho equipaje.
4. Ellos salen en el mismo vuelo.
5. Ellos vienen al aeropuerto en autobús.

Arequipa, Perú

8 Historieta Un viaje a Marbella Completen. *(Complete.)*

Yo __1__ (hacer) un viaje a Marbella. Marbella __2__ (estar) en la Costa del Sol en el sur de España. Mi amiga Sandra __3__ (hacer) el viaje también. Nosotros __4__ (hacer) el viaje en avión hasta Málaga y luego __5__ (ir) a tomar el autobús a Marbella.

—¡Ay, ay, Sandra! Pero tú __6__ (traer) mucho equipaje.

—No, yo no __7__ (traer) mucho. __8__ (Tener) sólo dos maletas. Tú exageras. Tú también __9__ (venir) con mucho equipaje.

—¡Oye! ¿A qué hora __10__ (salir) nuestro vuelo?

—No __11__ (salir) hasta las seis y media. Nosotros __12__ (tener) mucho tiempo.

La playa, Marbella, España

El presente progresivo

Describing an action in progress

1. You use the present progressive in Spanish to express an action in progress, an action that is presently taking place.

2. To form the present progressive you use the verb **estar** and the present participle. Study the forms of a present participle.

hablar	comer	vivir	hacer	salir
habl-	com-	viv-	hac-	sal-
hablando	comiendo	viviendo	haciendo	saliendo

The verbs **leer** and **traer** have a **y.**

leyendo	trayendo

Ciudad de México

3. Study the following examples of the present progressive.

José **está haciendo** un viaje a México con su clase de español.
Ahora **está esperando** la salida de su vuelo.
José **está mirando** su tarjeta de embarque.
Sandra **está leyendo** las salidas en la pantalla.

¿Cómo lo digo?

9 **¿Qué estás haciendo aquí?** Practiquen la conversación.
(Practice the conversation.)

Anita, ¡qué sorpresa! ¿Qué estás haciendo aquí en el aeropuerto?

Estoy esperando a mi padre. Él está volviendo de Puerto Rico. Y tú, ¿qué estás haciendo aquí, Sandra?

Pues, estoy viajando a España.

¡A España! ¡Qué suerte tienes!

Sí, toda mi familia está haciendo un viaje a España para visitar a mis abuelos.

Ah, ¿tus abuelos son de España?

Sí, viven en Galicia.

Galicia, España

10 **Historieta** **Un encuentro en el aeropuerto**
Contesten según la conversación.
(Answer based on the conversation.)

1. ¿Qué está haciendo Anita en el aeropuerto?
2. ¿De dónde está volviendo su padre?
3. ¿Adónde está viajando Sandra?
4. ¿Por qué está haciendo su familia un viaje a España?

Unidad 3: Un viaje en avión

11 **Historieta** **Un viaje en avión**

Contesten según se indica. *(Answer as indicated.)*

1. ¿Adónde están llegando los pasajeros? (al aeropuerto)
2. ¿Cómo están llegando? (en taxi)
3. ¿Adónde están viajando? (a la América del Sur)
4. ¿Cómo están haciendo el viaje? (en avión)
5. ¿Dónde están facturando el equipaje?
   (en el mostrador de la línea aérea)
6. ¿Qué está mirando el agente?
   (los boletos y los pasaportes)
7. ¿De qué puerta están saliendo los
   pasajeros para Argentina? (número siete)
8. ¿Qué están abordando? (el avión)

Una vista de Ushuaia, Argentina

12 **Juego** **En la clase de español** Look around the room and
tell what different students are doing right now in Spanish class.

*For more practice using
words and forms from
Paso 1, do Activity 5 on
page H6 at the end of
this book.*

UN POCO MÁS

Palabras   Un vuelo 🎧

Un avión está despegando.

Otro avión está aterrizando.

el asistente de vuelo

la asistenta de vuelo

¿Sabes a qué hora vamos a aterrizar?

Sí, a las quince veinte.

el comandante

el copiloto

La tripulación trabaja a bordo del avión.
Los asistentes de vuelo no conocen a los
pasajeros pero saben sus nombres.

IBERIA

Después de aterrizar, los pasajeros
desembarcan.

Los pasajeros tienen que pasar por el control de pasaportes (la inmigración) cuando llegan de un país extranjero.

Los pasajeros están reclamando (recogiendo) sus maletas.

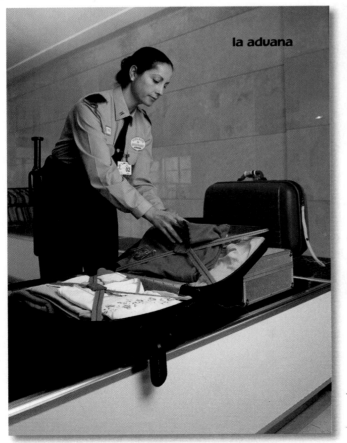

la aduana

La agente de aduana abre las maletas. Está inspeccionando el equipaje.

¿Qué palabra necesito?

1 Historieta La llegada Contesten. *(Answer.)*

1. Cuando el avión aterriza, ¿abordan o desembarcan los pasajeros?
2. ¿Tienen que pasar por el control de pasaportes cuando llegan de un país extranjero?
3. ¿Van los pasajeros al reclamo de equipaje?
4. ¿Reclaman su equipaje?
5. ¿Tienen que pasar por la aduana?
6. ¿Abre las maletas el agente?

Un avión despega. Quito, Ecuador

2 Pareo Busquen una palabra relacionada.
(Find the related word.)

1. asistir	a. la llegada
2. controlar	b. la salida
3. reclamar	c. el asistente, la asistenta
4. inspeccionar	d. el despegue
5. despegar	e. el aterrizaje
6. aterrizar	f. el control
7. salir	g. la inspección
8. llegar	h. el reclamo
9. embarcar	i. el vuelo
10. volar	j. el embarque

3 Juego **El viaje** ¿Sí o no? *(True or false?)*

1. El avión aterriza cuando empieza el vuelo.
2. Los pasajeros reclaman su equipaje a bordo del avión.
3. Los asistentes de vuelo conocen muy bien a todos los pasajeros porque son sus amigos.
4. El avión despega cuando llega a su destino.
5. Los agentes de la línea aérea que trabajan en el mostrador en el aeropuerto son miembros de la tripulación.
6. Un vuelo internacional es un vuelo que va a un país extranjero.

San Salvador, El Salvador

4 **Un viaje en avión** Work together in groups of four. Two of you have never flown and two of you are "big shots"—you have flown several times. Take turns asking and answering questions about taking a plane trip.

5 **Rompecabezas**

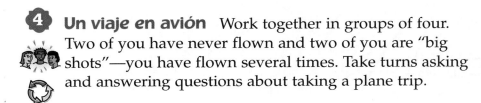

¡Rimas! How many words can you think of that rhyme with each of the following words?

1. maíz
2. suelo
3. goma
4. carpeta
5. vengo
6. mes

El aeropuerto, Ushuaia, Argentina

🏰 **Formas** **Saber** y **conocer** en el presente
Telling what and whom you know

1. The verbs **saber** and **conocer** both mean *to know*. Note that like many Spanish verbs they have an irregular **yo** form in the present tense. All other forms are regular.

	saber	conocer
yo	sé	conozco
tú	sabes	conoces
él, ella, Ud.	sabe	conoce
nosotros(as)	sabemos	conocemos
vosotros(as)	*sabéis*	*conocéis*
ellos, ellas, Uds.	saben	conocen

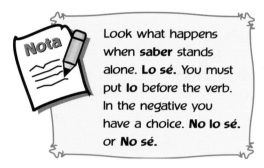

Nota

Look what happens when **saber** stands alone. **Lo sé.** You must put **lo** before the verb. In the negative you have a choice. **No lo sé.** or **No sé.**

2. The verb **saber** means *to know a fact* or *to have information about something*. It also means *to know how to do something*.

> **Yo sé el número de nuestro vuelo.**
> **Pero no sabemos a qué hora sale.**
> **Yo sé jugar tenis.**

3. The verb **conocer** means *to know* in the sense of *to be acquainted with*. It is used to talk about people and complex or abstract concepts rather than simple facts.

> **Yo conozco a Luis.**
> **Teodoro conoce muy bien la literatura mexicana.**

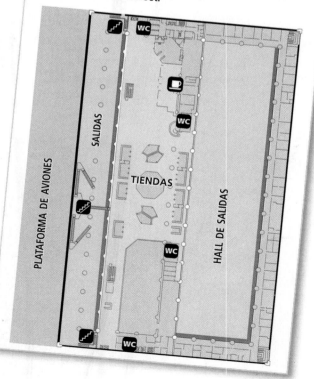

TERMINAL T2
2ª PLANTA
CENTRO COMERCIAL
En las tiendas del aeropuerto hay perfumería, joyería, tienda de ropa deportiva, zapatería y quiosco de periódicos y revistas. También hay tiendas de souvenirs, discos, guías y libros, etc.

Para tomar una cola o un café, puede escoger entre la cafetería o el Café Select.

SALIDAS

PLATAFORMA DE AVIONES

TIENDAS

HALL DE SALIDAS

WC

¿Cómo lo digo?

6 **Mi vuelo**   Contesten. *(Answer.)*

1. ¿Sabes el número de tu vuelo?
2. ¿Sabes a qué hora sale?
3. ¿Sabes de qué puerta va a salir?
4. ¿Sabes la hora de tu llegada a Cancún?
5. ¿Conoces al comandante del vuelo?
6. ¿Conoces a mucha gente en Cancún?

7 **Un poco de geografía y cultura**
Contesten. *(Answer.)*

1. ¿Saben ustedes dónde está Madrid?
2. ¿Conocen ustedes a Madrid?
3. ¿Saben ustedes el nombre de un autor español?
4. ¿Conocen ustedes la literatura española?
5. ¿Saben ustedes quién es el presidente de Estados Unidos?
6. ¿Conocen ustedes al presidente?

Don Quijote y Sancho Panza

El oso y el madroño, Madrid

Puente de las Américas, Panamá

8 **Historieta** **Adela Del Olmo** Completen con **saber** o **conocer.**
(Complete with saber *or* conocer.*)*

Pepita Sandra, ¿___1___ tú a Adela Del Olmo?

Sandra Claro que ___2___ a Adela. Ella y yo somos muy buenas amigas.

Pepita ¿___3___ tú que ella va a Panamá?

Sandra ¿Ella va a Panamá? No, yo no ___4___ nada de su viaje. ¿Cuándo va a salir?

Pepita Pues, ella no ___5___ exactamente qué día va a salir. Pero ___6___ que va a salir en junio. Ella va a hacer su reservación mañana. Yo ___7___ que ella quiere tomar un vuelo directo.

Sandra ¿Adela ___8___ Panamá?

Pepita Creo que sí. Pero yo no ___9___ definitivamente. Pero yo ___10___ que ella ___11___ a mucha gente en Panamá.

Sandra ¿Cómo es que ella ___12___ a mucha gente allí?

Pepita Pues, tú ___13___ que ella tiene parientes en Panamá, ¿no?

Sandra Ay, sí, es verdad. Yo ___14___ que tiene familia en Panamá porque yo ___15___ a su tía Lola. Y ___16___ que ella es de Panamá.

 For more practice using words and forms from **Paso 2,** *do Activity 6 on page H7 at the end of this book.*

9 **Juego** **¿A quién conoces?** Work with a class-
mate. Think of someone in the class whom you
know quite well. Tell your partner some things you
know about this person. Don't say who it is. Your
partner will guess. Take turns.

10 **Juego** **Yo sé hacer muchas cosas.** Work in pairs
and compete. In Spanish, tell all the things you know
how to do. See who can give more things in two minutes.

11 **R o m p e c a b e z a s**

Unscramble the words below. Then unscramble the
circled letters to reveal the name of a famous city.

1. t e l m a a   Ⓞ _ _ _ _ _

2. u d n a a a   _ _ _ Ⓞ _ _ ,

3. x i a t   _ _ Ⓞ _

4. o t d o m s r a r   _ _ _ _ Ⓞ _ _ _ _

5. a a d e g l l   _ _ _ _ Ⓞ _

6. e d s g r e a p   Ⓞ _ _ _ _ _ _ _

_ _ _ _ _ _

Palacio Real, Madrid

Andas bien. ¡Adelante!

Conversación

Está saliendo nuestro vuelo. 🎧

> Señores pasajeros. Su atención, por favor. La compañía de aviación anuncia la salida de su vuelo ciento ocho con destino a San Salvador. Embarque inmediato por la puerta de salida número seis.

Tía Elena ¡Chist, Luisa! Están anunciando la salida de nuestro vuelo.

Luisa Sí, lo sé. ¿Tienes nuestras tarjetas de embarque?

Tía Elena Sí, sí. Ahora estoy buscando la puerta de salida número seis.

Luisa Allí está, tía.

Tía Elena ¡Qué suerte! Estamos saliendo a tiempo. No hay demora.

Luisa Sí, quiero llegar a tiempo. Tengo tantas ganas de ver a abuelita y a abuelito.

Tía Elena Sí, nena. Yo sé que van a estar muy contentos. Pero no te van a conocer—ya que eres una señorita.

¿Comprendes?

Contesten. (*Answer.*)

1. ¿Dónde están Luisa y su tía Elena?
2. ¿Qué están anunciando?
3. ¿Quién tiene las tarjetas de embarque?
4. ¿Qué está buscando la tía Elena?
5. ¿Quién sabe donde está?
6. ¿Están saliendo a tiempo?
7. ¿A quiénes van a visitar Luisa y su tía en San Salvador?
8. ¿Cómo van a estar sus abuelos?
9. ¿Van a conocer a Luisa?
10. ¿Cómo es ella ahora?

Las consonantes **g, j**

The consonant **g** has two sounds, hard and soft. In combination with **a, o, u** (**ga, go, gu**), **g** is pronounced somewhat like the *g* in the English word *go*. To maintain this hard **g** sound with **e** or **i**, a **u** is placed after the **g: gue, gui.**

ga	*gue*	*gui*	*go*	*gu*
paga	Rodríguez	guisante	goma	guante
llega	despegue		estómago	seguridad
despega			tengo	

The Spanish **j** sound does not exist in English. In Spain, the **j** sound is very guttural. It comes from the throat. In Latin America, the **j** sound is much softer.

ja	*je*	*ji*	*jo*	*ju*
Jaime	pasajero	Jiménez	joven	jugar
hija	equipaje		trabajo	junio
roja	viaje		ojos	julio
trabaja	tarjeta			

In combination with **e** or **i**, **g** has the same sound as **j**. For this reason, you must pay particular attention to the spelling of words with **je, ji, ge,** and **gi.**

ge	*gi*
gente	biología
agente	recogiendo
recoge	Gijón

Trabalenguas

Repeat the following.

El hijo del viejo general José trabaja en junio en Gijón.
El joven Jiménez trabaja en el garaje.
La gente recoge su equipaje después del aterrizaje.
La hija de Julia viaja con mucho equipaje.

Refrán

Can you tell what the following proverb means?

Más vale pájaro en mano que cien volando.

Cultura y lectura

El avión en la América del Sur

El avión es un medio de transporte muy importante en la América del Sur. ¿Por qué? Pues, si ustedes no conocen la geografía de la América del Sur, tienen que mirar un mapa. Es un continente inmenso. Las distancias entre una ciudad y otra son muy largas. Por consiguiente, toma mucho tiempo viajar de una ciudad a otra, sobre todo[1] por tierra.

En muchos casos es imposible viajar de un lugar a otro por tierra. ¿Saben por qué? Pues, vamos a ver.

Aquí vemos los picos altos de los Andes que corren desde el norte hasta el sur del continente. Es imposible cruzar muchos picos andinos en carro o en autobús.

[1] sobre todo *above all*

Un pueblo andino en el valle del Urubamba, Perú

El volcán Osorno, Puerto Varas, Chile

Y aquí vemos la jungla o selva tropical del río Amazonas. El río Amazonas es el río más grande del mundo en volumen. Y una gran parte de la cuenca[2] del Amazonas es inhóspita e impenetrable.

Por estas razones[3], a todas horas del día y de la noche, muchos aviones sobrevuelan[4] el continente.

[2] cuenca *basin*
[3] estas razones *these reasons*
[4] sobrevuelan *fly over*

La cuenca amazónica, cerca de Iquitos, Perú

¿Comprendes?

A. Digan que **sí** o que **no**. *(Answer sí or no.)*
1. El continente sudamericano es muy pequeño.
2. El tren es un medio de transporte importante en la América del Sur.
3. En muchas partes de la América del Sur, es difícil viajar por tierra.
4. Los picos andinos son muy altos.
5. Las selvas tropicales están en los picos andinos.

B. Escojan la idea principal de esta lectura.
(Choose the main idea of this reading.)
1. Hay muchas montañas en la América del Sur.
2. El río Amazonas es el río más grande del mundo en volumen.
3. El avión es el medio de transporte más importante de la América del Sur porque las distancias son muy largas y muchas áreas son impenetrables.

PASO 3

Repaso

1. In this unit, I learned the verbs poner, hacer, traer, and salir that have a **g** in the **yo** form. All other forms are regular.

pongo	hago	traigo	salgo

2. **Venir,** like the verb **tener,** has a **g** in the **yo** form as well as a stem change.

venir		tener	
vengo	venimos	tengo	tenemos
vienes	venís	tienes	tenéis
viene	vienen	tiene	tienen

3. The present progressive expresses an action that is taking place at the moment. It is formed with the verb **estar** and the present participle.

estoy			
estás			
está	hablando	comiendo	saliendo
estamos			
estáis			
están			

El aeropuerto de Caracas, Venezuela

4. The verb **saber** means *to know a fact* or *to know how to do something.* The verb **conocer** means *to know* in the sense of *to be acquainted with.* **Saber** and **conocer** have an irregular **yo** form. All other forms are regular.

> Yo sé su nombre y sé donde vive.
> Él sabe bailar muy bien.
> Conozco a Tomás y él conoce a toda
>   mi familia.

¡Pongo todo junto!

1 ¿Qué haces? Completen. *(Comp.*

1. Yo _____ un viaje. (hacer)
2. Antes yo _____ la ropa en la maleta. (poner)
3. Nosotros _____ a tiempo. (salir)
4. Ellos _____ en avión y nosotros también _____ en avión. (salir)
5. ¿Adónde _____ (tú) un viaje? (hacer)

Hoyo de Manzanares,
Madrid, España

2 Un viaje Escriban las frases en el presente progresivo.
(Write the sentences in the present progressive.)

1. Él sale.
2. Hacemos un viaje.
3. Anuncian la salida de nuestro vuelo.
4. ¿Miras la pantalla?
5. Ella revisa el boleto y el pasaporte.

3 ¿Saber o conocer? Completen con **saber** o **conocer.**
(Complete with saber *or* conocer.*)*

1. Yo _____ su número de teléfono.
2. Yo _____ a su amigo.
3. Nosotros _____ preparar la comida.
4. ¿_____ tú la hora?
5. Ellos _____ muy bien la cultura latinoamericana.
6. Yo _____ que él tiene muchos amigos pero yo no _____
   a sus amigos.

ciento tres 103

¡Te toca a ti!

Hablar

1 Un billete para Madrid

✓ *Get an airline ticket*

Work with a classmate. You want to fly with your family from somewhere in the United States to Madrid. Call the airline to get a reservation. Your classmate will be the reservation agent. Before you call, think about all the information you will need to provide or get from the airline agent: date of departure, departure time, arrival time in Madrid, flight number, and price.

El Parque del Retiro, Madrid

Hablar

2 ¿Adónde vas?

✓ *Talk about a plane trip*

You just got to the airport and unexpectedly ran into a friend (your partner). Exchange information about the trip and the flight each of you is about to take.

Hablar

3 Voy a hacer un viaje

Escribir ✓ *Plan a plane trip to a Spanish-speaking destination*

Go to a travel agency in your community. Get some travel brochures and prepare a fabulous trip by plane to a Spanish-speaking country. It can be a "make-believe trip." Tell or write all about your trip.

Writing Strategy

Answering an essay question
When writing an answer to an essay question, first read the question carefully to look for clues to determine how your answer should be structured. Then begin by restating the essay question in a single statement in your introduction. Next, support the statement in the body of your answer with facts, details, and reasons. Finally, close with a conclusion that summarizes your answer.

Escribir

4 Un concurso

A service organization interested in international relations is sponsoring an all-expense-paid trip for an eighth grade student to spend two weeks living with a family in a Spanish-speaking country of his or her choice. In order to win this trip you have to get permission from your parents and then write an essay and send it to the organization sponsoring the trip. Read the following essay questions and then write your answers. You really want to go, so be sure to plan your answers carefully and check your work.

¿Qué país quieres visitar? ¿Cómo quieres viajar? ¿Por qué quieres ir allí? ¿Qué quieres hacer allí? ¿Qué sabes del país? ¿Qué quieres aprender?

Assessment
¿Estoy listo(a)?

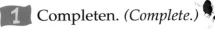

Palabras

1 Completen. *(Complete.)*

1–2. El agente trabaja en el _____ de la línea aérea en el _____.

3–4. La tarjeta de embarque indica el número del _____ y el número del _____ del pasajero.

5. Antes de abordar los pasajeros tienen que pasar por el control de _____ con su equipaje de mano.

6. Antes de abordar el avión los pasajeros esperan en la _____.

7. El avión sale a tiempo. No sale _____.

To review words from **Paso 1,** turn to pages 80–81.

2 Completen. *(Complete.)*

8. El avión está _____ porque está llegando a su destino.

9. Los asistentes de vuelo son miembros de la _____ a bordo del avión.

10. Los pasajeros _____ después de aterrizar.

11. Después de un vuelo, los pasajeros _____ su equipaje.

To review words from **Paso 2,** turn to pages 90–91.

Formas

3 Contesten. *(Answer.)*

12. ¿Adónde haces un viaje?

13. ¿Dónde pones tu ropa?

To review **hacer, poner, traer, salir, tener,** and **venir,** turn to page 84.

4 Completen. *(Complete.)*

14. Ellos _____ mañana. (venir)

15. ¿A qué hora _____ tú? (salir)

5 Escriban en el presente progresivo.
(Write in the present progressive.)
   16. El avión aterriza.
   17. Salimos a tiempo.
   18. Los pasajeros esperan en la puerta de salida.
   19. Hago un viaje a México.

To review the present progressive, turn to page 87.

6 Completen con **saber** o **conocer**. ♪
(Complete with saber or conocer.)
   20. Yo _____ que Madrid es la capital de España.
   21. Yo _____ a la familia Ureña. Ellos son de Madrid.
   22. José _____ jugar muy bien.

To review **saber** and **conocer**, turn to page 94.

Cultura

7 Escojan. *(Choose.)*
   23. El continente sudamericano es _____.
      a. pequeño   **b.** alto   **c.** inmenso
   24. El Amazonas es _____.
      a. un pico andino   **b.** un río   **c.** un continente

To review this cultural information, turn to pages 100–101.

8 Contesten. *(Answer.)*
   25. ¿Por qué es muy difícil viajar por tierra en muchas partes de la América del Sur?

Casas del altiplano,
cerca de Riobamba, Ecuador

PASO 4

Diversiones

Canta con Justo
Viajando por Latinoamérica

Estoy preparando mi equipaje, muy contento de viajar.
Mi padre va a llevarme al aeropuerto, donde yo voy a embarcar.
A Argentina voy a llegar, por muchos países voy a pasar y a mis amigos voy a visitar. Viajando estoy sentado en el avión mirando las playas de Cancún. Esperando estoy, tengo tantas ganas de ver las montañas de Perú. Después de Brasil puedo ver la gran ciudad, Buenos Aires te quiero conocer.

El avión está llegando a su destino
y estamos por aterrizar.
Mis amigos me esperan en su casa
y una fiesta van a preparar.

Viajando estoy
sentado en el avión
mirando las playas de Cancún.

Esperando estoy,
tengo tantas ganas de ver
las montañas de Perú.
Después de Brasil
puedo ver la gran ciudad,
Buenos Aires
te quiero conocer.

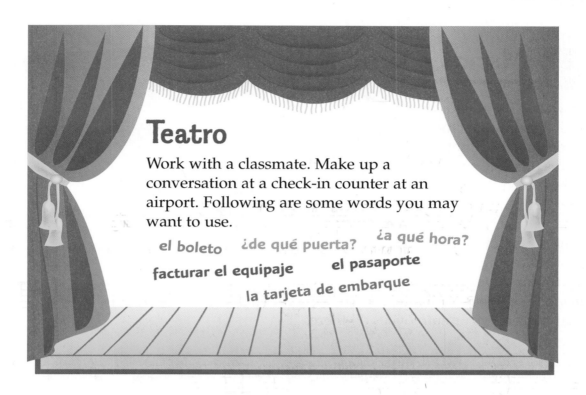

Teatro

Work with a classmate. Make up a conversation at a check-in counter at an airport. Following are some words you may want to use.

el boleto   ¿de qué puerta?   ¿a qué hora?

facturar el equipaje   el pasaporte

la tarjeta de embarque

Juego **¿De qué color es?** Look at the illustration. List objects and clothing according to color. Include the person (**agente, pasajero, mamá, papá**) to whom the object or clothing belongs.

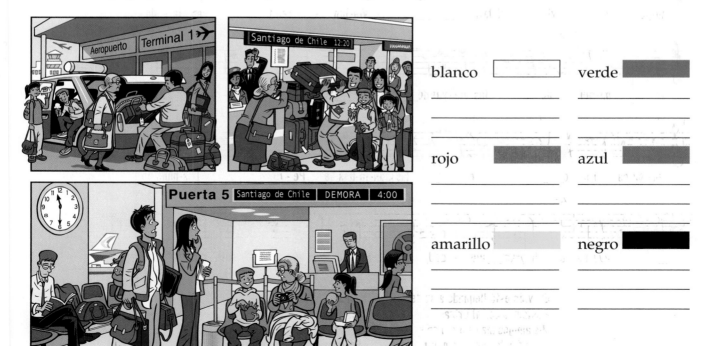

blanco		verde
rojo		azul
amarillo		negro

 ## Manos a la obra

1. Draw and fill in your own boarding pass. Be sure to include the name of the airline, the flight number, the time, the destination, and any continuing flights. Then tell a classmate all about your "trip."

2. Draw a plan of an airport. Use the map below as a guide. Label each section such as **mostrador de las líneas aéreas.** In the margin, write at least one sentence with an arrow to the section telling what passengers or employees do there.

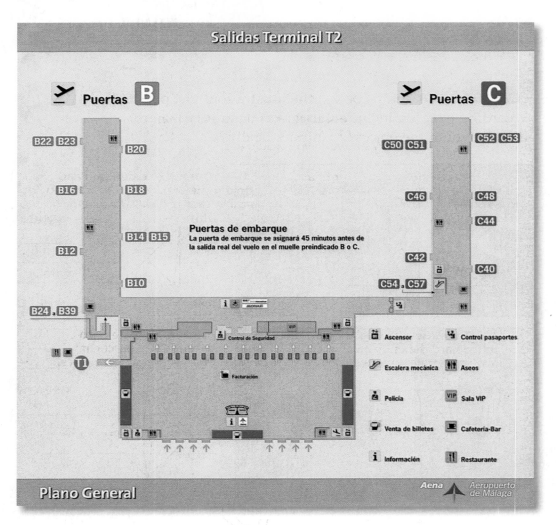

Rompecabezas

Las palabras partidas Join two puzzle pieces to form a word. Use each piece only once. You will have ten words. Form a sentence with these ten words. Write on a separate sheet of paper.

de tico aje Pu fantás go

i n Ri co vi

l a ha a erto u

sla

PLEGABLES™
Study Organizer

Un viaje especial Use this *envelope fold* to make a hidden picture or to write secret clues about a city in the Spanish-speaking world you would like to visit.

Step 1 **Fold** a sheet of paper into a *taco* forming a square. Cut off the leftover piece.

Step 2 **Open** the folded *taco* and refold it the oppposite way, forming another *taco* and an X-fold pattern.

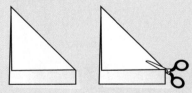

Step 3 **Open** the *taco fold* and fold the corners toward the center point of the X, forming a small square.

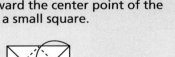

Step 4 **Trace** this square onto another sheet of paper. Cut and glue it to the inside of the envelope. Pictures can be drawn under the tabs.

Step 5 Use this foldable to draw a picture of the city you would like to visit. Or if you prefer, write clues about the city and have your classmates raise one tab at a time until they can guess what city the picture represents. Number the tabs in the order in which they are to be opened.

PASO 4

Más cultura y lectura

Un vuelo interesante

¿Quieres hacer un vuelo interesante? Tienes que tomar una avioneta que sobrevuela las figuras o líneas de Nazca.

▶ ¿Qué son las líneas de Nazca? Pues, en el desierto en el sur de Perú hay una serie de figuras o dibujos misteriosos en la arena[1]. Hay figuras de aves[2], peces[3] y otros animales. Hay también figuras geométricas—rectángulos, triángulos y líneas paralelas.

[1] arena *sand*

[2] aves *birds*

[3] peces *fish*

 El origen de las figuras de Nazca es un misterio. No sabemos de dónde vienen. Pero sabemos que tienen unos tres o cuatro mil años de edad. Son muy grandes. Las líneas cubren un territorio tan[4] inmenso que para ver las figuras es necesario tomar un avión. Las avionetas para ver las líneas de Nazca salen del aeropuerto internacional de Lima y del aeropuerto pequeño de Ica, una ciudad en el sur cerca de las líneas.

[4] tan *so*

¿Comprendes?

Contesten. (*Answer.*)

1. ¿Dónde están las figuras de Nazca?
2. ¿Están en un desierto?
3. ¿Sabemos de dónde vienen las líneas de Nazca?
4. ¿Qué formas tienen?
5. ¿Son grandes?
6. ¿Qué es necesario tomar para poder ver las figuras?
7. ¿De dónde salen las avionetas que sobrevuelan las líneas de Nazca?

Más cultura y lectura

Una astronauta latina

◀ Elena Ochoa es de Los Ángeles. Sus padres son de ascendencia mexicana. Cuando Elena está en la escuela intermedia sus padres se divorcian. Su madre siempre les explica a Elena y a sus hermanos que los estudios académicos son muy importantes. Elena les presta mucha atención a los consejos[1] de su mamá.

En la escuela intermedia Elena gana algunos premios[2] porque es una alumna sobresaliente[3] en matemáticas y ciencias. Es valedictoriana de su clase en Grossmont High School.

Elena empieza a trabajar con NASA. En 1990 seleccionan a Elena a tomar parte en la clase para astronautas. La clase consiste en dieciocho hombres y cuatro mujeres.

En abril de 1993 cuando despega la nave espacial *Discovery* de su plataforma de lanzamiento, ¿quién está a bordo?—Elena Ochoa. Ella es la primera astronauta latina que viaja en el espacio.

[1] consejos *advice*
[2] premios *awards*
[3] sobresaliente *outstanding*

¿Comprendes?

A. Contesten. *(Answer.)*
In your own words, say as much as you can about Elena Ochoa.

B. Busquen las palabras. *(In the reading, find the Spanish equivalent for the following.)*
1. astronaut
2. academic studies
3. spaceship
4. launching pad
5. in space

Conexiones
Las matemáticas

Conversiones

When you travel through many Spanish-speaking countries, you will need to make some mathematical conversions. For example, plane schedules and the time for formal events, radio, and television are given using the twenty-four-hour clock.

La hora

Cuando lees el horario[1] para el avión o un anuncio para un programa cultural, dan la hora usando las veinticuatro horas.

1:00	**La una es la una de la mañana.**
12:00	**Las doce es el mediodía.**
13:00	**Las trece, una hora después del mediodía, es la una de la tarde.**
00:00	**Las veinticuatro horas es la medianoche.**

Nuestros amigos Ángel y Luisa tienen un vuelo que sale de Madrid a las quince veinte. Es decir que sale a las tres y veinte de la tarde. Llega a París a las diecisiete horas—es decir a las cinco de la tarde.

[1] horario *schedule*

¿Comprendes?

Read the timetable. Give the arrival and departure times using the twenty-four-hour clock and the system used in the United States.

SALIDAS					LLEGADAS			
Vuelo	Salida	Días	Periodo		Vuelo	Llegada	Días	Periodo
TENERIFE					**TENERIFE**			
AEA9682	330	0030000	02MAY24OCT		AEA9681	230	0030000	02MAY24OCT
FUA7219	915	1000000	26MAR23APR		AEA9681	230	0000060	05MAY27OCT
IB2912	1040	0204060	27MAR27OCT		FUA806P	335	0004000	12APR12APR
JKK771	1310	0000060	31MAR27OCT		FUA7220	405	0200000	17APR17APR
FUA220P	1315	0004000	12APR12APR		JKK772	1305	0000007	06MAY21OCT
JKK8788	1425	0004000	29MAR29MAR		IB2911	1600	0204060	27MAR27OCT
FUA7271	1525	1000000	02JUL24SEP		JKK2419	2115	0200000	03JUL25SEP
FUA7219	1650	1000000	30APR30APR		AEA9681	2135	0200000	27MAR24APR
JKK2420	2215	0200000	03JUL25SEP		FUA7272	2210	1000000	02JUL24SEP
AEA9682	2235	0200000	27MAR24APR		FUA7220	2220	1000000	26MAR09APR
AEA9684	2300	0000007	06MAY21OCT		FUA7220	2220	1000000	23APR30APR
					JKK772	2225	0000007	25MAR29APR
					FUA517P	2455	0030000	28MAR28MAR

¡Hablo como un pro! Tell all you can about the following illustration.

Vocabulario

Getting around an airport

el aeropuerto	el pasaporte	a bordo
el taxi	la pantalla de salidas y	la báscula
la línea aérea	llegadas	la maleta
el avión	la tarjeta de embarque	el equipaje (de mano)
el mostrador	el número del asiento	el control de seguridad
el/la agente	el número del vuelo	el control de pasaportes
el/la pasajero(a)	el destino	la aduana
el billete, el boleto	la puerta de salida	el reclamo de equipaje

Identifying airline personnel

la tripulación	el copiloto
el/la comandante	el/la asistente(a) de vuelo

Describing airport activities

hacer un viaje	despegar
tomar un vuelo	aterrizar
revisar el boleto	desembarcar
facturar el equipaje	reclamar (recoger)
pasar por el control de	el equipaje
seguridad	abrir las maletas
abordar, embarcar	inspeccionar
salir a tiempo	
tarde	
con una demora	

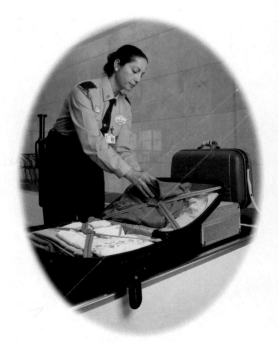

Other useful expressions

el país	poner
extranjero(a)	traer
permitir	saber
venir	conocer

Unidad

4

El verano y el invierno

Objetivos

In this unit, you will learn to:

- describe summer and winter weather
- talk about summer sports and summer activities
- talk about winter sports
- discuss past actions and events
- refer to people and things already mentioned
- talk about resorts in the Spanish-speaking world

¡Ahora me toca a mí!

AYTO. DE MARBELLA
PLAYA

Palabras   El balneario 🎧

¿Qué tiempo hace en el verano?
En el verano hace calor.
Hace buen tiempo.
Hace (Hay) sol.

Hace mal tiempo.
A veces hay nubes en el cielo.
Llueve.

Magalí y sus amigos pasaron el fin de
   semana en la playa.
Carlos tomó el sol.

el traje de baño,
el bañador

los anteojos
de sol

la loción (crema)
bronceadora

la toalla
playera

el buceo

la plancha de vela

la tabla hawaiana

esquiar en el agua
el esquí acuático

la piscina, la alberca

nadar

Casandra nadó en la piscina.

la cancha de tenis
la red
encima
la pelota
la raqueta

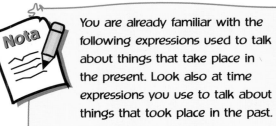

Nota

You are already familiar with the following expressions used to talk about things that take place in the present. Look also at time expressions you use to talk about things that took place in the past.

EL PRESENTE	EL PASADO
hoy	ayer
esta noche	anoche
esta tarde	ayer por la tarde
esta mañana	ayer por la mañana
este año	el año pasado
esta semana	la semana pasada

Los amigos jugaron (al) tenis.
Jugaron en una cancha al aire libre.
Jugaron singles, no dobles.
Un jugador golpeó la pelota.
La pelota pasó por encima de la red.

PASO 1

¿Qué palabra necesito?

 1 Historieta ¡A la playa! Contesten. *(Answer.)*

1. ¿Pasó Alejandro el fin de semana en la playa?
2. ¿Nadó en el mar?
3. ¿Tomó el sol?
4. ¿Usó una loción bronceadora?
5. ¿Buceó él?
6. ¿Esquió en el agua?

Una playa, Chorrillos, Lima, Perú

2 ¿Qué compró Claudia para ir a la playa?
Completen. *(Complete.)*

   Claudia compró…

1.

2.

3.

4.

3 Historieta El tiempo en el verano
Completen. *(Complete.)*

   En el verano ___1___ calor. Hay ___2___. Pero, a veces,
no hace buen tiempo. Hace ___3___ tiempo. Hay ___4___
y llueve. No me gusta estar en la playa cuando ___5___.

4 **Historieta** **Un juego de tenis**

Contesten. *(Answer.)*

1. ¿Dónde jugaron los tenistas (al) tenis?
2. ¿Jugaron singles o dobles?
3. ¿Cuántas personas hay en la cancha cuando juegan singles?
4. ¿Golpearon los tenistas la pelota?
5. ¿La pelota tiene que pasar por encima de la red?

Un juego de tenis, Mazatlán, México

Un hipermercado, Marbella, España

5 **Juego** **En la playa**

¿Sí o no? *(True or false?)*

1. Un balneario tiene playas.
2. Hay olas en una piscina.
3. El Mediterráneo es un mar y el Atlántico es un océano.
4. Todo el mundo quiere ir a la playa cuando llueve y hay nubes.
5. Es importante usar una crema protectora cuando uno toma el sol. Da protección contra el sol.
6. Una persona lleva un traje de baño cuando juega al tenis.

6 **Vamos a la playa.** Work with a classmate. You are going to spend a day or two at the beach. Go to the store to buy some things you need for your beach trip. One of you will be the clerk and the other will be the shopper. Take turns.

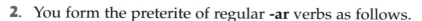

Formas
El pretérito de los verbos en -ar
Stating past actions

CANAL +

03 de Noviembre
Real Madrid vs. Barcelona
Estadio Santiago Bernabeu

11 de Noviembre
México vs. Honduras
Estadio Azteca
Eliminatoria mundialista de la CONFUT

27 de Noviembre
B. Munich vs. Boca Juniors
Estadio Nacional de Tokio
Copa Toyota Intercontinental

1. To express an action that began and ended at a definite time in the past you use a tense called the preterite. The following sentences are in the preterite.

> Él **pasó** el viernes pasado en la playa.
> Ella **miró** la televisión anoche.

2. You form the preterite of regular **-ar** verbs as follows.

infinitive	hablar	nadar	tomar	
stem	habl-	nad-	tom-	endings
yo	hablé	nadé	tomé	-é
tú	hablaste	nadaste	tomaste	-aste
él, ella, Ud.	habló	nadó	tomó	-ó
nosotros(as)	hablamos	nadamos	tomamos	-amos
vosotros(as)	hablasteis	nadasteis	tomasteis	-asteis
ellos, ellas, Uds.	hablaron	nadaron	tomaron	-aron

3. Note the spelling of the **yo** form of verbs that end in -car, -gar, and -zar.

c → qué	g → gué	z → cé
¿Marcaste un tanto?	Sí, marqué un tanto.	
¿Llegaste a tiempo?	Sí, llegué a tiempo.	
¿Jugaste (al) baloncesto?	Sí, jugué (al) baloncesto.	
¿Empezaste a jugar?	Sí, empecé a jugar.	

BRILLA

Unidad 4: El verano y el invierno

¿Cómo lo digo?

7 **Historieta** Una tarde en la playa

Contesten. *(Answer.)*

1. Ayer, ¿pasó Rubén la tarde en la playa?
2. ¿Tomó él mucho sol?
3. ¿Usó una crema protectora?
4. ¿Nadó en el mar?
5. ¿Esquió en el agua?

8 **Historieta** Un partido de tenis

Contesten según se indica. *(Answer as indicated.)*

1. ¿Qué compraron los amigos? (una raqueta)
2. ¿Qué jugaron los jóvenes? (tenis)
3. ¿Jugaron en una cancha cubierta? (no, al aire libre)
4. ¿Golpearon la pelota? (sí)
5. ¿Jugaron singles o dobles? (dobles)
6. ¿Quiénes marcaron el primer tanto? (Alicia y José)
7. ¿Quiénes ganaron el partido? (ellos)

Canchas de tenis,
Buenos Aires, Argentina

9 **Historieta** En casa Contesten.
(Answer about yourself.)

1. Anoche, ¿a qué hora llegaste a casa?
2. ¿Preparaste la comida?
3. ¿Estudiaste?
4. ¿Miraste la televisión?
5. ¿Escuchaste CDs?
6. ¿Con quién hablaste?
7. ¿Le hablaste por teléfono?

10 **El baloncesto**

Sigan el modelo. *(Follow the model.)*

> **¿Jugó Pablo?** →
>
> **A ver. Pablo, ¿jugaste?**

1. ¿Jugó Pablo (al) baloncesto?
2. ¿Dribló con el balón?
3. ¿Pasó el balón a un amigo?
4. ¿Tiró el balón?
5. ¿Encestó?
6. ¿Marcó un tanto?

11 **Historieta** **Una fiesta**

Sigan el modelo. *(Follow the model.)*

> **hablar** →
>
> **Mis amigos y yo hablamos durante la fiesta.**

1. bailar
2. cantar
3. tomar un refresco
4. tomar fotos
5. escuchar música

12 **Historieta** **Yo llegué al estadio.**

Cambien **nosotros** en **yo**.
(Change nosotros *to* yo.*)*

   Ayer nosotros llegamos al estadio y empezamos a jugar fútbol. Jugamos muy bien. No tocamos el balón con las manos. Lo lanzamos con el pie o con la cabeza. Marcamos tres tantos.

Estadio Vicente Calderón, Madrid

13 **Historieta** **En un balneario** Completen. *(Complete.)*

Mis amigos y yo ___1___ (pasar) el fin de semana pasado en la playa. Nosotros ___2___ (llegar) el viernes por la noche y ___3___ (pasar) dos noches en la casa de la familia de nuestro amigo Pablo.

En la playa nosotros ___4___ (tomar) el sol. Yo ___5___ (nadar) en el mar y ___6___ (esquiar) en el agua. Catalina ___7___ (bucear).

—José, ¿tú ___8___ (llegar) sin traje de baño? ¿___9___ (Dejar) tu bañador en casa?

—Sí. No lo tengo. No lo puedo creer pero (yo) ___10___ (dejar) mi bañador en casa.

¿Qué hacer? Pues, José ___11___ (comprar) un traje de baño nuevo en una tienda.

Un hotel con alberca y playa. Cancún, México

14 **Pasaron el fin de semana en la playa.** Look at the illustration. Work with a classmate, asking and answering questions about what these Spanish friends did at the beach in Torremolinos.

 For more practice using words and forms from **Paso 1,** do Activity 7 on page H8 at the end of this book.

Palabras Una estación de esquí 🎧

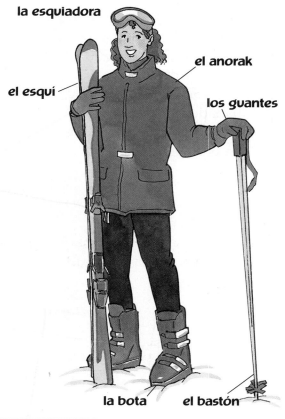

la esquiadora

el anorak

el esquí

los guantes

la bota   el bastón

¿Qué tiempo hace en el invierno?
Hace frío.
Nieva.
A veces hay mucha nieve.
La temperatura baja a cinco grados bajo cero.

la montaña

el pico

la estación de esquí

Los amigos fueron a una estación de esquí.

Compraron sus boletos para el telesquí.
Los compraron en la ventanilla.

Tomaron el telesilla.
Lo tomaron para subir la montaña.

Los esquiadores bajaron la pista.
La bajaron sin problema.
Esquiaron bien.
Bajaron la pista para expertos, no la pista
    para principiantes.

¿Qué palabra necesito?

1 **¿Qué tiempo hace?** Describan.
(Describe the weather in the illustration.)

2 **De compras** Contesten. *(Answer.)*

Anita fue a esquiar. Antes de ir a la estación
de esquí, ¿qué compró?
Anita compró…

1.

2.

3.

4.

5.

3 **Historieta** En una estación de esquí

Contesten según se indica. *(Answer as indicated.)*

1. ¿Cuándo son populares las estaciones de esquí?
   (en el invierno cuando hay nieve)
2. ¿Qué compraron los esquiadores en la ventanilla? (los boletos)
3. ¿Qué tomaron los esquiadores para subir la montaña? (el telesilla)
4. ¿Qué bajaron los esquiadores? (la pista para expertos)

Villarrica, Chile

4 **Me gusta esquiar.** Completen. *(Complete.)*

En el __1__ hace frío. A veces nieva. Cuando hay mucha __2__ me gusta ir a una __3__ de esquí. Llevo mis __4__, mis botas y los __5__ y voy a las montañas. Tomo el __6__ para subir la montaña. No soy un esquiador muy bueno. Siempre bajo una __7__ para principiantes.

5 **¡A esquiar!** You're at a ski resort in Chile and have to rent **(alquilar)** some equipment for a day on the slopes. Tell the clerk (your partner) what you need. Find out whether he or she has what you need and how much it all costs.

Esquís 9.500 pesos
Bastones 3.500 pesos
Botas 5.600 pesos
Guantes 1.500 pesos
Anoraks 8.000 pesos

6 **R o m p e c a b e z a s**

Change one letter in each of the following to form a new word.

1. plaza
2. color
3. ver
4. son
5. bajo
6. ciento

Formas
Los pronombres lo, la, los, las
Referring to items already mentioned

Each of the following sentences has a direct object. The direct object is the word in the sentence that receives the action of the verb. It answers the questions *what* or *whom*. The direct object can be either a noun or a pronoun. **Lo, la, los,** and **las** are the direct object pronouns. They can replace either a thing or a person. The pronoun must agree with the noun it replaces and it comes right before the verb.

noun thing	pronoun thing
Ella compró el anorak.	**Ella lo compró.**
Compró los anteojos de sol.	**Los compró en la misma tienda.**
¿Miró Juan la pelota?	**Sí, la miró.**
¿Miró las raquetas?	**Sí, las miró.**

noun person	pronoun person
¿Invitaste a Juan?	**Sí, lo invité.**
¿Invitaste a María?	**Sí, la invité.**

Madrid, España

¿Cómo lo digo?

 Sí, tengo. Sigan el modelo. *(Follow the model.)*

 el traje de baño →

—¿Tienes el traje de baño?

—Sí, lo tengo.

—¿Dónde lo compraste?

—No sé dónde lo compré.

1. la raqueta
2. las toallas playeras
3. el bañador
4. los anteojos de sol
5. el anorak

San Juan, Puerto Rico

 ¿Dónde está? Sigan el modelo. *(Follow the model.)*

 ¿El bañador? →

Aquí lo tienes.

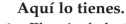

1. ¿El traje de baño?
2. ¿El tubo de crema?
3. ¿La pelota?
4. ¿La crema bronceadora?
5. ¿Los anteojos de sol?

6. ¿Los boletos?
7. ¿Los esquís acuáticos?
8. ¿Las toallas playeras?
9. ¿Las raquetas?

Un chiringuito en una playa de Marbella, España

9 **De compras** Sigan el modelo. *(Follow the model.)*

—¿Cuándo compraste los bastones?

—Los compré ayer.

—¿Dónde los compraste?

—Los compré en la tienda Solís.

—¿Cuánto te costaron?

—Me costaron ciento cinco pesos.

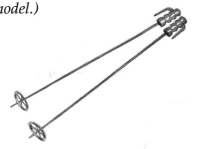

1.

2.

3.

4.

5.

6.

7.

8.

El Corte Inglés, Calle Serrano, Madrid

10 **Historieta** **Un regalo que le gustó**

Completen. *(Complete.)*

Compré un regalo para Teresa. __1__ compré en la tienda de departamentos Corte Inglés. Compré unos anteojos de sol. A Teresa le gustaron mucho. Ella __2__ llevó el otro día cuando fue a la piscina. Ella tiene algunas fotografías con sus anteojos de sol. Su amigo Miguel __3__ tomó.

11 **Historieta** **Una fiesta** Contesten. *(Answer.)*

1. ¿Invitaste a Juan a la fiesta?
2. ¿Invitaste a Alejandra?
3. ¿Compraste los refrescos?
4. ¿Preparaste la ensalada?
5. ¿Tomó Pepe las fotografías de la fiesta?

Ir y ser en el pretérito
Describing past actions

The verbs **ir** and **ser** are irregular in the preterite tense. Note that they have identical forms.

infinitive	ir	ser
yo	fui	fui
tú	fuiste	fuiste
él, ella, Ud.	fue	fue
nosotros(as)	fuimos	fuimos
vosotros(as)	*fuisteis*	*fuisteis*
ellos, ellas, Uds.	fueron	fueron

Una piscina municipal. Fuerte, España

¿Cómo lo digo?

12 **¿Y tú?** Contesten. (*Answer about yourself.*)

1. Ayer, ¿fuiste a la escuela?
2. ¿Fuiste a las montañas?
3. ¿Fuiste a la estación de esquí?
4. ¿Fuiste a la playa?
5. ¿Fuiste a la piscina?
6. ¿Fuiste al campo de fútbol?

El glaciar Perito Moreno,
Patagonia, Argentina

13 **¿Quién fue y cómo?** Contesten.
(*Answer about yourself.*)

1. ¿Fuiste a la escuela ayer?
2. ¿Fue tu amigo también?
3. ¿Fueron ustedes juntos?
4. ¿Fueron en carro?
5. ¿Fue también la hermana de tu amigo?
6. ¿Fue ella en carro o a pie?

Find the 9 ok

14 **Anteayer** Work with a classmate. Ask whether he or she went to one of the places below the day before yesterday (**anteayer**). Your partner will respond. Take turns asking and answering the questions.

1.

2.

3.

4.

5.

15 **A planear las actividades** Weather has a lot to do with planning our activities. Look at the chart below. Given the weather, decide what you might do with a friend each day.

Día	Tiempo	Temperatura	Actividades
lunes	Hay nubes.	7° C	_____
martes	Hace viento.	15° C	_____
miércoles	Llueve.	26° C	_____
jueves	Hace calor.	33° C	_____
viernes	Hace sol.	35° C	_____
sábado	Hace frío.	22° C	_____
domingo	Nieva.	10° C	_____

UN POCO MÁS

*For more practice using words and forms from **Paso 2**, do Activity 8 on page H9 at the end of this book.*

Andas bien. ¡Adelante!

Conversación

¡A la playa!

José   Anita, ¿dónde está tu traje de baño?

Anita ¿Mi traje de baño? No lo tengo. Lo dejé en casa.

José   Aquí estás en la playa y dejaste tu traje de baño en casa. ¡Increíble!

Anita No importa. Nadé esta mañana.

José   ¿Nadaste sin traje de baño? ¡Anita!

Anita Sí, fui al agua en mi blue jean.

¿Comprendes?

Contesten. *(Answer.)*

1. ¿Tiene Anita su traje de baño?
2. ¿Dónde lo dejó?
3. Y, ¿dónde está ella?
4. ¿Cuándo nadó ella?
5. ¿Cómo fue al agua?

La consonante r

When a word begins with an **r** (initial position), the **r** is trilled in Spanish. Within a word, this trilled **r** is spelled **rr.** The Spanish trilled **r** sound does not exist in English. Repeat the following.

ra	re	ri	ro	ru
rápido	reclama	Ricardo	Roberto	Rubén
raqueta	recoger	rico	rojo	rubio
párrafo	corre	perrito	perro	
	red	aterrizar	catarro	

The sound for a single **r** within a word (medial position) does not exist in English either. It is trilled less than the initial **r** or **rr.** Repeat the following.

ra	re	ri	ro	ru
verano	arena	Clarita	número	Perú
para	quiere	boletería	miro	Aruba
playera		consultorio		

Trabalenguas

Repeat the following.

El mesero recoge los refrescos.
El perrito de Rubén corre en la arena.
El pasajero corre rápido por el aeropuerto.
El avión para Puerto Rico aterriza con una demora de una hora.
El rico peruano tiene una raqueta de tenis en el carro.

Refrán

Can you guess what the following proverb means?

Después de la lluvia, sale el sol.

PASO 3

Cultura y lectura
Una tarde en la playa

Reading Strategy

Recognizing text organization
Before you read a passage, try to figure out how the text is organized. If you can follow the organization of a text, you will understand the main ideas more quickly and be able to look for certain ideas and information more easily.

Iván es alumno en una escuela intermedia de San Juan, Puerto Rico. El sábado pasado, como muchos sábados, él y algunos de sus amigos fueron a la playa. Pasaron toda la tarde en la playa. Ellos tomaron el sol y nadaron en el Atlántico.

Iván llevó su plancha de vela a la playa. A él le gusta mucho hacer la plancha de vela, sobre todo cuando hay mucho viento.

A eso de[1] las dos de la tarde algunos compraron un hot dog o perro caliente y otros compraron unas empanadas del señor y de la señora Ortiz. Todos los fines de semana los señores Ortiz van a la playa con su carrito. Venden refrescos a los bañistas. La señora Ortiz hace las empanadas en casa y las lleva a la playa en una cesta[2]. ¡Y qué deliciosas están!

[1] A eso de *At about*   [2] cesta *basket*

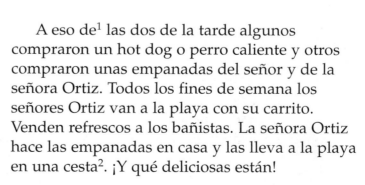

Después de comer, los jóvenes jugaron al voleibol. El voleibol es un deporte muy popular en las playas de Puerto Rico.

Los jóvenes puertorriqueños como Iván pueden ir a la playa durante el año entero. Puerto Rico, la isla del encanto[3], es una isla tropical donde el verano es eterno.

[3] encanto *enchantment*

San Juan, Puerto Rico

San Juan, Puerto Rico

¿Comprendes?

A. Contesten. *(Answer.)*

1. ¿De dónde es Iván?
2. ¿Dónde estudia?
3. ¿Cuándo fueron él y algunos amigos a la playa?
4. ¿Qué tomaron?
5. ¿Dónde nadaron?
6. ¿Qué llevó Iván a la playa?
7. ¿Qué compraron los amigos para comer?
8. ¿Dónde los compraron?
9. ¿Qué hacen los señores Ortiz cada fin de semana?
10. ¿Qué jugaron los jóvenes en la playa?

B. Contesten. *(Answer.)*

¿Qué tiempo hace en Puerto Rico? ¿Cuándo? ¿Por qué? ¿Qué es Puerto Rico?

Repaso

1. In this unit, I learned the preterite of **-ar** verbs to express actions that began and ended at a specific time in the past.

infinitive	hablar
stem	habl-
hablé	hablamos
hablaste	*hablasteis*
habló	hablaron

2. The direct object pronouns **lo, la, los, las** can replace either a thing or a person. The pronoun comes right before the verb.

Compré el anorak. →	**Lo** compré en Argentina.
Compré los esquís. →	**Los** compré en Argentina.
Compré la crema. →	**La** compré en Argentina.
Compré las botas. →	**Las** compré en Argentina.
Invité a Roberto. →	**Lo** invité a la estación de esquí.
Invité a Teresa. →	**La** invité a la estación de esquí.

3. I also learned the preterite forms of the verbs **ir** and **ser.** They are identical.

fui	**fuimos**
fuiste	**fuisteis**
fue	**fueron**

Ushuaia, Argentina

¡Pongo todo junto!

1 **En el pasado** Escriban en el pretérito.
(Rewrite in the preterite.)

1. Yo paso el fin de semana en la playa.
2. Miramos el juego en la televisión.
3. Ellos juegan voleibol en la playa.
4. ¿Esquías en el agua?
5. Tomo un refresco.
6. Pago en la caja.
7. ¿No compras una crema bronceadora?
8. Ella deja su traje de baño en casa.

Una playa. Marbella, España

Un hipermercado.
Marbella, España

2 **Los pronombres** Escriban con pronombres.
(Rewrite with an object pronoun.)

1. Miré *el juego* en la televisión.
2. Él dejó *su bañador* en casa.
3. ¿Dónde compraste *los anteojos de sol*?
4. ¿Quién tomó *las fotografías*?
5. ¿Tienes *la toalla playera*?
6. Compré *los tickets para el telesquí*.
7. Ellos prepararon *la comida* en casa.

3 **¿Adónde?** Completen con el pretérito.
(Complete with the preterite of ir.*)*

1. Él _____ al mercado.
2. Yo _____ al supermercado.
3. Nosotros _____ a la playa.
4. Nuestros amigos _____ a una estación de esquí.
5. ¿Adónde _____ tú?
6. Ustedes _____ en carro, ¿no?

¡Te toca a ti!

Hablar

1 El mar o la montaña

✓ *Talk about summer or winter vacations*

Work with a classmate. Tell him or her where you like to go on vacation. Tell what you do there and some of the reasons why you enjoy it so much. Take turns.

Argentina

A orillas del canal de Tortuguero.
Cerca de Puerto Limón. Costa Rica

Hablar

2 Unas vacaciones estupendas

✓ *Talk about vacation activities*

Work with a classmate. Pretend you each had a million dollars. You went on a dream vacation. Take turns telling what you did.

Hablar

3 El tiempo

✓ *Describe the weather*

Describe the summer and winter weather where you live.

Escribir

4 Una tarjeta postal

✓ *Write about a summer or winter vacation destination*

Look at these postcards. Choose one. Pretend you are spending a week there. Write a postcard to a friend.

Vistas, Isla de Providencia, Colombia

Sierra Nevada, España

Writing Strategy

Comparing and contrasting
Before you begin to write a comparison of people, places, or things, you must be aware of how they are alike or different. When you compare, you are emphasizing similarities; when you contrast, you are emphasizing differences. Making a diagram or a list of similarities and differences is a good way to organize your details before you begin to write.

Escribir

5 En el verano y en el invierno

A summer day in most parts of the world is quite different from a winter day. Write a paragraph comparing how you spend a vacation day in the summer in comparison to the way you spend a vacation day in the winter. Because of the weather, many of your activities are probably quite different. Not everything is different, however. Describe some things you do whether it's summer or winter.

Assessment

¿Estoy listo(a)?

Palabras

To review words from **Paso 1**, turn to pages 120–121.

1 Completen. *(Complete.)*

1. En el verano cuando hace calor nos gusta ir a la _____.
2. Es necesario usar una _____ cuando uno toma el sol.
3. Me gusta _____ en el mar y en la piscina.
4. Ellos jugaron (al) tenis en la _____.
5. Muchas veces cuando hace mal tiempo hay _____ en el cielo.

2 Identifiquen. *(Identify.)*

6.   7.   8.

To review words from **Paso 2**, turn to pages 128–129.

9.   10.

3 Contesten. *(Answer.)*

11. ¿Qué tiempo hace en el invierno?

Formas

4 Completen en el pretérito. *(Complete in the preterite.)*

  12. Yo _____ el fin de semana en la playa. (pasar)

13–14. Algunos de mis amigos _____ y otros _____ en el agua. (nadar, esquiar)

  15. Todos nosotros _____ el sol. (tomar)

  16. ¿Tú _____ tu traje de baño nuevo? (llevar)

  17. Ustedes le _____ a Antonio, ¿no? (hablar)

To review the preterite of **-ar** verbs, turn to page 124.

5 Escriban en el pretérito. *(Write in the preterite.)*

  18. Yo pago en la caja.

6 Escriban con un pronombre. *(Write with a pronoun.)*

  19. Yo compré *la crema broncadora* en la farmacia.

  20. Él dejó *las toallas* en casa.

  21. Aquí tienes *los tickets*.

  22. ¿Conoces *a Juan?*

To review **lo, la, los, las,** turn to page 132.

7 Completen en el pretérito. *(Complete in the preterite.)*

  23. Yo _____ a una estación de esquí.

  24. José _____ a la boletería para comprar los tickets para el telesilla.

To review the preterite of **ir** and **ser,** turn to page 135.

Cultura

8 ¿Sí o no? *(True or false?)*

  25. Puerto Rico, la isla del encanto, es una isla tropical donde hace bastante frío.

To review this cultural information, turn to pages 140–141.

Viejo San Juan,
Puerto Rico

Diversiones

Canta con Justo
El verano es lo mejor

De va - ca - cio - nes yo___ me voy. El in - vier - no ya___ lle - gó.___

A mí me gus - ta el___ ca - lor, el mar a - zul___ y mu - cho s - o - l.___

Yo no quie - ro ir___ a es - quiar,___ en la pla - ya quie - ro es - tar___

y al vo - lei - bol___ ju - gar, sal - tar las o - las y___ na - dar.___ El ve - ra - no es lo mejor.

¿Y qué es lo que te gus - ta___ a ti? ¿Y qué es - ta - ción te ha - ce___ fe - liz?___ La pri - ma - ve -

- ra, es la que to - dos___ es - pe - ran.___ Y la tem - pe - ra - tu - ra va a___ su - bir,___ cuan - do el ve -

ra - no lle - gue a - quí. Pla - yas y o - las, te i - nvi - tan a dis - fru - tar.___

En la arena caminé	¿Y qué es lo que te gusta a ti?
y al tenis yo jugué.	¿Y qué estación te hace feliz?
En las montañas no esquié,	La primavera,
en el mar yo nadé.	es la que todos esperan.
Fue este año lo mejor.	Y la temperatura va a subir,
	cuando el verano llegue aquí.
	Playas y olas,
	te invitan a disfrutar.

Teatro

Pantomime or dramatize the following.

Yo nado.

Esquío.

Esquío en el agua.

Juego en la arena.

Juego tenis.

Pongo mis anteojos de sol en la mesa.

Juego voleibol.

 Think of an item you need. Your partner will ask you what you're going to do. Use the model as a guide.

—**Necesito crema bronceadora.** →
—**¿Por qué la necesitas? ¿Vas a la playa?**

Investigaciones

Do some research and get some information about the beautiful island of Puerto Rico.

Spanish Online

For more information about Puerto Rico, go to the Glencoe Spanish Web site:
spanish.glencoe.com

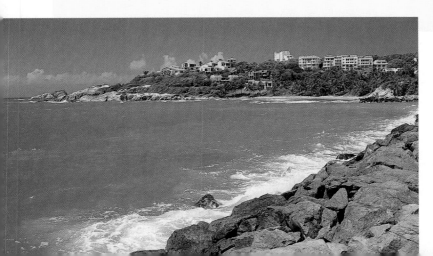

Humacao, Puerto Rico

PASO 4

Manos a la obra

1. Paint or draw a winter and/or summer scene. Describe your painting or drawing to a classmate.

2. Prepare a brochure for a summer or winter resort. Be sure to mention all the facilities your resort has to offer.

Juego **Cada uno en su sitio** Tell where each of the following might take place. **¡Cuidado!** Some might happen in more than one place.

tomar el sol   tomar un refresco   nadar

mirar un video   hablar por teléfono   usar crema bronceadora

tomar el telesilla   comprar los boletos   esquiar

En la playa	En las montañas	En casa

Entrevista

¿Qué estación te gusta más, el verano o el invierno?

¿Prefieres ir a una estación de esquí o a una playa?

¿Sabes nadar? ¿Adónde vas a nadar?

¿Sabes esquiar? ¿Vas a esquiar con frecuencia?

¿Fuiste a una playa el verano pasado?

¿Nadaste en el mar o en una piscina?

¿Tomaste el sol?

¿Usaste una crema bronceadora?

¿Jugaste voleibol?

¿Lo pasaste bien?

PLEGABLES™ Study Organizer

El presente y el pasado   Use these *large sentence strips* to help you compare and contrast activities in the past and in the present.

Step 1 Take two sheets of paper (8½ x 11) and **fold** into *hamburgers*. Cut along the fold lines, making four half sheets. (Use as many half sheets as necessary for additional pages to your book.)

Step 2 **Fold** each half sheet in half like a *hot dog*.

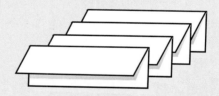

Step 3 Place the folds side-by-side and staple them together on the left side.

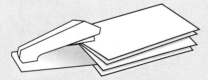

Step 4 About one inch from the stapled edge, **cut** the front page of each folded section up to the mountain top. These cuts form flaps that can be raised and lowered.

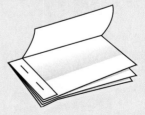

Step 5 To make a half-cover, use a sheet of construction paper one inch longer than the book. **Glue** the back of the last sheet to the construction paper strip, leaving one inch on the left side to fold over and cover the original staples. Staple this half-cover in place.

Step 6 With a friend, write sentences on the front of the flap, either in the present tense or in the past tense. Then switch your books of sentence strips and write the opposite tense inside under the flaps.

Más cultura y lectura

Playas del mundo hispano

Muchos países de habla española tienen playas fabulosas.

▲ Aquí vemos una playa aislada de la Costa del Sol en España.

▲ La playa de Acapulco en el océano Pacífico en México es muy grande, ¿no?

▲ Punta del Este es un balneario muy elegante en Uruguay. Muchos argentinos y brasileños pasan sus vacaciones en Punta del Este.

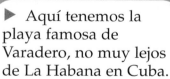

▶ Aquí tenemos la playa famosa de Varadero, no muy lejos de La Habana en Cuba.

¿Comprendes?

Mira las fotos de las playas. ¿Qué playa te gusta más?

Un personaje latino famoso

▶ ¿Quién es Jennifer Rodríguez? Pues, ella es la primera persona de ascendencia latina que participa en los Juegos Olímpicos de Invierno y es muy interesante porque Jennifer, de ascendencia cubanoamericana, es de Miami. Miami es una ciudad del sur de Florida—lejos del frío, del hielo y de la nieve del invierno.

¿En qué deporte participa Jennifer? Ella es patinadora de velocidad sobre el hielo. Ella es recipiente de muchas medallas. En los Juegos de 2002 Jennifer ganó dos medallas de bronce, la primera en la categoría de 1.000 metros y la segunda en los 1.500 (mil quinientos) metros.

▲ Jennifer patina sobre el hielo.

¿Comprendes?

Contesten. (*Answer.*)

1. ¿En qué Juegos participa Jennifer Rodríguez?
2. ¿Participan muchas latinas en los Juegos Olímpicos de Invierno?
3. ¿Es Jennifer de ascendencia mexicanoamericana?
4. ¿De dónde es ella?
5. ¿Hace frío en Miami en el invierno?
6. ¿Es Jennifer esquiadora?
7. ¿Qué es?
8. ¿Tiene ella muchas medallas?
9. ¿Cuántas medallas ganó en los Juegos de 2002 (dos mil dos)?
10. ¿Ganó medallas de oro, de plata o de bronce?

Conexiones
Las ciencias sociales

El clima y el tiempo

We often talk about the weather, especially when we are on vacation. When planning a vacation trip, it's a good idea to take into account the climate of the area we are going to visit. When we talk about weather or climate, we must remember, however, that there is a difference between the two. Weather is the condition of the atmosphere for a short period of time. Climate is the term used for the weather that prevails in a region over a long period of time.

El clima y el tiempo

El clima y el tiempo son dos cosas muy diferentes. El tiempo es la condición de la atmósfera durante un período breve o corto. El tiempo que hace puede cambiar[1] de un día al otro. O puede cambiar varias veces en un solo día. Hay sol por la mañana y llueve por la tarde.

El clima es el tiempo que prevalece[2] en una zona o región por un período largo. El clima es el tiempo que hace cada año en el mismo lugar[3].

Estaciones inversas

Es el mes de julio. En España es el verano y la gente va a la playa a nadar.

Pero en julio, los argentinos y los chilenos no van a la playa. Van a las montañas a esquiar. ¿En julio? Sí, en julio, porque es el invierno. En el hemisferio sur las estaciones son inversas de las estaciones del hemisferio norte.

[1] cambiar *change*
[2] prevalece *prevails*
[3] lugar *place*

Un chiringuito, playa de
Casares, España

Las Leñas, Argentina

Aquí vemos unas fotografías de España y
Argentina en diferentes estaciones. España
y Argentina tienen un clima templado. En
una región de clima templado hay cuatro
estaciones: el verano, el otoño, el invierno y
la primavera. El tiempo cambia con cada
estación.

Aquí tenemos una fotografía de Puerto
Rico en el mes de febrero. ¿Qué tiempo
hace? Hay mucho sol y hace calor aún[4] en
febrero. Puerto Rico es una isla tropical. En
una región tropical hay solamente dos
estaciones—la estación seca y la estación
lluviosa cuando llueve mucho.

[4] aún *even*

¿Comprendes?

A. Contesten. (*Answer.*)
1. ¿Qué mes es?
2. ¿Qué estación es en España?
3. ¿Adónde va la gente?
4. ¿Qué estación es en Argentina y Chile?
5. ¿Adónde va la gente?
6. En julio, ¿dónde nada la gente?
7. En julio, ¿dónde esquía la gente?

B. Contesten. (*Answer.*)
1. ¿Viven ustedes en una región de
   clima templado o de clima tropical?
2. ¿Qué tiempo hace en las varias
   estaciones donde ustedes viven?

En la selva amazónica, Tambopata, Perú

Tell all you can about the following illustration.

Vocabulario

Describing summer weather

el verano

la nube

el cielo

Hace (Hay) sol.

Hace calor.

Hace buen

  (mal) tiempo.

Llueve.

Describing the beach

el balneario

la playa

la arena

la ola

el mar

la piscina, la alberca

Identifying beach gear

el traje de baño, el bañador

la loción (crema) bronceadora

la crema protectora

los anteojos de sol

la toalla playera

el esquí acuático

la tabla hawaiana

la plancha de vela

Describing summer and beach activities

el buceo

nadar

tomar el sol

esquiar en el agua

pasar el fin de semana

Describing a tennis game

el tenis

la cancha de tenis

  (al aire libre)

la raqueta

la pelota

la red

singles

dobles

jugar (al) tenis

golpear la pelota

Describing winter weather

el invierno

la nieve

la temperatura

el grado

bajo cero

Hace frío.

Nieva.

Identifying ski gear

el esquí

la bota

el bastón

el anorak

el guante

Describing a ski resort

la estación de esquí

la ventanilla, la boletería

el boleto, el ticket

el/la esquiador(a)

la montaña

la pista

el pico

el telesquí, el telesilla

el/la experto(a)

el/la principiante

Describing winter activities

esquiar

tomar (subir en) el telesilla

bajar la pista

Other useful expressions

por encima de

a veces

hoy

ayer

esta noche

anoche

esta tarde

por la tarde

esta mañana

la semana pasada

Unidad 5

Pasatiempos y diversiones

Objetivos

In this unit, you will learn to:

- ❡❡ discuss movies, museums, and concerts
- ❡❡ relate more past actions or events
- ❡❡ talk about what doesn't happen
- ❡❡ talk about cultural activities that are popular in the Spanish-speaking world
- ❡❡ discuss a famous Spanish novel

Pero, yo quiero ver la película también.

La Calaca

Arte popular

Palabras Al cine 🎧

la taquilla, la boletería

Sesión
13:00
15:00
★19:00

la fila, la cola

la entrada, el boleto

Cine Apolo

LA CELESTINA
MENOR   2.73 CST
5:00PM   0.27 TAX
               3.00 TOT
004226   16 5

Hay una cola delante de la taquilla.
Los amigos compran sus entradas (boletos).
Van a la sesión de las siete de la tarde.

la película, el film

la pantalla

la butaca

la fila

El joven vio una película.

José salió del cine.
Perdió el autobús (la guagua, el camión).

José decidió tomar el metro.
Subió al metro en la estación Sol.
Volvió a casa en el metro.

Carolina y sus amigas decidieron no salir.
Alquilaron (Rentaron) un video en la tienda de videos.

Miraron la película en casa.

PASO 1

¿Qué palabra necesito?

1 Historieta **Al cine** Contesten. *(Answer.)*

1. ¿Decidió Felipe ir al cine?
2. ¿Compró su entrada en la taquilla?
3. ¿Fue a la sesión de las dos de la tarde?
4. ¿A qué hora salió del cine?
5. ¿Perdió el autobús?
6. ¿Volvió a casa en el metro?

En la taquilla del cine, Barcelona, España

2 ¿Cuál es la palabra? Den un sinónimo. *(Give a synonym.)*

1. la película
2. alquilar
3. el autobús
4. la boletería
5. el boleto

Buenos Aires, Argentina

Madrid, España

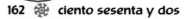

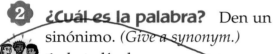

3 **Historieta** **En la taquilla** Escojan. *(Choose.)*

1. La gente hace cola delante de _____.
   a. la pantalla   **b.** la fila   **c.** la taquilla
2. Compran _____ en la taquilla.
   a. butacas   **b.** películas   **c.** entradas
3. En el cine presentan o dan _____ americana.
   a. una entrada   **b.** una película   **c.** una novela
4. Los clientes entran en el cine y toman _____.
   a. una pantalla   **b.** una entrada   **c.** una butaca
5. Proyectan la película en _____.
   a. la pantalla   **b.** la butaca   **c.** la taquilla

4 **¿Quieres ir al cine?** Work with a classmate. Make plans to go see a Spanish movie on Saturday afternoon. Discuss your plans together.

Una boletería, Buenos Aires, Argentina

5 **¿Qué película quieres ver?**
You and a friend cannot agree on which movie you want to see. Read the movie ads and try to convince each other which one you should both go to.

STAR WARS
En los créditos de Episodio I Jabba The Hutt aparece como él mismo.

Burt Reynolds iba a protagonizar originalmente a Han Solo en Star Wars pero decidió no hacerlo.

En "El Regreso del Jedi" el cuerpo de Darth Vader es actuado por David Prowse, la voz por James Earl Jones, y su cara por Shaw Sebastian.

¿SABÍAS QUE?

HORMIGUITAZ

¿SABÍAS QUE?
ANTZ

Woody Allen grabó sus diálogos de "Z" en sólo 5 días.

La canción que las hormigas están bailando en el bar es "Guantanamera".

En la última escena del Parque Central, se puede ver en el fondo una figura humana caminando por una vereda. Es un modelo computarizado del actor Martin Short (Viaje Insólito) utilizado en una película anterior.

Formas
Pretérito—verbos en -er, -ir
Talking about past actions

1. You have already learned the preterite forms of regular **-ar** verbs. Study the preterite forms of regular **-er** and **-ir** verbs. Note that they also form the preterite by dropping the infinitive ending and adding the appropriate endings to the stem. The preterite endings of regular **-er** and **-ir** verbs are the same.

infinitive	comer	volver	vivir	subir	endings
stem	com-	volv-	viv-	sub-	
yo	comí	volví	viví	subí	-í
tú	comiste	volviste	viviste	subiste	-iste
él, ella, Ud.	comió	volvió	vivió	subió	-ió
nosotros(as)	comimos	volvimos	vivimos	subimos	-imos
vosotros(as)	*comisteis*	*volvisteis*	*vivisteis*	*subisteis*	*-isteis*
ellos, ellas, Uds.	comieron	volvieron	vivieron	subieron	-ieron

2. The preterite forms of the verbs **dar** and **ver** are the same as those of regular **-er** and **-ir** verbs.

infinitive	dar	ver
yo	di	vi
tú	diste	viste
él, ella, Ud.	dio	vio
nosotros(as)	dimos	vimos
vosotros(as)	*disteis*	*visteis*
ellos, ellas, Uds.	dieron	vieron

3. Remember that the preterite is used to tell about an event that happened at a specific time in the past.

> **Ellos salieron anoche.**
> **Ayer no comí en casa. Comí en el restaurante.**
> **¿Viste una película la semana pasada?**

Un restaurante mexicano en San Isidro, Lima, Perú

¿Cómo lo digo?

6 **Historieta** **Una fiesta** Contesten. *(Answer.)*

1. ¿Dio Carlos una fiesta?
2. ¿Dio la fiesta para celebrar el cumpleaños de Teresa?
3. ¿Escribió Carlos las invitaciones?
4. ¿Recibieron las invitaciones los amigos de Teresa?
5. ¿Vio Teresa a todos sus amigos en la fiesta?
6. ¿Le dieron regalos?
7. ¿Recibió Teresa muchos regalos?
8. Durante la fiesta, ¿comieron todos?
9. ¿A qué hora salieron de la fiesta?
10. ¿Volvieron a casa muy tarde?

7 **Historieta** **En la escuela** Contesten. *(Answer about yourself.)*

1. ¿A qué hora saliste de casa esta mañana?
2. ¿Perdiste el bus escolar o no?
3. ¿Aprendiste algo nuevo en la clase de español?
4. ¿Escribiste una composición en la clase de inglés?
5. ¿Comprendiste la nueva ecuación en la clase de matemáticas?
6. ¿Viste un video en la clase de español?
7. ¿A qué hora saliste de la escuela?
8. ¿A qué hora volviste a casa?

Alumnos en San Andrés, Colombia

8 **Al cine** Sigan el modelo. *(Follow the model.)*

ir al cine ⟶
—¿Fuiste al cine?
—Sí, fui al cine.

1. ver una película americana
2. comprender la película
3. salir del cine a qué hora

4. perder el autobús
5. volver a casa en el metro
6. volver a casa un poco tarde

Un cine, Buenos Aires, Argentina

9 **Una experiencia** Work with a classmate. Present the conversation from Activity 8 in its entirety.

10 **Historieta** **Al cine y al restaurante**

Contesten. *(Answer.)*

1. ¿Salieron tú y tus amigos anoche?
2. ¿Vieron una película?
3. ¿Qué vieron?
4. ¿A qué hora salieron del cine?
5. ¿Fueron a un restaurante?
6. ¿Qué comiste?
7. Y tus amigos, ¿qué comieron?
8. ¿A qué hora volviste a casa?

Unos amigos, Caracas, Venezuela

 Historieta Ayer en la clase de español

Completen. *(Complete.)*

—¿__1__ (Aprender) tú una palabra nueva?

—¿Una? __2__ (Aprender) muchas.

—¿Les __3__ (dar) un examen el profesor?

—Sí, nos __4__ (dar) un examen.

—¿__5__ (Salir) ustedes bien en el examen?

—Pues, yo __6__ (salir) bien pero otros
     alumnos no __7__ (salir) muy bien.

—Entonces tú __8__ (recibir) una nota
     buena, ¿no?

 Ayer Work in groups of four. Find out what you all did
yesterday. Ask each other lots of questions and tabulate your
answers. What did most of you do? Use the following words.

salir   comer   ver   estudiar   mirar   nadar

escribir   volver   ir   comprar   tomar

Después de las clases, fuimos a un café de Internet, Pisco, Perú

UN POCO MÁS *For more practice using words and
forms from **Paso 1,** do Activity 9 on
page H10 at the end of this book.*

Palabras Un concierto 🎧

un estadio

la cantante

El estadio está lleno de gente.
La cantante dio un concierto.
El público oyó el concierto.

Al público le gustó mucho el concierto.
Todos aplaudieron.
La cantante recibió muchos aplausos.

Alguien está cantando.

Nadie está cantando.

Siempre dan conciertos
en el estadio.

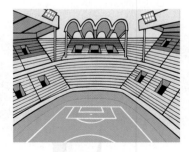

Nunca dan conciertos
en el estadio.

El cantante tiene algo
en la mano.

El cantante no tiene
nada en la mano.

En un museo

un museo

un cuadro

**una artista,
una pintora**

una estatua

**un artista,
un pintor**

La clase de la Sra. del Río visitó el museo.
Vieron una exposición de arte.

PASO 2

¿Qué palabra necesito?

1  **Un concierto** Contesten según se indica. *(Answer as indicated.)*

1. ¿Quiénes salieron anoche? (Felipe y unos amigos)
2. ¿Adónde fueron? (al estadio de fútbol)
3. ¿Vieron un partido de fútbol? (no)
4. ¿Qué oyeron? (un concierto)
5. ¿Les gustó el concierto? (sí, mucho)
6. ¿Quiénes recibieron muchos aplausos?
   (los cantantes y los músicos)

2 **¿Qué es?** Identifiquen. *(Identify.)*

1.

2.

3.

4.

5.

Frida Kahlo

3 **Historieta** **Una excursión escolar**

Contesten según se indica. (*Answer as indicated.*)

1. ¿Qué visitó la clase de la señora Romero?
   (un museo)
2. ¿Qué vieron en el museo?
   (una exposición de arte mexicano)
3. ¿Qué vieron de Diego Rivera?
   (un mural famoso)
4. ¿Vieron muchas estatuas?
   (sí, de los mayas)
5. ¿Vieron algo de Frida Kahlo?
   (sí, un cuadro muy interesante)

4 **Al contrario**

Den lo contrario. (*Give the opposite.*)

1. siempre
2. algo
3. alguien

5 **Una excursión al museo** Using the information below, tell a classmate about a recent visit you made to the Prado Museum in Madrid. Tell how you got there, what it cost to get in, and what you saw. Answer any questions your classmate may have.

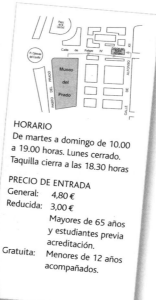

MUSEO DEL PRADO
CASON DEL BUEN RETIRO

HORARIO
De martes a domingo de 10.00 a 19.00 horas. Lunes cerrado.
Taquilla cierra a las 18.30 horas

PRECIO DE ENTRADA
General: 4,80 €
Reducida: 3,00 €
            Mayores de 65 años y estudiantes previa acreditación.
Gratuita: Menores de 12 años acompañados.

Formas

Palabras negativas
Talking about what doesn't happen

1. Study the following negative words.

Algo está en la mesa.	Nada está en la mesa.
Hay algo en la mesa.	No hay nada en la mesa.
Vi algo allí.	No vi nada allí.
Alguien está cantando.	Nadie está cantando.
Oí a alguien.	No oí a nadie.
Ellos siempre van al cine.	Ellos nunca van al cine.
	Ellos no van nunca al cine.

2. In Spanish, you can use more than one negative word in the same sentence.

Él nunca habla mal de nada ni de nadie.

Nota

The **a personal** is used with **alguien** and **nadie** when they are objects of the verb.

¿Viste a alguien?
No vi a nadie.

PASEO Y MÚSICA
PARA ESCOLARES Y FAMILIA

BANDA MUNICIPAL DE MÚSICA DE LAS PALMAS DE GRAN CANARIA

PROGRAMA

28 30 noviembre 10:30 horas
27 29 PLAZA DE SANTA ANA

**CUANDO EL VIENTO MANDA:
UN CONCIERTO DE BANDA**
Banda Municipal de Música de Las Palmas de Gran Canaria
Director **Felipe Amor Tovar**
Guion **Fernando Palacios**
Narradora **Tania Castro**

1 diciembre 12:00 horas
PLAZA DE SANTA ANA

¿Cómo lo digo?

6 **Sí y no** Contesten con **sí** y con **no**.
(Answer with sí *and* no.*)*

1. ¿Va alguien al concierto?
2. ¿Está cantando alguien?
3. ¿Hablaste con alguien del concierto?
4. ¿Quieres comer algo?
5. ¿Tienes algo en la mano?
6. ¿Vas siempre al museo?
7. ¿Siempre pierde Juan el autobús?
8. ¿Siempre tienes que ayudar a alguien con algo?

Ministerio de Educación, Cultura y Deporte
Museo Nacional del Prado

Serie P - 2   Nº 514424
Entrada 3 €

Museo del Prado, Madrid

7 **¿Nada, nunca o nadie?** Contesten con **no**.
(Answer with no.*)*

1. ¿Hay algo en tu mochila?
2. ¿Tienes algo en la mano?
3. ¿Ves a alguien en la sala?
4. ¿Hay alguien en la cocina?
5. ¿Siempre cantas?
6. ¿Siempre lees algo a alguien?
7. ¿Siempre les escribes algo a tus amigos?

PASO 2

Pretérito de **leer**, **oír**
Telling what people did

Note the forms of the verbs **leer** and **oír** in the preterite.

leer		oír	
leí	leímos	oí	oímos
leíste	*leísteis*	oíste	*oísteis*
leyó	leyeron	oyó	oyeron

Un quiosco, Madrid, España

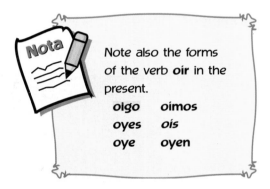

Nota

Note also the forms of the verb **oír** in the present.

oigo	oímos
oyes	oís
oye	oyen

MAMBRÚ

¿Oíste al grupo Mambrú?
Buenos Aires, Argentina

¿Cómo lo digo?

8 **Historieta** **Juan lo leyó.**

 Cambien **yo** a **Juan.** (*Change* yo *to* Juan.)

1. Yo leí el anuncio del concierto.
2. Yo lo leí en la revista *Tú*.
3. Yo oí el concierto.
4. Yo oí a Alejandro Sanz. Él cantó muy bien.

9 **¿Qué leíste?** Den el pretérito. (*Give the preterite.*)

1. Lo leo. No lo oigo.
2. Ella lo lee. No lo oye.
3. Lo leemos. No lo oímos.
4. ¿Lo lees? ¿No lo oyes?

10 **Ayer** Look at the following illustration. Tell a friend all that your sister and her friends did last weekend. Answer any questions your friend may have.

 *For more practice using words and forms from **Paso 2**, do Activity 10 on page H11 at the end of this book.*

Andas bien. ¡Adelante!

Conversación

¿Adónde fuiste?

Tadeo Hola, Magalí. Te llamé por teléfono anoche y no contestaste.

Magalí ¿A qué hora me llamaste?

Tadeo A eso de las siete.

Magalí Volví a casa a las siete.

Tadeo ¿Adónde fuiste?

Magalí Pues, fui a casa de Andrea. Alquilamos un video.

Tadeo Ah, ¿sí? ¿Qué vieron?

Magalí Vimos «Papá por siempre». A mí me gustó mucho pero a Andrea no le gustó nada.

¿Comprendes?

A. Contesten. *(Answer.)*

1. ¿A quién llamó Tadeo por teléfono?
2. ¿Contestó ella o no?
3. ¿A qué hora llamó Tadeo?
4. ¿A qué hora volvió a casa Magalí?
5. ¿Adónde fue Magalí?
6. ¿Qué alquilaron?
7. ¿Qué película vieron?
8. ¿A quién le gustó y a quién no le gustó?

B. Expresen de otra manera. *(Express another way.)*

1. Te telefoneé.
2. A las siete o un poco antes.
3. Volví un poco después de las siete.
4. Rentamos.
5. A ella no le gustó en absoluto.

Pronunciación

La **h**, la **y**, la **ll**

The **h** in Spanish is silent. It is never pronounced. Repeat the following.

hijo	**hotel**	**higiénico**	**hola**
hermano	**hace**	**hostal**	**hospital**

Y in Spanish can be either a vowel or a consonant. As a vowel, it is pronounced exactly the same as the vowel **i**. Repeat the following.

> **el hijo y el hermano**
> **el hotel y el hospital**

Y is a consonant when it begins a word or a syllable. As a consonant, **y** is pronounced similarly to the *y* in the English word *yo-yo*. This sound has several variations throughout the Spanish-speaking world. Repeat the following.

ya	**desayuno**	**ayuda**	**playa**
yo	**oye**	**leyó**	

The **ll** is pronounced as a single consonant in Spanish. In many areas of the Spanish-speaking world, it is pronounced the same as the **y**. It too has several variations. Repeat the following.

llama	**botella**	**taquilla**	**toalla**	**lleva**
llega	**pastilla**	**pantalla**	**lluvia**	**lleno**

Trabalenguas

Repeat the following.

> **La hermana habla hoy con su hermano en el hotel.**
> **Está lloviendo cuando ella llega a la calle Hidalgo.**
> **El hombre lleva una botella de agua a la playa hermosa.**
> **Él no lo oyó; lo leyó en la pantalla.**

Refrán

Can you guess what the following proverb means?

Cuando el gato no está, los ratones bailan.

PASO 3

Cultura y lectura
Un viernes por la noche

Antonio vive en Aravaca, en las afueras de Madrid. El viernes por la noche los padres de Antonio le dieron permiso para invitar a algunos amigos a su casa. Antonio invitó a algunos amigos muy buenos. Su madre llamó a una pizzería. La pizzería entregó[1] tres pizzas de tomate, queso y salchicha. A todos les gustó la pizza y comieron muy bien.

Después de comer y antes de ver un video, los jóvenes empezaron a hablar un poco de una novela que leyeron en su clase de español. La novela les interesó mucho y no pueden decidir si el protagonista de la novela es una persona mala o no.

Leyeron una parte o un trozo de la famosa novela española *Lazarillo de Tormes*. No sabemos quién escribió la novela. La escribió un autor anónimo en 1554. Es la historia de un muchacho pobre de origen muy humilde—un pícaro. Es Lazarillo.

Lazarillo es de Salamanca. Su madre viuda[2] trabajó en una venta, un tipo de hotel humilde. Un día, un ciego[3] llegó a la venta y la pobre madre dio a su hijo al ciego.

Lazarillo salió de la venta con el ciego.

Lazarillo aprendió muy pronto a no tener confianza[4] en el ciego. Un hombre bastante cruel, el ciego lo trató muy mal.

Un día, el ciego decidió tomar un poco de vino de su jarro. Lazarillo metió una paja[5] en el jarro y él también bebió. En muy poco tiempo no hay más vino.

—Lazarillo, ¿tú también bebiste?

—No, señor. Yo no bebí nada.

—Yo sé que bebiste porque yo no bebí mucho y ahora no hay más vino. Si no lo bebiste tú, ¿quién lo bebió?

[1] entregó *delivered*
[2] viuda *widowed*
[3] ciego *blind man*
[4] no tener confianza en *not to trust*
[5] paja *straw*

Biblioteca, Universidad de Salamanca, España

El ciego tomó el jarro y lo rompió[6] sobre la cabeza de Lazarillo.

Otro día, los dos pasaron por un pueblo pequeño. Alguien le dio al ciego un racimo de uvas[7]. Habla el ciego:

—Lazarillo, yo voy a comer una uva. Cada vez que yo como una, tú también puedes comer una. ¿Me prometes comer solamente una?

—Sí, señor. Prometo comer solamente una.

El ciego tomó el racimo. Empezó a comer. Y, ¿cuántas uvas comió? ¿Una? No, comió dos.

Luego le dio el racimo a Lazarillo. Lazarillo tomó el racimo y él también empezó a comer. Y, ¿cuántas uvas comió? ¿Una? No. ¿Dos? No. Él comió tres.

—Lazarillo, yo sé que tú no comiste solamente una uva. Tú comiste tres.

—No, señor. Comí solamente una.

—Lazarillo. No es verdad. Yo sé que comiste tres porque yo comí dos y tú no dijiste[8] nada. Tú rompiste nuestra promesa.

—Pues, sí, señor. Es verdad que yo rompí nuestra promesa pero usted la rompió primero porque usted comió dos, no solamente una.

Un puente sobre el río Tormes. Salamanca

Los amigos de Antonio están decidiendo si Lazarillo es un muchacho malo o si está haciendo lo que tiene que hacer para poder existir. ¡A ver! ¿Qué opinión tienen ustedes?

[6] rompió *broke*

[7] racimo de uvas *bunch of grapes*

[8] dijiste *said*

¿Comprendes?

A. Contesten. (*Answer.*)
1. ¿Cuál es el título de la novela?
2. ¿Quién la escribió?
3. ¿Quién es el protagonista?
4. ¿De dónde es Lazarillo?
5. ¿Dónde trabajó su madre?
6. ¿Dio la madre a su hijo al ciego?
7. ¿Qué tipo de hombre es el ciego?

B. Expliquen en inglés.
(*Explain in English.*)
1. ¿Por qué rompió el ciego el jarro sobre la cabeza de Lazarillo?
2. ¿Por qué sabe el ciego que Lazarillo comió tres uvas y no solamente una?

C. ¿Cuál es tu conclusión? ¿Es Lazarillo un muchacho malo o está haciendo lo que tiene que hacer para existir?

Repaso

1. In this unit, I learned the preterite of regular **-er** and **-ir** verbs.

	comer		escribir
comí	comimos	escribí	escribimos
comiste	*comisteis*	escribiste	*escribisteis*
comió	comieron	escribió	escribieron

2. The verbs **dar** and **ver** have the same endings as an **-er** and **-ir** verb in the preterite.

	dar		ver
di	dimos	vi	vimos
diste	*disteis*	viste	*visteis*
dio	dieron	vio	vieron

3. The verbs **leer** and **oír** have a change in the **él** and **ellos** forms.

él, ella, Ud.	leyó	oyó
ellos, ellas, Uds.	leyeron	oyeron

4. Important negative words are:

Affirmative	Negative
algo	nada
alguien	nadie
siempre	nunca

Él nunca le dio nada a nadie.
Ella no compró nada en la tienda.

Plaza Mayor, Salamanca, España

¡Pongo todo junto!

1 Ayer Escriban en el pretérito. *(Write in the preterite.)*

1. Yo como mucho.
2. Él no bebe mucho.
3. Aprendemos mucho en la clase de español.
4. ¿Ves el cuadro?
5. Ellos dan una fiesta.
6. Él la escribe.
7. Ellos viven en Salamanca.
8. Yo subo la montaña en el telesilla.
9. ¿Tú recibes el premio?
10. Salimos a las ocho de la mañana.

ISABEL ALLENDE,
La ciudad de las bestias.

14,90€

Álex se resiste a residir temporalmente en Nueva York con su peculiar abuela. Ella le tiene reservada una expedición a la selva amazónica. Objetivo: encontrar a una criatura misteriosa. Isabel Allende nos transporta a un mundo de escenarios naturales, infundiéndonos la necesidad de preservar la naturaleza.

2 Hoy y ayer Completen.
(Complete in the present and preterite.)

1. Él _____ las novelas de Isabel Allende. (leer)
2. Nosotros las _____ también. (leer)
3. Ellas _____ el concierto. (oír)
4. Pero yo no lo _____. (oír)

3 No, nunca. Cambien en la forma negativa.
(Change to the negative form.)

1. Él siempre está hablando con alguien.
2. Alguien está en la puerta.
3. Yo vi algo allí en la mesa.
4. Él leyó algo sobre el problema.
5. Ellos siempre comen pizza.
6. ¿Llamaste a alguien por teléfono?

Un concierto al aire libre, Las Palmas, Gran Canaria, España

¡Te toca a ti!

Hablar

 1 **¿Por qué volviste tan tarde?**

 ✓ *Tell what you did*

You got home really late last night. One of your parents (your partner) wants to know why. He or she will ask a lot of questions. You'd better have some good answers.

Hablar

2 **Diversiones**

 ✓ *Talk about leisure time activities*

Work with a classmate. Pretend you're on vacation in Spain. You meet a Spaniard your own age who is interested in knowing what you do in your free time—**cuando tienes tiempo libre.** Tell him or her about all your leisure activities. Then your partner will tell what he or she does.

Pantalla en un hipermercado,
Estepona, España

Hablar

3 **Al cine o un video en casa**

✓ *Talk about going to the movies or seeing a film*

Work with a classmate. Discuss whether or not you like movies. Do you watch them often? Do you prefer to go to the movies or rent a video and watch it at home?

182 ✿ *ciento ochenta y dos*   **Unidad 5: Pasatiempos y diversiones**

Escribir

4 Un anuncio

✓ *Advertise an event*

Prepare a poster in Spanish for a cultural event at your school. It can be a school play, a concert, an exhibit of a student's artwork, etc.

Writing Strategy

Persuasive writing Persuasive writing is writing that encourages a reader to do something or to accept an idea. Newspaper and magazine advertisements, as well as certain articles, are examples of persuasive writing. As you write, present a logical argument to encourage others to follow your line of thinking. Your writing should contain sufficient evidence to persuade readers to "buy into" what you are presenting. Explain how your evidence supports your argument; end by restating your argument.

Escribir

5 Un reportaje

Your local newspaper has asked you to write an article to attract Spanish-speaking readers to a cultural event that is taking place in your hometown. You can write about a real or fictitious event.

You have seen the event and you really liked it. Tell why you liked the event as you try to convince or persuade your readers to go see it.

La Ópera, España

Assessment

¿Estoy listo(a)?

Palabras

1 Escojan. *(Choose.)*

1. Presentan o dan una película en _____.
   a. el cine   **b.** la taquilla   **c.** una tienda de videos
2. Para ir al cine, es necesario comprar _____.
   a. una fila   **b.** una entrada   **c.** un film
3. Ellos van a _____ de las siete de la tarde.
   a. la película   **b.** la taquilla   **c.** la sesión
4. Proyectan la película en _____.
   a. la pantalla   **b.** la butaca   **c.** la fila
5. En cada fila de un cine hay _____.
   a. taquillas   **b.** colas   **c.** butacas
6. Juan tomó el metro porque _____ el autobús.
   a. subió   **b.** perdió   **c.** vio

To review words from **Paso 1,** turn to pages 160–161.

2 Identifiquen. *(Identify.)*

To review words from **Paso 2,** turn to pages 168–169.

7.

8.

9.

10.

Formas

3 Completen con el pretérito. *(Complete in the preterite.)*

11. Yo _____ una película muy buena. (ver)
12. Él público _____ mucho. (aplaudir)
13. Nosotros _____ ir al concierto. (decidir)
14. Los cantantes _____ muchos aplausos. (recibir)
15. ¿A qué hora _____ tú del estadio? (salir)
16. ¿Quién _____ el autobús? (perder)
17. Teresa _____ el concierto y le gustó mucho. (oír)
18. Ellos _____ la novela «Lazarillo de Tormes». (leer)

To review the preterite of *-er* and *-ir* verbs, turn to pages 164 and 174.

4 Den la forma negativa. *(Give the negative form.)*

19. Él tiene algo en la mano.
20. Ellos van siempre.
21. Alguien me llamó por teléfono.
22. Él siempre hace algo.

To review negative words, turn to page 172.

Cultura

5 Identifiquen. *(Identify.)*

23. el título de una novela española
24. donde trabajó la madre del joven pobre
25. el número de uvas que comió el joven

To review this cultural information, turn to pages 178–179.

PASO 4

Diversiones

Canta con Justo
Es tiempo de celebrar

Vier-nes por la no - che, hay que ce - le - brar. El fin de se - ma-na va a em-pe-zar. U-nos van al ci - ne, o-tros a bai-lar. en to-do lu - gar tú pue-des ce - leb-rar.___ La gen-te en las ca - lles sa - le a can - tar mú-si-ca la - ti - na sin pa - rar Y si tu es-tás tris-te no lo du - des más y vi - ve la a - le - grí - a y co - mien - za a dan - zar.

Si vas a un concierto
tienes que aplaudir
y con el público saltar.

Unos van al cine,
otros a bailar.
En todo lugar
tú puedes celebrar.

La gente en las calles
sale a cantar
música latina
sin parar.
Y si tú estás triste,
no lo dudes más y
vive la alegría
y comienza a danzar.

baila, canta, salta,
baila, canta, salta sin parar

 # Manos a la obra

1. **Lazarillo** Draw a picture of Lazarillo de Tormes. Give a description of your Lazarillo.

2. **Una tira cómica** Make your own comic strip depicting the story of Lazarillo de Tormes.

Teatro

Have a class talent show in Spanish. Some things you can do are:

present a short piece on a musical instrument you play

do a pantomime

recite a short Spanish poem

show a drawing or painting you have done

sing a song in Spanish

Rompecabezas

El intruso Choose the word in each group that does not belong.

1. el autobús	la taquilla	la guagua	el camión
2. el museo	el concierto	la cantante	los aplausos
3. nada	ayer	nunca	nadie
4. la película	el pintor	el cuadro	la estatua
5. bailar	la música	el cuadro	cantar
6. el taxi	el metro	el carro	la entrada

Rompecabezas

Can you figure out what all the following movie titles are in English? Most of them are movies that you should be familiar with.

Novia fugitiva

Bella y La Bestia

Alicia en el País de las Maravillas

20,000 Leguas de Viaje Submarino

Blanca Nieves

Quédate a Mi Lado

La Gran Estafa

La Ciudadela de los Robinson

La Boda de Mi Mejor Amigo

Juguetes

La Cenicienta

Magnolias de Acero

101 Dalmatas

Entrevista

¿Te gusta la música?

¿Qué música te gusta más—la música
popular o la música clásica?

¿Cantas?

¿Tienes una voz bonita?

¿Sabes tocar un instrumento musical?

¿Qué tocas?

PLEGABLES™
Study Organizer

Diversiones favoritas Use this *project board with tabs* to display a visual
about your favorite movie or video. Be sure to make it as attractive as possible
to help convince others to see it.

Step 1 **Draw** a large illustration, a series
of small illustrations, or write on
the front of a sheet of paper.

Step 2 **Pinch** and slightly fold the sheet of paper
at the point where a tab is desired on the
illustrated piece of paper.
Cut into the paper
on the fold. Cut
straight in, then cut
up to form an "L."
When the paper is
unfolded, it will form a
tab with the illustration
on the front.

Step 3 After all tabs have been cut, glue
this front sheet onto a second
sheet of paper. Place glue around
all four edges and in the middle,
away from tabs.

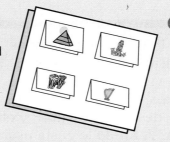

Step 4 **Write** or draw under
the tabs. If the
project is made as a
bulletin board using
butcher paper, tape
or glue smaller
sheets of paper
under the tabs.

Think of favorite scenes from a movie or cultural event that you enjoyed and
draw them on the front of the tabs. Underneath the tabs write a description
of the scene or tell why you liked that part of the movie. It might be fun to
not put a title on the project board and just hang it up and let classmates
guess the name of the movie you are describing.

Más cultura y lectura

Artistas hispanos

Hay muchos artistas españoles y latinoamericanos que son muy famosos.

▲ Joan Miró (1893–1983)   Joan Miró es un artista español moderno. Es un pintor surrealista. Los sueños[2], la fantasía y la subconciencia inspiran a los artistas surrealistas. Aquí vemos *el Carnaval de Harlequín* de Miró. ¿Te gusta el cuadro o no? ¿Te gustan los colores? ¿Es lógico el cuadro?

▲ Francisco de Goya (1746–1828)   Un pintor famoso de España es Francisco de Goya. Aquí vemos su cuadro *La marquesa de Pantojas*. Vemos a la señora elegante en un parque. El pintor pinta el traje de la marquesa con mucho detalle. ¿Qué opinas del porte[1] de la marquesa? ¿Es natural o no? ¿Qué expresión tiene la marquesa? ¿Tiene una expresión triste o contenta? O, ¿nos mira sin expresión?

◢ Frida Kahlo (1910–1954)   Frida Kahlo es también una artista surrealista. Ella es de Coyoacán, México. La vida de Frida Kahlo es una vida bastante triste. Aquí vemos uno de sus autorretratos. ¿Puedes ver la tristeza[3] y el sufrimiento en su cara? A Kahlo le gusta usar muchos colores. ¿Qué colores ves en este cuadro?

[1] porte *poise*
[2] sueños *dreams*
[3] tristeza *sadness*

◀ José Clemente Orozco (1883–1949) José Clemente Orozco es uno de los tres muralistas mexicanos famosos. Sus murales tienen motivos políticos y son muy emocionantes. Aquí vemos el cuadro *Zapatistas*. Los zapatistas son los peones o campesinos pobres que tienen como líder Emiliano Zapata durante la Revolución mexicana. En el cuadro los peones caminan (van a pie) de una manera pausada y laboriosa. La inclinación de los cuerpos y la representación de los sombreros y sarapes dan la impresión de una marcha determinada. Van a derrocar[4] a sus opresores.

[4] derrocar *bring down*

¿Comprendes?

A. Contesten. *(Answer.)*
   1. ¿Quiénes son dos artistas famosos de España?
   2. ¿Quiénes son dos artistas famosos de México?
   3. ¿Quiénes son dos artistas surrealistas?
   4. ¿Quién pinta murales con motivos políticos?
   5. ¿Quién pinta a personas de la familia real española?
   6. ¿Quién pinta autorretratos?
   7. ¿Qué inspira a los artistas surrealistas?
   8. En el mural *Zapatistas*, ¿qué da la impresión de una marcha determinada?

B. Descripciones Describan. *(Describe.)*
   1. a la marquesa de Pantojas
   2. a Frida Kahlo
   3. a los zapatistas

C. Análisis De todos los cuadros que ves aquí, ¿cuál te gusta más? ¿Hay uno que no te gusta? ¿Por qué?

Más cultura y lectura

Cantantes hispanos

Dos cantantes latinos que llenan[1] los estadios cuando dan un concierto son Ricky Martin y Plácido Domingo. Los dos son muy populares pero hay muchas diferencias entre estos dos personajes. Ricky Martin es muy joven. Plácido Domingo es un señor mayor. Ricky Martin canta canciones populares y Plácido Domingo canta ópera. Pero cada uno puede llenar de aficionados[2] un gran estadio.

▶Ricky Martin nace en la Víspera del Año Nuevo[3] de 1971 en San Juan, Puerto Rico. Sus padres se divorcian cuando él tiene sólo dos años. Desde muy pequeño, a Ricky le gusta mucho estar delante de un público. Contra[4] los deseos de sus padres, él decide cantar con el popular grupo juvenil de los 80, Menudo.

En 1989 Ricky deja a Menudo y va a vivir en Nueva York. Está muy confundido porque no sabe si quiere ser cantante o carpintero. Pero un año más tarde, va a México para trabajar en películas y en el teatro. Poco después, va a Hollywood.

En 1996, a los 25 años, vuelve a Nueva York donde actúa en el espectáculo fabuloso de Broadway, *Les Miserables*. Pero Ricky sigue[5] cantando. Su álbum *Vuelve* vendió en los millones. Hoy es uno de los artistas latinos de mayor venta[6]. Cuando Ricky da un concierto, el teatro o el estadio está siempre lleno de aficionados.

[1] llenan *fill*

[2] aficionados *fans*

[3] Víspera del Año Nuevo *New Year's Eve*

[4] Contra *Against*

[5] sigue *continues*

[6] de mayor venta *with the greatest sales*

▲ Plácido Domingo nace en Madrid en 1941. Sus padres también son cantantes. A Plácido le gustó la música y estudió el piano.

Cuando Plácido tiene sólo ocho años su familia va a vivir en México. En México sus padres fundan una compañía de ópera. El joven Plácido estudia en el famoso Conservatorio Nacional de Música en la Ciudad de México. Aprende a cantar ópera.

Hace su début cuando tiene sólo veinte años. Canta el papel de Alfredo en la ópera *La Traviata* de Verdi. Plácido Domingo sigue cantando en todos los grandes teatros de ópera del mundo. En 2001 es Plácido Domingo que canta la *Ave María* en la ceremonia en el estadio Yankee en memoria de las víctimas del 11 de septiembre.

¿Comprendes?

A. Contesten.

1. ¿Dónde y cuándo nace Ricky Martin?
2. ¿Con qué grupo cantó?
3. ¿Adónde va a vivir cuando deja al grupo Menudo?
4. ¿En qué espectáculo de Broadway actuó?
5. Pero, ¿qué sigue haciendo siempre?
6. ¿Qué pasa cuando Ricky da un concierto?

B. Completen.

1. _____ nace en Madrid en 1941.
2. Sus padres son _____.
3. Cuando Plácido tiene sólo _____ años su familia va a vivir _____.
4. En el Conservatorio Nacional de Música en la Ciudad de México, Plácido aprende a cantar _____.
5. Plácido Domingo sigue cantando en _____.

C. Expliquen.

¿Qué tienen en común Ricky Martin y Plácido Domingo?

Conexiones
La música

La música latina

Music is, and has been, a very integral part of the daily lives of people. Music played an important role in even the most primitive cultures. Can you imagine the world today without music?

The language of music has many cognates. Let's take a look at some of them.

la danza

el coro

la ópera

la orquesta

la banda

In addition, the names of many musical instruments are cognates.

el piano, el órgano, el violín, la viola, la guitarra, la trompeta, el clarinete, el saxofón, la flauta, el trombón

Each culture has its own type of music. The music of Latin America is extremely popular today.

La música latina

En las islas hispanas de las Antillas, Cuba, Puerto Rico y la República Dominicana, hay muchas influencias africanas en la música. Hay también una relación íntima entre el canto (la canción) y la danza (el baile). La salsa y el merengue son canciones y bailes.

Un instrumento muy popular entre los indios andinos es la flauta. El yaraví es una canción popular. En quechua, una lengua[1] de los indios andinos, la palabra «yaraví» significa **lamento.** Es una canción triste. A veces cantan un yaraví. A veces sólo lo tocan en la flauta. No cantan.

Un niño quechua tocando la flauta, Perú

Tocando la marimba, Antigua, Guatemala

Un instrumento popular de los indígenas de Guatemala es la marimba. Hay orquestas de marimba que van de un pueblo a otro para tocar en las fiestas locales.

La banda mariachi es un pequeño grupo de músicos ambulantes. Tocan guitarras, violines y trompetas. La música mariachi tiene su origen en Guadalajara, México, en el estado de Jalisco.

[1] lengua *language*

¿Comprendes?

¿Qué música te gusta? Listen to samples of the various types of Latin music on the CD program. Decide which are your favorites.

Un grupo mariachi, Xochimilco, México

¡Hablo como un pro!

Tell all you can about the following illustration.

Vocabulario

Discussing a movie theater

el cine

la taquilla, la boletería

la entrada, el boleto

la sesión

la cola

la butaca

la fila

la pantalla

la película, el film

Describing a museum visit

el museo

la exposición

el cuadro

la estatua

el/la artista

Describing a concert

el concierto

el estadio

el/la cantante

cantar

el público

la gente

lleno(a) de

Describing cultural events and activities

dar un concierto

oír un concierto

ver una película

aplaudir

el aplauso

recibir aplausos

alquilar, rentar un video

la tienda de videos

Other useful expressions

nadie

nunca

nada

alguien

siempre

algo

el/la joven

visitar

decidir

delante de

perder el autobús

  (la guagua, el camión)

la estación del metro

6

La rutina y el camping

Objetivos

In this unit, you will learn to:

- describe your personal grooming habits
- talk about your daily routine
- tell some things you do for yourself
- talk about a camping trip

Más despacio, por favor.

Palabras La rutina

¡Hola!
Me llamo José.
¿Y tú? ¿Cómo
te llamas?

El muchacho se
llama José.

José se acuesta.
Se acuesta a las diez y media de la noche.
Él se duerme enseguida.

El muchacho se lava el pelo.
Toma una ducha.

La muchacha se despierta temprano.
Se levanta enseguida.

La muchacha se lava
la cara.

El muchacho se baña.

La muchacha se cepilla
(se lava) los dientes.

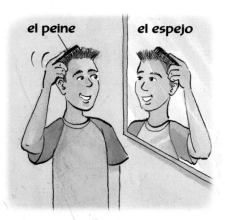

El peine · el espejo

El muchacho se peina.
Se mira en el espejo cuando
se peina.

Ella se pone la ropa.

La muchacha se sienta a la mesa.
Toma el desayuno.
Se desayuna.

el cereal

pan tostado

un vaso de jugo
de naranja

¿Qué palabra necesito?

1 ¿Qué hace el muchacho o la muchacha?
Describan. *(Describe.)*

1.

2.

3.

4.

5.

6.

2 **Historieta** Un día en la vida de...

Contesten según se indica. *(Answer as indicated.)*

1. ¿Cómo se llama el joven? (Paco)
2. ¿A qué hora se despierta? (a las seis y media)
3. ¿Cuándo se levanta? (enseguida)
4. ¿Adónde va? (al cuarto de baño)
5. ¿Qué hace? (se lava la cara y se cepilla los dientes)
6. Luego, ¿adónde va? (a la cocina)
7. ¿Se sienta a la mesa? (sí)
8. ¿Qué toma? (el desayuno)

3 **Entrevista** Contesten. *(Answer about yourself.)*

1. ¿Cómo te llamas?
2. ¿Dónde vives?
3. ¿A qué hora tomas el desayuno?
4. ¿Tomas el desayuno en el comedor o en la cocina?
5. ¿Te gusta tomar un desayuno grande?
6. ¿Comes huevos, jamón y pan tostado en el desayuno?
7. ¿Qué comes en el desayuno?
8. ¿Te gustan los cereales?

4 **Juego** **Cada día** ¿Sí o no? *(True or false?)*

1. El joven se acuesta por la mañana.
2. Se cepilla la cara.
3. Se lava la cara.
4. Se duerme cuando se levanta.
5. Se despierta y luego se acuesta.
6. Se despierta y luego se levanta.
7. Se desayuna y después se acuesta.
8. Come y luego se cepilla los dientes.

Una señora con su perro.
Casares, España

5 **La rutina** Work with a classmate. Each of you will choose one family member and tell each other about that person's daily activities.

mi papá   mi prima   mi gato

mi mamá

mi hermana

mi hermano   mi primo

mi perro

6 **Rompecabezas**

Palabras nuevas Change one letter in each word or add a letter to form a new word.

1. casa
2. mucha
3. noche
4. sopa
5. paso
6. año

Formas

Verbos reflexivos
Telling what people do for themselves

1. Read the following sentences as you look at the illustrations.

María baña al bebé.

María se baña.

José lava el carro.

José se lava.

Elena cepilla al perro.

Elena se cepilla.

Pablo mira a su amigo.

Pablo se mira en el espejo.

In the sentences to the left one person performs the action and another person or thing receives the action. In the sentences to the right the same person performs and receives the action of the verb. For this reason the pronoun **se** must be used. **Se** is called a *reflexive pronoun* because it refers back to the subject—**María, José.**

2. Study the forms of a reflexive verb.

infinitive	lavarse	levantarse
yo	me lavo	me levanto
tú	te lavas	te levantas
él, ella, Ud.	se lava	se levanta
nosotros(as)	nos lavamos	nos levantamos
vosotros(as)	*os laváis*	*os levantáis*
ellos, ellas ,Uds.	se lavan	se levantan

3. In the negative form, **no** is placed before the reflexive pronoun.

> **¿No te lavas las manos?**
> **La familia Martínez no se desayuna en el comedor.**

4. In Spanish when you refer to parts of the body and articles of clothing, you often use the definite article, not the possessive adjective.

> **Me lavo la cara.**
> **Ella se cepilla los dientes.**

La familia lava a su mascota en una gasolinera.
Estepona, España

PASO 1

¿Cómo lo digo?

7 *Historieta* **Antonio** Contesten. *(Answer.)*

1. ¿A qué hora se levanta Antonio?
2. ¿Se baña por la mañana o por la noche?
3. ¿Se desayuna en casa?
4. ¿Se lava los dientes después del desayuno?
5. ¿Se pone una chaqueta si sale cuando hace frío?

Los alumnos se levantan temprano. Quito. Ecuador

8 **Mi rutina** Contesten. *(Answer about yourself.)*

1. ¿A qué hora te levantas? ¿Y a qué hora te levantaste esta mañana?
2. ¿Te bañas por la mañana o tomas una ducha? Y esta mañana, ¿te bañaste o tomaste una ducha?
3. ¿Te cepillas los dientes con frecuencia? ¿Cuántas veces te cepillaste los dientes hoy?
4. ¿Te desayunas en casa o en la escuela? Y esta mañana, ¿dónde te desayunaste?
5. ¿Te peinas con frecuencia? ¿Te miras en el espejo cuando te peinas? ¿Cuántas veces te peinaste hoy?

9 **¿Qué haces?** Sigan el modelo. *(Follow the model.)*

—¿Te cepillas? →
—Sí, me cepillo.

1.

2.

3.

4.

10 **¿Y ustedes?** Sigan el modelo. *(Follow the model.)*

Ellos se levantan a las siete. →
—Ah, sí. ¿Y a qué hora se levantan ustedes?
—Nos levantamos a las siete también.

1. Ellos se levantan a las seis y media.
2. Ellos se bañan a las siete menos cuarto.
3. Ellos se desayunan a las siete y media.

11 Nombres Contesten. *(Answer.)*

1. ¿Cómo te llamas?
2. Y tu hermano(a), ¿cómo se llama?
3. ¿Cómo se llama tu profesor(a) de español?
4. ¿Y cómo se llaman tus abuelos?
5. Una vez más, ¿cómo te llamas?

12 ¿Qué hacen todos? Completen según las fotos.
(Answer based on the photos.)

1. Yo
   Él
   Tú
   Usted

2. Nosotros
   Ellos
   Ustedes
   Él y yo

13 Juego Me pongo... Describe some clothing you're putting on.
A classmate will guess where you're going and what you're going to do.

UN POCO MÁS *For more practice using words and forms from **Paso 1**, do Activity 11 on page H12 at the end of this book.*

Palabras El camping 🎧

un camping　　　　　　　**una caravana**

La familia Sánchez va de camping.
Lo están pasando muy bien. Se divierten.

una tienda de campaña, una carpa

Los jóvenes arman una tienda
de campaña.

Todos comen en una mesa plegable.

un saco de dormir

Los jóvenes se acuestan en
la carpa.
Duermen en un saco de dormir.

Los amigos dan una caminata.
Dan una caminata por un parque nacional.

¿Qué llevan en su mochila?

una botella de agua mineral

el champú

un cepillo

un cepillo de dientes

un tubo de pasta (crema) dentífrica

una barra (una pastilla) de jabón

un rollo de papel higiénico

PASO 2

¿Qué palabra necesito?

1 **¿Qué pierde Paco de la mochila?** Identifiquen.
(Tell what is falling out of Paco's backpack.)

Los amigos dan una caminata.
Cataluña, España

2 **Historieta** **De camping**

Contesten con **sí.** *(Answer with yes.)*

1. ¿Va de camping la familia Iglesias?
2. ¿Tienen una caravana?
3. ¿Arman los jóvenes una tienda de campaña al lado de la caravana?
4. ¿Preparan la comida en una barbacoa?
5. ¿Comen en una mesa plegable con sillas plegables?
6. ¿Se divierten todos?
7. ¿Dan una caminata?
8. ¿Duermen los jóvenes en un saco de dormir?

radio de baño

Empieza el día
con ritmo

2.400
pesos

3 **En el cuarto de baño**

Completen. (*Complete.*)

1. El muchacho va a tomar una ducha.
   Necesita _____.
2. Su hermana quiere peinarse. Pero,
   ¿dónde está _____?
3. Joselito quiere lavarse los dientes. ¿Dónde
   están _____ y _____?
4. No hay más pasta dentífrica. Tiene que
   comprar otro _____.
5. No hay más jabón. Tiene que comprar
   otra _____.
6. Se lava el pelo con un _____ especial.

4 **En la farmacia** Work with a classmate. One of you
is the clerk in a drugstore. The other is a client. Have
a conversation about buying the following items.

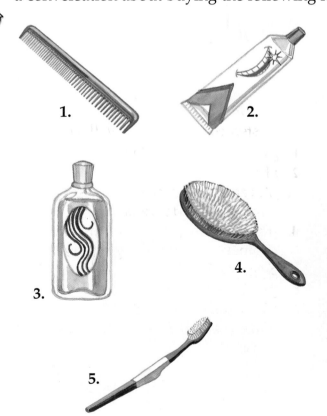

1.

2.

3.

4.

5.

Una farmacia, Las Palmas, Gran Canaria

PASO 2

Formas
Verbos reflexivos de cambio radical
Telling what people do for themselves

1. The reflexive verbs **acostarse (o ⟶ ue)**, **dormirse (o ⟶ ue)**, **sentarse (e ⟶ ie)**, and **divertirse (e ⟶ ie)** are stem-changing verbs.

infinitive	acostarse	divertirse
yo	me acuesto	me divierto
tú	te acuestas	te diviertes
él, ella, Ud.	se acuesta	se divierte
nosotros(as)	nos acostamos	nos divertimos
vosotros(as)	os acostáis	os divertís
ellos, ellas, Uds.	se acuestan	se divierten

2. Many verbs in Spanish can be used with a reflexive pronoun. Often the reflexive pronoun gives a different meaning to the verb. Study the following examples.

María pone la blusa en la mochila.	*Mary puts the blouse in the backpack.*
María se pone la blusa.	*Mary puts on her blouse.*
María duerme ocho horas.	*Mary sleeps eight hours.*
María se duerme enseguida.	*Mary falls asleep immediately.*
María llama a Carlos.	*Mary calls Carlos.*
Ella se llama María.	*She calls herself Mary. (Her name is Mary.)*
María divierte a sus amigos.	*Mary amuses her friends.*
María se divierte.	*Mary amuses herself. (Mary has a good time.)*

¿Cómo lo digo?

5 **¿Cómo lo haces tú?** Contesten. *(Answer about yourself.)*

1. ¿Duermes en una cama o en un saco de dormir?
2. Cuando te acuestas, ¿te duermes enseguida?
3. Y cuando te despiertas, ¿te levantas enseguida?
4. ¿Te sientas a la mesa para tomar el desayuno?
5. ¿Te diviertes en la escuela?

Una playa, Huanchaco, Perú

6 **Historieta** **¡A la playa!** Completen. *(Complete.)*

1. María _____ su traje de baño en su mochila. Cuando llega a la playa _____ el traje de baño.
2. En la playa María ve a un amigo. Ella _____ a su amigo. Su amigo _____ Luis.
3. María y sus amigos lo pasan muy bien en la playa. Ellos _____ mucho y como María es un tipo tan cómico ella también _____ mucho a sus amigos.
4. Después de pasar el día en la playa, María está muy cansada. Cuando ella se acuesta, _____ enseguida y _____ más de ocho horas.

7 **Historieta** **Duermo ocho horas.** Completen. *(Complete.)*

Cuando yo __1__ (acostarse), yo __2__ (dormirse) enseguida. Cada noche yo __3__ (dormir) ocho horas. Yo __4__ (acostarse) a las once y __5__ (levantarse) a las siete de la mañana. Cuando yo __6__ (despertarse), __7__ (levantarse) enseguida. Pero cuando mi hermana __8__ (despertarse), ella no __9__ (levantarse) enseguida. Y mi hermano, cuando él __10__ (acostarse), no __11__ (dormirse) enseguida. Él pasa horas escuchando música en la cama. Así él __12__ (dormir) solamente unas seis horas.

8 **El camping** Work with a classmate. You and your family spent a week camping in Chile. Tell all about it—what you did to prepare for the trip, the plane trip there, renting equipment, and what you did once you got there. Answer any questions your classmate may have.

De camping en Arica, Chile

9 **Una conversación** **Tú y yo**
Work with a classmate. Talk together sharing information about what you usually do when you return home after school. Are your routines somewhat the same?

10 **Manos a la obra**

¿Se divierten o no? Draw some sketches of people doing things you can say in Spanish. Then tell what they're doing. Are they enjoying themselves or not?

11 **Rompecabezas**

Cada uno en su sitio Indicate where each of the following might be found. **¡Cuidado!** Some may belong in more than one category.

un libro   el saco de dormir   el champú   el cepillo

el perro   el espejo   la ropa

la carpa   la cama   una barra de jabón   la mesa plegable

En el camping	En el cuarto de baño	En el cuarto de dormir	En una mochila
_____	_____	_____	_____
_____	_____	_____	_____

UN POCO MÁS *For more practice using words and forms from Paso 2, do Activity 12 on page H13 at the end of this book.*

Andas bien. ¡Adelante!

Conversación

¿A qué hora te despertaste? 🔄 🎧

Paco Ana, ¿a qué hora te despertaste esta mañana?

Ana Esta mañana me levanté un poco tarde.

Paco ¿Te levantaste tarde? ¿Por qué?

Ana Porque anoche me acosté muy tarde.

Paco ¿Por qué te acostaste tan tarde? ¿Saliste?

Ana No, no salí. Pasé la noche estudiando. Hoy tengo un examen de matemáticas. Estudié hasta la medianoche.

Paco ¿Estudiaste hasta la medianoche?

Ana Sí, y por lo general me despierto a las seis pero esta mañana no me desperté hasta las seis y media.

Paco ¿Llegaste tarde a la escuela?

Ana No, afortunadamente llegué a tiempo porque la clase de matemáticas es mi primera clase.

¿Comprendes?

Contesten. *(Answer.)*

1. ¿Cuándo se despertó Ana esta mañana?
2. ¿Cuándo se acostó anoche?
3. ¿Salió ella?
4. ¿Cómo pasó la noche?
5. ¿Hasta qué hora estudió?
6. ¿A qué hora se despierta ella por lo general?
7. Y, ¿a qué hora se despertó ella esta mañana?
8. ¿Llegó tarde a la escuela?
9. ¿En qué clase tiene examen?
10. ¿Cuál es su primera clase de la mañana?

Pronunciación

Las consonantes ñ, ch, x

The **ñ** is a separate letter of the Spanish alphabet. The mark over it is called a **tilde.** Note that it is pronounced similarly to the *ny* in the English word *canyon*. Repeat the following.

señor	otoño	España	niño
señora	pequeño	cumpleaños	campaña
año	mañana	baño	

Ch is pronounced much like the *ch* in the English word *church*. Repeat the following.

coche	chaqueta	champú	ducha
chocolate	muchacho	churro	

An **x** between two vowels is pronounced much like the English *x* but a bit softer. It's like a **gs: examen ⟶ eg-samen.** Repeat the following.

exacto	examen
éxito	próximo

When **x** is followed by a consonant, it is often pronounced like an **s.** Repeat the following.

extremo	explicar	exclamar

Trabalenguas

Repeat the following.

El señor español compra un coche pequeño cada año en el otoño.
El extranjero exclama que baja en la próxima estación.
Va a tener éxito en su próximo examen.

Refrán

Can you guess what the following proverb means?

Muchas manos en un plato hacen mucho garabato.

Cultura y lectura
El camping

De camping a orillas del río Bío Bío, Chile

El camping es popular en muchos países hispanos. En Chile y en Ecuador, por ejemplo, el camping es bastante popular—sobre todo con la gente que es muy aficionada a la naturaleza[1]. Una guía ecuatoriana comenta. «Con solamente botas, mochila, carpa y saco de dormir puedes explorar el paisaje espectacular del país.»

De camping en los Andes, cerca de Quito, Ecuador

Los campings en Chile tienen facilidades excelentes—duchas con agua caliente, aseos[2], lavanderías[3], barbacoas para cocinar y tiendas de abarrotes. Algunas tienen piscina (o alberca). La Compañía de Teléfonos de Chile publica cada año una guía de campings con mapas excelentes.

En España, el camping es muy popular. En España hay más de quinientos campings. Como en Chile los campings ofrecen facilidades excelentes—duchas, piscinas, canchas de tenis, restaurantes y discotecas.

[1] naturaleza *nature*
[2] aseos *restrooms, toilets*
[3] lavanderías *laundromats*

Un camping, Sierra de Gredos, España

Sobre todo en agosto los campings están llenos de familias españolas. Cuando van de camping llevan todo consigo[4]. No van a comer ninguna comida rápida. De ninguna manera. En su caravana o en su coche tienen mesas y sillas plegables para poner un comedor. Y no van a comer con platos o utensilios en plástico. Traen de casa los vasos, platos, tenedores, cuchillos y cucharas. Y en la barbacoa preparan una comida deliciosa. Si el camping está cerca del mar, seguro que van a preparar pescado o mariscos. Lo importante es que todos se divierten. Y—a un precio bastante módico, porque el camping no cuesta mucho. Es una manera bastante económica de pasar las vacaciones.

Un camping en Burgos, España

[4] consigo *with them*

¿Comprendes?

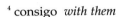

A. **¿Sí o no?** *(True or false?)*
1. El camping es muy popular en todos los países hispanos.
2. En algunos países de la América del Sur el camping es muy popular entre la gente que es muy aficionada a la naturaleza.
3. A muy pocos españoles les gusta el camping.

B. **Contesten.** *(Answer.)*
1. ¿Cuáles son algunas facilidades que tienen los campings en Chile y España?
2. ¿Quién publica una guía de campings en Chile?
3. ¿Cuántos campings hay en España?
4. ¿Qué llevan consigo los españoles cuando van de camping?
5. ¿Qué tipo de comida preparan?
6. ¿Cuesta mucho ir de camping?

C. If you and your family go camping, say something about a typical daily routine when camping.

Repaso

1. In this unit, I learned reflexive verbs. These verbs have an extra pronoun that refers back to the subject because the subject is both the performer (doer) and receiver of the action of the verb.

> **lavarse**
>
> | me lavo | nos lavamos |
> | te lavas | *os laváis* |
> | se lava | se lavan |

2. Some reflexive verbs have a stem change in the present. Examples are:

> **sentarse** (e ⟶ ie)
>
> | me siento | nos sentamos |
> | te sientas | *os sentáis* |
> | se sienta | se sientan |

> **dormirse** (o ⟶ ue)
>
> | me duermo | nos dormimos |
> | te duermes | *os dormís* |
> | se duerme | se duermen |

Other reflexive verbs you know that have similar stem changes are:

despertarse, divertirse (e ⟶ ie)
acostarse (o ⟶ ue)

Jogging a orillas del Mediterráneo.
Estepona, España

¡Pongo todo junto!

1 **La rutina**   Completen. *(Complete.)*

1. **lavarse los dientes**
   Yo
   El niño
   Tú
   Nosotros
   Ellos

2. **levantarse**
   Ellos
   La niña
   Yo
   Nosotros
   Tú
   Ustedes

2 **¿Quién?**   Den la frase de nuevo.
(Form a new sentence.)

1. Yo me despierto a las seis y media.
   Nosotros _____.
2. Ellos se duermen enseguida.
   Yo _____.
3. ¿Ellos se acuestan a qué hora?
   ¿Tú _____?
4. Nosotros nos divertimos.
   Tú _____.

Un hostal para mochileros. Barranco, Lima, Perú

3 **¿Y ustedes?**   Contesten. *(Answer.)*

1. ¿A qué hora se acuestan ustedes?
2. ¿Se duermen enseguida ustedes?
3. ¿Se sientan a la mesa cuando se desayunan?
4. ¿Se divierten ustedes?

¡Te toca a ti!

Hablar

1 **Mi familia**

✓ *Talk about family routines*

Work with a classmate. Compare your family's routine with someone else's. Compare what things you typically do and at what time.

Hablar

2 **No es siempre igual.**

✓ *Talk about your weekday and weekend routines*

Most people like a change of pace on the weekend. Talk with a classmate and compare the things you do or do not do during the week with the things you do or do not do during the weekend.

Hablar

3 **Una excursión de camping**

✓ *Talk about a camping trip*

Work with a classmate. A friend's family invited you to join them on a camping trip. You're going to go. Discuss the things you probably need to take. Also discuss some of the things you'll probably do during the camping trip.

Un joven con sus mochilas, Ronda, España

Saltos de Petrohue, Chile

4 Un día típico

✓ *Write about your daily routine*

You have a Mexican key pal who is curious to know about your daily routine. Write him or her an e-mail describing all the activities you do on a typical day, from the time you wake up until the time you go to bed.

Writing Strategy

Keeping a journal There are many kinds of journals you can keep, each having a different purpose. One type of journal is the kind in which you write about daily events and record your thoughts and impressions about these events. It's almost like "thinking out loud." By keeping such a journal, you may find that you discover something new you were not aware of before.

Una carpa. río Bío Bío. Chile

5 Mi agenda

Write down all you do in a typical day. For the next week, keep a diary in Spanish. Write down everything you do in the course of each day.

Assessment
¿Estoy listo(a)?

Palabras

1 Completen. *(Complete.)*
1. La muchacha _____ Susana.
2–3. El joven _____ a las once de la noche pero no se duerme _____. Pasa media hora leyendo en la cama.
4–5. Él _____ en el _____ cuando se peina.
6–7. La muchacha _____ en la cocina y luego se lava _____.

To review words from **Paso 1,** turn to pages 200–201.

2 Contesten. *(Answer.)*
8. Él va a tomar una ducha. ¿Qué necesita?
9. Ella va a peinarse. ¿Qué necesita?
10. Él tiene que cepillarse los dientes. ¿Qué necesita?
11. Ella va a dormir en una carpa. ¿Qué necesita?
12. Ella quiere lavarse el pelo. ¿Qué necesita?

To review words from **Paso 2,** turn to pages 208–209.

Formas

3 Completen. *(Complete.)*

    13. Yo _____ a la mesa. (sentarse)

    14. ¿Tú _____ a qué hora? (acostarse)

    15. Ellos _____ José y Magdalena. (llamarse)

    16. Nosotros _____ enseguida. (dormirse)

    17. Yo _____ los dientes. (lavarse)

    18. Ustedes _____ en casa. (desayunarse)

    19. Ellos _____ mucho. (divertirse)

To review reflexive verbs, turn to pages 204–205, 212.

4 Completen con un pronombre si es necesario.
(Complete with a pronoun if necessary.)

    20. Ella _____ mira en el espejo cuando se peina.

    21. Ella _____ mira a la profesora.

    22. Yo _____ lavo a mi perro.

    23. Yo _____ lavo antes de ir a la escuela.

To review reflexive pronouns, turn to pages 204–205, 212.

Cultura

5 Escojan. *(Choose.)*

    24. ¿A quiénes les gusta ir de camping en la
        América del Sur?

        a. a muchas familias españolas

        b. a los aficionados a la naturaleza

        c. a los empleados de la Compañía Chilena
           de Teléfonos

    25. ¿Qué usan las familias españolas para comer
        cuando van de camping?

        a. los vasos y platos que traen de casa

        b. utensilios de plástico

        c. una tienda de campaña

To review this cultural information, turn to pages 218–219.

PASO 4

Diversiones

Canta con Justo
Guantanamera

Guan - ta - na - me - ra, gua-ji-ra, guan-ta-na-me-ra. Guan - ta-na-me - ra, gua-ji-ra, guan - ta - na - me - ra. Guan -ta-na-me-ra, gua-ji-ra, guan-ta-na-me-ra. Guan-ta-na-me - ra___, gua-ji-ra, guan - ta - na - me - ra.__

Yo soy un hom-bre sin____ ce-ro de don-de cre-ce la pal - ma. Yo soy un hom-bre sin____ ce-ro de don-de cre-ce la pal - ma. Y an-tes de mo-rir - me quie__ro e - char mis ver-sos del al - ma.

Guantanamera, guajira, guantanamera
Guantanamera, guajira, guantanamera
Guantanamera, guajira, guantanamera
Guantanamera, guajira, guantanamera

Guantanamera, guajira, guantanamera
Guantanamera, guajira, guantanamera
Guantanamera, guajira, guantanamera
Guantanamera, guajira, guantanamera

Guantanamera, guajira, guantanamera
Guantanamera, guajira, guantanamera
Guantanamera, guajira, guantanamera
Guantanamera, guajira, guantanamera

Mi verso es de un verde claro
y de un carmín encendido.
Mi verso es de un verde claro
y de un carmín encendido.
Mi verso es un ciervo herido
que busca en el monte amparo.

Con los pobres de la tierra
quiero yo mi suerte echar.
Con los pobres de la tierra
quiero yo mi suerte echar.
El arroyo de las sierras
me complace más que el mar.

Teatro

Mime the following.

Me despierto. **Me levanto.** Me lavo la cara.

Me lavo las manos. **Me lavo el pelo.**

Me cepillo. Me siento.

Me divierto. Me lavo los dientes.

 ¿Lo necesito o no? Work in small groups. See who can make the most correct statements in three minutes with **Necesito _____ porque voy a _____.**

Manos a la obra

1. Un T·shirt Cut out a pattern for a T-shirt that will fit you. Decorate your T-shirt to tell some things about yourself—who you are, where you are from, all about your family, your school life, your daily routine, and what you like and don't like. When you have finished, it might be fun to have classmates guess which T-shirts belong to which students. Now you'll really find out how well your classmates know you!

2. Un camping Prepare the cover of a brochure for a campsite in a Spanish-speaking country.

Camping ARENA BLANCA

ABIERTO 01/01 – 31/12
Tel. (34) 965.861.889
Fax (34) 965.861.107

Distancias
Alicante, 41 km
Parada bus 100 m destino
al centro de Benidorm
Estación de ferrocarril 1,2 km
Aeropuerto 40 km

EQUIPAMIENTO Y SERVICIOS

Equipamiento del camping
○ Playa 1,2 km
○ Totalmente preparado para discapacitados
○ Tomas de electricidad
○ Agua caliente general gratis
○ Calefacción en lavabos

Servicios
○ Restaurante
○ Platos preparados para llevar
○ Supermercado
○ Prensa diaria

○ Lavadoras automáticas
○ Parking y custodia de caravanas
○ Información turística
○ Cambio de divisas
○ Caja de seguridad
○ Cajero automático

★★★ BENIDORM (ALICANTE) ★★★ BENIDORM (ALICANTE) ★★★ BENIDORM (ALICAN

Mario y María Unimundo These two new friends you made this year, or perhaps last year, have accompanied you throughout your journey to learn Spanish. By now you have a good idea of the personality that each has. Some of the illustrations below will remind you of some of their adventures. Write a story about a day in the life of Mario and María Unimundo. Illustrate your story and then present it to the class. See who can come up with the most unusual story.

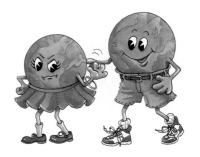

Entrevista

¿A qué hora te levantas por la mañana?

¿Te desayunas en casa o en la escuela?

¿A qué hora sales de casa?

¿Cómo vas a la escuela?

¿Dónde tomas el almuerzo?

¿A qué hora terminan tus clases?

¿Adónde vas después de las clases?

¿Qué haces?

¿A qué hora vuelves a casa?

¿Miras la televisión?

¿Cuándo haces tus tareas?

¿A qué hora te acuestas?

¿Te duermes enseguida?

Para practicar más Use this *sentence strip* holder to practice your vocabulary, your verbs, or anything else you might feel you need extra help with.

Step 1 **Fold** a sheet of paper (8½" x 11") in half like a *hamburger*.

Step 2 **Open** the *hamburger* and fold the two outer edges toward the valley. This forms a shutter fold.

Step 3 **Fold** one of the inside edges of the shutter back to the outside fold. This fold forms a floppy L.

Step 4 **Glue** the floppy L tab down to the base so that it forms a strong straight L tab.

Step 5 **Glue** the other shutter side to the front of this L tab. This forms a tent that is the backboard for the flashcards or student work to be displayed.

Step 6 **Fold** the edge of the L up ¼" to ½" to form a lip that will keep the sentence strips from slipping off the holder.

Vocabulary and spelling words can be stored inside the "tent" formed by this fold.

PASO 4

Más cultura y lectura

El día empieza con el desayuno.

Por la mañana nos despertamos, nos levantamos, nos lavamos las manos y la cara y luego, ¿qué? Nos desayunamos, ¿no?

◀ El desayuno que tomamos no es el mismo en todas partes del mundo. En Estados Unidos muchos de nosotros comemos huevos—huevos fritos, huevos revueltos[1] o huevos pasados por agua[2]. Los huevos vienen acompañados de tocino[3], jamón o salchicha y, a veces, papas. Pero hoy en día mucha gente no tiene el tiempo para preparar un desayuno tan grande. Muchos comemos solamente fruta, cereales, pan tostado o un pan dulce con jugo de naranja y café o chocolate.

[1] revueltos *scrambled*
[2] pasados por agua *soft-boiled*
[3] tocino *bacon*

▶ En la gran mayoría de los países hispanos el desayuno es una comida muy pequeña. Los españoles, por ejemplo, comen pan o un bolillo con mantequilla y mermelada. Un desayuno típico es churros, un tipo de «doughnut» frito y una taza grande de café o, en el caso de los más jóvenes, chocolate caliente.

◀ En muchas ciudades latinoamericanas el desayuno es muy parecido[4] al desayuno en España. Pero en los pueblos del campo el desayuno tiene influencias indígenas y puede ser un poco más grande. Por ejemplo, en un pueblo de Guatemala, el desayuno puede incluir un tipo de *oatmeal* que se llama **mosh** servido con canela[5], o un cereal de maíz servido con leche caliente. Comen también huevos fritos con frijoles y un queso blanco, tortillas y unas tazas grandes de café muy caliente.

[4] parecido *similar*
[5] canela *cinnamon*

¿Comprendes?

A. Contesten. *(Answer.)*

1. En España, ¿es el desayuno una comida grande o pequeña?
2. ¿Qué comen los españoles en el desayuno?
3. ¿Qué es un churro?
4. ¿Qué beben los españoles con el desayuno?

B. ¿Sí o no? *(True or false?)*

1. En las ciudades latinoamericanas el desayuno es parecido al desayuno norteamericano.
2. En los pueblos pequeños del campo hay influencias indígenas en la comida.

C. Describan. *(Describe.)*

1. un desayuno típico en Estados Unidos
2. un desayuno típico en un pueblo pequeño de Guatemala o México, por ejemplo

Conexiones
Las ciencias naturales

La ecología

Ecology is a subject of great interest to young people around the world. No one wants to wake up each morning and breathe polluted air. No one wants to see the countryside loaded with debris from campers and picnickers. Nor does anyone want to swim in a polluted ocean or lake. We are all aware that urgent and dramatic steps must be taken to clean up our environment.

La ecología

El término «ecología» significa el equilibrio entre los seres vivientes—los seres humanos—y la naturaleza[1].

La contaminación del aire

La contaminación del medio ambiente[2] es el problema ecológico número uno. El aire que respiramos en muchas partes del mundo está contaminado.

Las emisiones de gases que se escapan de los automóviles, autobuses y camiones[3] contaminan el aire.

El humo que emiten las chimeneas de las fábricas[4] contaminan el aire.

[1] naturaleza *nature*   [2] medio ambiente *environment*   [3] camiones *trucks*   [4] fábricas *factories*

Contaminación del aire, Ciudad de México

El agua

Nuestras aguas están contaminadas también. Los buques petroleros derraman[4] cantidades de petróleo en nuestros mares y océanos.

Las fábricas echan los desechos[5] industriales en los mares y en los ríos. Y muchos de los desechos son tóxicos.

El reciclaje

Hoy en día hay grandes campañas de reciclaje. En las ciudades grandes y en los pueblos pequeños hay receptáculos para recoger los desechos como papel, vidrio[6] (cristal) y metal.

[4] derraman *dump*
[5] desechos *wastes*
[6] vidrio *glass*

Cerca del río Grande en la frontera entre México y Texas

Contesten. (*Answer.*)

1. ¿Está contaminado el aire donde ustedes viven?
2. ¿Hay mucha industria donde viven?
3. ¿Hay muchas fábricas?
4. ¿Hay muchos automóviles y camiones?
5. ¿Se escapan gases de los automóviles?
6. ¿Hay campañas de reciclaje donde viven?

¡Hablo como un pro!

Say as much as you can about the illustration.

Vocabulario

Stating daily activities

la rutina	ponerse la ropa	acostarse
despertarse	mirarse	dormirse
levantarse	cepillarse	llamarse
lavarse	peinarse	divertirse
bañarse	sentarse	
tomar una ducha	desayunarse	

Identifying more parts of the body

la cara   los dientes   el pelo

Identifying articles for grooming and hygiene

el cepillo	el tubo de pasta (crema)
el peine	dentífrica
el cepillo de dientes	un rollo de papel higiénico
el espejo	el champú
una barra (una pastilla) de jabón	

Identifying more breakfast foods

una botella de agua mineral
un vaso de jugo de naranja
el cereal
el pan tostado

Describing camping

el camping	la caravana	dar una caminata
un parque nacional	la carpa, la tienda de	armar
la mochila	campaña	llevar
el saco de dormir	la mesa plegable	

Other useful expressions

enseguida
temprano

El Quijote

Miguel de Cervantes Saavedra

Introducción

La obra más famosa de todas las letras hispanas es la novela *El ingenioso hidalgo don Quijote de la Mancha* de Miguel de Cervantes Saavedra.

Los dos personajes principales de la novela son don Quijote y Sancho Panza. Don Quijote, un hombre alto y delgado, es un caballero andante. Es un idealista que quiere conquistar todos los males[1] del mundo. Su escudero, Sancho Panza, es un hombre bajo y gordo. Él es un realista puro. Siempre trata de desviar[2] a don Quijote de sus ilusiones y aventuras.

[1] males *evils* [2] trata de desviar *tries to dissuade*

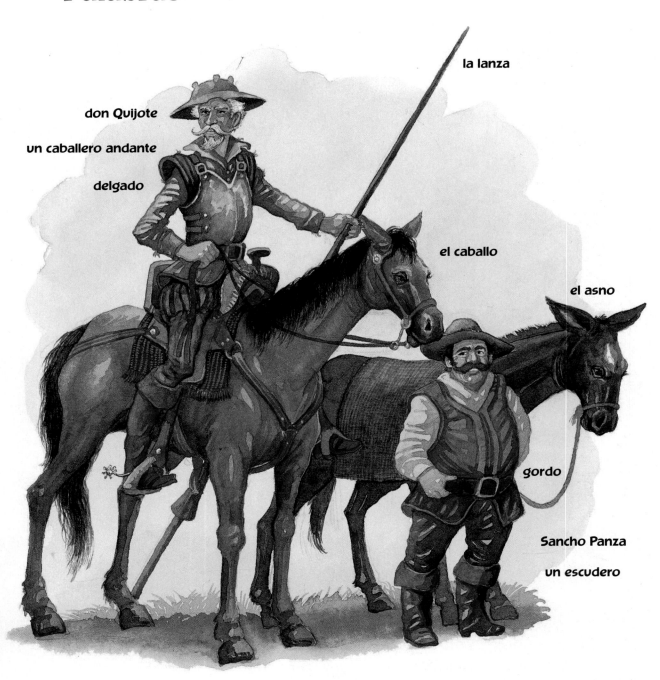

El Quijote   Miguel de Cervantes Saavedra

Palabras

la lanza

don Quijote

un caballero andante

delgado

el caballo

el asno

gordo

Sancho Panza

un escudero

el molino de viento **el aspa**

el campo

un(a) vecino(a) una persona que vive cerca, en la misma calle, por ejemplo
sabio(a) inteligente, astuto(a)
espantoso(a) horrible, terrible
a toda prisa muy rápido
de nuevo otra vez
socorrer ayudar, dar auxilio o ayuda
no les hace caso no les presta atención
una tontería una cosa estúpida

¿Qué palabra necesito?

1 **Contesten.** (*Answer.*)

1. ¿Es don Quijote delgado o gordo?
2. ¿Quién es gordo?
3. ¿Quién es un caballero andante?
4. ¿Quién es su escudero?
5. ¿Quién tiene una lanza?
6. ¿Quién tiene un caballo?
7. Y Sancho Panza, ¿qué tiene él?
8. ¿Tiene aspas un molino de viento?

2 **Describan a don Quijote y a Sancho Panza.**
(*Describe Don Quijote and Sancho Panza.*)

3 **Expresen de otra manera.**
(*Express in a different way.*)

1. Ellos viven en *una región rural.*
2. Fue una aventura *horrible.*
3. Él salió *rápido.*
4. No le *presta atención* a su vecino.
5. Él es un señor *inteligente y astuto.*
6. Él lo hace *otra vez.*
7. Quiere pero no puede *ayudar* a su vecino.
8. Él siempre habla de *cosas estúpidas.*

El Quijote

Miguel de Cervantes Saavedra

En su casa don Quijote tiene una biblioteca. En la biblioteca tiene muchos libros de caballeros andantes. Don Quijote los lee todos y se vuelve loco°. Decide que quiere tener aventuras como los caballeros andantes en sus libros. Quiere conquistar todo el mal que existe en el mundo.

Un día don Quijote decidió salir de su pueblo en la región de la Mancha. Salió en busca de aventuras. Es el trabajo de un buen caballero andante. Pero después de unos pocos días don Quijote volvió a casa. ¿Por qué? Porque un caballero andante de la categoría de don Quijote no puede viajar solo. Tiene que tener un escudero.

Cuando volvió a su pueblo, empezó enseguida a buscar un escudero. Por fin, encontró° a un vecino, Sancho Panza, un hombre bajo y gordo. Don Quijote salió por segunda vez, esta vez acompañado de su escudero. Don Quijote montó a su caballo, Rocinante, y Sancho montó en su asno.

se vuelve loco *goes crazy*

encontró *he met*

Los dos hacen muchas expediciones por la región de la Mancha. El idealista don Quijote hace muchas cosas que no quiere hacer el realista Sancho Panza. Más de una vez Sancho le dice°:

—Pero, don Quijote, noble caballero y fiel° compañero. Vuestra Merced está loco. ¿Por qué no dejamos° con estas tonterías? ¿Por qué no volvemos a casa? Yo quiero comer. Y quiero dormir en mi cama.

Pero don Quijote no le presta atención a Sancho. No le hace caso y las aventuras continúan.

dice *says*
fiel *faithful*
dejamos *put an end to*

Un día, en un lugar de la Mancha don Quijote ve algo misterioso.

—Sancho, Sancho. ¿Tú ves lo que veo yo?

—No, Vuestra Merced. No veo nada.

—Amigo Sancho, ¿no ves allí unos treinta o más gigantes que vienen hacia nosotros para hacer batalla?

—¿Qué gigantes?

—Los gigantes de los brazos largos que ves allí.

—Don Quijote. No son gigantes que ves. Son simples molinos de viento. Y lo que parecen° ser brazos, son aspas.

—Sancho, yo sé que tú no sabes nada de aventuras. Son gigantes y sí tú tienes miedo°...

—¡Don Quijote! ¿A – d – ó – n –d – e va Vuestra Merced?

parecen *seem, appear*

tienes miedo *you are scared*

¿Adónde fue don Quijote? Fue a hacer batalla contra los terribles gigantes. Gigantes como estos no deben ni pueden existir en el mundo. Don Quijote los tiene que atacar. No hay otro remedio.

Don Quijote ataca. Pone su lanza en el aspa de uno de los molinos. En el mismo instante viene (sopla) un viento fuerte. El viento mueve el

Molinos de viento, La Mancha, España

aspa. La revuelve° con tanta furia que hace pedazos° de la lanza de don Quijote y levanta al pobre don Quijote en el aire.

revuelve *turns*
pedazos *pieces*

A toda prisa Sancho fue a socorrer a su caballero andante. Lo encontró en el suelo muy mal herido°.

herido *injured*

—¡Don Quijote! Nunca me haces caso. ¿Por qué quiere Vuestra Merced atacar unos molinos de viento? ¿No ves ahora que son simples molinos de viento y no gigantes?

—Sancho, tienes razón. Ahora son molinos. Pero tú no comprendes. No sabes nada de aventuras. Yo tengo un enemigo muy malo. Mi enemigo se llama Frestón. Es un monstruo horrible pero muy sabio y muy inteligente. Él siempre me hace cosas malas y ahora convierte a los gigantes en molinos de viento.

—Pues, don Quijote. Yo no sé lo que te hace el enemigo Frestón. Pero yo sé lo que te han hecho° estos molinos de viento.

han hecho *have done*

Sancho levantó a don Quijote del suelo. Don Quijote subió de nuevo sobre Rocinante. Sancho subió sobre su asno. Don Quijote habló más de la pasada aventura pero Sancho no le prestó atención.

Los dos siguieron° el camino hacia Puerto Lápice en busca de otras aventuras.

siguieron *continued*

Plaza de España, Madrid

A. Escojan. (Choose.)

1. En su casa don Quijote tiene _____.
   a. caballeros andantes b. una biblioteca c. muchos males
2. Don Quijote salió de su pueblo _____.
   a. en busca de la Mancha b. en busca de un escudero c. en busca de aventuras
3. Don Quijote volvió a casa para _____.
   a. comenzar otra expedición b. buscar un escudero c. conocer a su vecino
4. Sancho Panza es _____.
   a. un caballero andante b. un idealista sin par c. un vecino de don Quijote
5. Sancho Panza tiene _____.
   a. un asno b. un caballo c. una lanza

B. ¿Sí o no? (True or false?)

1. Sancho Panza y don Quijote hacen sólo dos expediciones.
2. Sancho quiere hacer todo lo que don Quijote quiere hacer.
3. Sancho le dice a don Quijote que está loco.
4. Don Quijote siempre quiere volver a casa.
5. Sancho quiere dormir en su cama.

C. Completen. (Complete.)

1. Un día don Quijote ve algo muy _____.
2. Pero Sancho no ve _____.
3. Don Quijote ve unos treinta o más _____.
4. Según don Quijote, los gigantes tienen _____.
5. Sancho dice que no son _____; son _____.
6. Los brazos son las _____ de _____.

D. Contesten. (Answer.)

1. ¿Contra quiénes fue a hacer batalla don Quijote?
2. ¿Dónde pone don Quijote su lanza?
3. ¿Qué hace revolver el aspa?
4. ¿Adónde levanta a don Quijote?
5. ¿Quién fue a socorrer a don Quijote?
6. ¿Dónde lo encontró?
7. ¿Quién convierte los gigantes en molinos?
8. ¿Cómo se llama el enemigo de don Quijote?
9. Cuando Sancho levanta a don Quijote del suelo y lo pone sobre Rocinante, ¿vuelven a casa?
10. ¿Admite don Quijote que los gigantes son molinos de viento?

Handbook

InfoGap

Alumno A

Ask your partner the following questions. Correct answers are in parentheses.

1. ¿Qué juega Antonio?
   (*Antonio juega [al] fútbol.*)
2. ¿Qué quiere el portero?
   (*El portero quiere bloquear el balón.*)
3. ¿Qué prefieren Luisa y Carlos?
   (*Luisa y Carlos prefieren el fútbol.*)
4. ¿Prefieres ser espectador(a) o jugador(a)?
   (*Yo prefiero ser _____.*)
5. ¿Qué lanza la jugadora?
   (*La jugadora lanza el balón.*)

Alumno A

Now use the chart below to answer your partner's questions. Reminder: **tú** is you.

Tomás y Sara	fútbol
Marco	ser espectador
Los jugadores	marcar muchos tantos
Tú	?
Los equipos	al campo

Alumno B

Use the chart below to answer your partner's questions. Reminder: **tú** is you.

Antonio	fútbol
El portero	bloquear el balón
Luisa y Carlos	el fútbol
Tú	?
La jugadora	el balón

Alumno B

Now ask your partner the following questions. Correct answers are in parentheses.

1. ¿Adónde vuelven los equipos?
   (*Los equipos vuelven al campo.*)
2. ¿Prefieres ser espectador(a) o jugador(a)? (*Yo prefiero ser _____.*)
3. ¿Qué quieren los jugadores? (*Los jugadores quieren marcar muchos tantos.*)
4. ¿Qué prefiere Marco?
   (*Marco prefiere ser espectador.*)
5. ¿Qué juegan Tomás y Sara?
   (*Tomás y Sara juegan [al] fútbol.*)

Alumno A

Now answer your partner's questions based on the illustration.

Alumno A

Ask your partner the following questions. Correct answers are in parentheses.

1. ¿Qué deporte es?
(Es el básquetbol. / Es el baloncesto.)

2. ¿Quiénes están en la cancha de básquetbol, los espectadores o los jugadores? (Los jugadores están en la cancha de básquetbol.)

3. ¿Driblan los jugadores con el balón?
(No, los jugadores no driblan con el balón.)

4. ¿Ganan o pierden el partido los jugadores? (Los jugadores ganan.)

5. ¿Qué ganan? (Ganan un trofeo.)

Alumno B

Answer your partner's questions based on the illustration.

Alumno B

Now ask your partner the following questions. Correct answers are in parentheses.

1. ¿Qué deporte es? (Es el béisbol.)

2. ¿Adónde vuelven los jugadores, al campo o a casa?
(Los jugadores vuelven al campo.)

3. ¿Queda empatado el tanto?
(Sí, el tanto queda empatado.)

4. ¿Qué continúa, el tanto o el partido?
(El partido continúa.)

5. ¿Hay muchos espectadores?
(Sí, hay muchos espectadores.)

InfoGap

Activity 3

Unidad 2, Paso 1, pages 42–51

Alumno A

Ask your partner the following questions. Correct answers are in parentheses.

1. ¿Cómo está Beatriz, cansada o contenta? *(Beatriz está cansada.)*
2. ¿Cómo es Beatriz, rubia o morena? *(Beatriz es morena.)*
3. ¿Es rubio o moreno Rafael? *(Rafael es moreno.)*
4. ¿Rafael está cansado o nervioso? *(Rafael está nervioso.)*
5. ¿Dónde está Amanda, en casa o en la escuela? *(Amanda está en casa.)*
6. ¿Cómo está Amanda, contenta o enferma? *(Amanda está enferma.)*

Alumno A

Now answer your partner's questions based on the illustrations below.

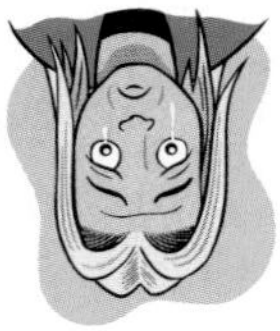

Alicia

Ramón

Antonio

Alumno B

Answer your partner's questions based on the illustrations below.

Beatriz

Rafael

Amanda

Alumno B

Now ask your partner the following questions. Correct answers are in parentheses.

1. ¿Cómo está Alicia, contenta o triste? *(Alicia está triste.)*
2. ¿Cómo es Alicia, rubia o morena? *(Alicia es rubia.)*
3. ¿Está nervioso o contento Ramón? *(Ramón está contento.)*
4. ¿Ramón es moreno o pelirrojo? *(Ramón es moreno.)*
5. ¿Está enfermo Antonio? *(Sí, Antonio está enfermo.)*
6. ¿Dónde está Antonio, en su dormitorio o en la sala? *(Antonio está en su dormitorio.)*

Activity 4

Alumno A

Ask your partner the following questions. Correct answers are in parentheses.

1. ¿Dónde está el joven, en el consultorio o en la farmacia?
(*El joven está en el consultorio.*)

2. ¿Quién examina al joven, un médico o una médica?
(*Un médico examina al joven.*)

3. ¿El médico le examina la garganta o los ojos?
(*El médico le examina la garganta.*)

4. ¿Tiene el joven dolor de estómago?
(*No, el joven no tiene dolor de estómago.*)

5. ¿Abre la boca el joven?
(*Sí, el joven abre la boca.*)

Alumno A

Now answer your partner's questions based on the picture below.

Alumno B

Answer your partner's questions based on the illustration below.

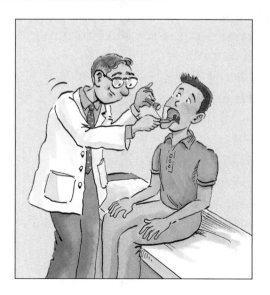

Alumno B

Now ask your partner the following questions. Correct answers are in parentheses.

1. ¿Dónde está el joven, en el consultorio o en casa? (*El joven está en el consultorio.*)

2. ¿Quién examina al joven, un médico o una médica?
(*Una médica examina al joven.*)

3. ¿La médica le examina la garganta o los ojos? (*La médica le examina los ojos.*)

4. ¿Tiene el joven dolor de garganta?
(*No, el joven no tiene dolor de garganta.*)

5. ¿Abre la boca el joven?
(*No, el joven no abre la boca.*)

Alumno A
Now answer your partner's questions based on the illustration below.

Alumno A
Ask your partner the following questions. Correct answers are in parentheses.

1. ¿Están los pasajeros en el mostrador de la línea aérea? (*Sí, los pasajeros están en el mostrador de la línea aérea.*)

2. ¿Hacen un viaje a la América del Sur o a Europa? (*Hacen un viaje a la América del Sur.*)

3. ¿Qué pone la señora en la báscula? (*La señora pone su equipaje [maleta] en la báscula.*)

4. ¿Quién está revisando el pasaporte, el agente o la agente? (*La agente está revisando el pasaporte.*)

5. ¿A qué hora sale el vuelo? (*El vuelo sale a las diez y veinte.*)

Alumno B
Answer your partner's questions based on the illustration below.

Alumno B
Now ask your partner the following questions. Correct answers are in parentheses.

1. ¿Están los pasajeros en el aeropuerto o en el avión?
(*Los pasajeros están en el aeropuerto.*)

2. ¿Están en el mostrador de la línea aérea o en la puerta de salida?
(*Están en la puerta de salida.*)

3. ¿De qué puerta sale el avión?
(*El avión sale de la puerta catorce.*)

4. ¿Están facturando el equipaje los pasajeros? (*No, los pasajeros no están facturando el equipaje.*)

5. ¿Sale el vuelo a tiempo o con una demora? (*El vuelo sale a tiempo.*)

Activity 6

Alumno A

Ask your partner the following questions. Correct answers are in parentheses.

1. ¿Dónde están los pasajeros, en el aeropuerto o en el avión?
(Los pasajeros están en el avión.)

2. ¿Cuántos asistentes de vuelo hay?
(Hay dos asistentes de vuelo.)

3. ¿Están desembarcando los pasajeros?
(No, los pasajeros no están desembarcando.)

4. ¿Cuántos miembros de la tripulación hay en el avión?
(Hay cuatro miembros de la tripulación en el avión.)

Alumno A

Now answer your partner's questions based on the picture below.

Alumno B

Answer your partner's questions based on the illustration below.

Alumno B

Now ask your partner the following questions. Correct answers are in parentheses.

1. ¿Dónde están los pasajeros, en el avión o en el aeropuerto?
(Los pasajeros están en el aeropuerto.)

2. ¿Están reclamando sus maletas o pasando por el control de pasaportes?
(Están pasando por el control de pasaportes.)

3. ¿Quién trabaja en el control, un agente de la línea aérea o un policía?
(Un policía trabaja en el control.)

4. ¿El policía está inspeccionando el equipaje o revisando el pasaporte?
(El policía está revisando el pasaporte.)

InfoGap

Alumno A

Ask your partner the following questions. Correct answers are in parentheses.

1. ¿Qué jugaron los jóvenes, tenis o baloncesto? (Los jóvenes jugaron tenis.)

2. ¿Jugaron singles o dobles? (Jugaron singles.)

3. ¿Jugaron en una cancha al aire libre? (Sí, jugaron en una cancha al aire libre.)

4. ¿Qué golpeó el jugador con la raqueta? (El jugador golpeó la pelota con la raqueta.)

5. ¿Pasó la pelota por encima de la red? (Sí, la pelota pasó por encima de la red.)

Alumno A

Now answer your partner's questions based on the illustration below.

Alumno B

Answer your partner's questions based on the illustration below.

Alumno B

Now ask your partner the following questions. Correct answers are in parentheses.

1. ¿Dónde pasó el día la joven, en la cancha de tenis o en la playa? (La joven pasó el día en la playa.)

2. ¿Hace sol o llueve? (Hace sol.)

3. ¿Tomó el sol o nadó en el mar? (Tomó el sol.)

4. ¿Llevó anteojos de sol? (Sí, llevó anteojos de sol.)

5. ¿Llevó loción bronceadora a la playa? (Sí, llevó loción bronceadora a la playa.)

Alumno A

Ask your partner the following questions. Correct answers are in parentheses.

1. ¿Adónde fueron los jóvenes, a la playa o a las montañas?
   (*Los jóvenes fueron a las montañas.*)
2. ¿Fueron a una estación de esquí?
   (*Sí, fueron a una estación de esquí.*)
3. ¿Qué bajaron? (*Bajaron la pista.*)
4. ¿Bajaron la pista para principiantes o para expertos?
   (*Bajaron la pista para expertos.*)
5. ¿Llevaron guantes los esquiadores?
   (*Sí, los esquiadores llevaron guantes.*)

Alumno A

Now answer your partner's questions based on the illustration below.

Alumno B

Answer your partner's questions based on the illustration below.

Alumno B

Now ask your partner the following questions. Correct answers are in parentheses.

1. ¿Hace frío o hace calor? (*Hace frío.*)
2. ¿Fueron los amigos a la estación de esquí o a la playa?
   (*Los amigos fueron a la estación de esquí.*)
3. ¿Qué compraron los amigos, un café o boletos para el telesilla?
   (*Compraron boletos para el telesilla.*)
4. ¿Dónde compraron los boletos, en la ventanilla o en la tienda?
   (*Compraron los boletos en la ventanilla.*)
5. ¿Llevaron anoraks los amigos?
   (*Sí, los amigos llevaron anoraks.*)

InfoGap

Alumno A

Now answer your partner's questions based on the illustrations below.

Alumno A

Ask your partner the following questions. Correct answers are in parentheses.

1. ¿Fueron al cine las amigas o alquilaron una película?
   (*Las amigas alquilaron una película.*)

2. ¿Dónde miraron la película, en la sala o en el dormitorio?
   (*Miraron la película en la sala.*)

3. ¿Comieron algo? (*Sí, comieron algo.*)

4. ¿Bebieron un refresco?
   (*Sí, bebieron un refresco.*)

Alumno B

Answer your partner's questions based on the illustration below.

Alumno B

Now ask your partner the following questions. Correct answers are in parentheses.

1. ¿El joven decidió ir a la tienda de videos o al cine?
   (*El joven decidió ir al cine.*)

2. ¿Qué vio? (*Vio una película.*)

3. ¿Fue al cine solo o con unos amigos?
   (*Fue al cine solo.*)

4. ¿Tomó el autobús el joven?
   (*No, el joven perdió el autobús.*) /
   (*No, el joven no tomó el autobús.*)

InfoGap

Activity 10

Alumno A

Ask your partner the following questions. Correct answers are in parentheses.

1. ¿Oyó un concierto el público?
   (Sí, el público oyó un concierto.)
2. ¿Está cantando alguien ahora?
   (No, nadie está cantando ahora.)
3. ¿Recibió muchos aplausos la cantante?
   (Sí, la cantante recibió muchos aplausos.)
4. ¿Tiene el cantante algo en la mano?
   (No, el cantante no tiene nada en la mano.)

Alumno A

Now answer your partner's questions based on the illustration below.

Alumno B

Answer your partner's questions based on the illustrations below.

1–3.

4.

Alumno B

Now ask your partner the following questions. Correct answers are in parentheses.

1. ¿Dónde está la gente?
   (La gente está en el museo.)
2. ¿Qué mira la joven, un cuadro o una estatua? (La joven mira un cuadro.)
3. ¿Vio la joven una exposición de arte o un concierto de música?
   (La joven vio una exposición de arte.)
4. ¿Tiene algo en la mano la artista?
   (Sí, la artista tiene algo en la mano.)

Activity 11

Alumno A

Ask your partner the following questions. Correct answers are in parentheses.

1. ¿Cómo se llama el muchacho?
   (*El muchacho se llama Armando.*)

2. ¿Armando se lava el pelo o la cara?
   (*Armando se lava el pelo.*)

3. ¿Cómo se llaman las muchachas?
   (*Las muchachas se llaman Teresa y Gabriela.*)

4. ¿Quién se pone la ropa?
   (*Teresa se pone la ropa.*)

5. ¿Quién se cepilla el pelo?
   (*Gabriela se cepilla el pelo.*)

Alumno A

Now answer your partner's questions based on the illustrations below.

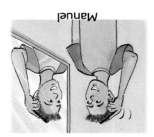

Manuel

Pablo

Cristina

Alumno B

Answer your partner's questions based on the illustrations below.

Armando

Teresa

Gabriela

Alumno B

Now ask your partner the following questions. Correct answers are in parentheses.

1. ¿Cómo se llama la muchacha?
   (*La muchacha se llama Cristina.*)

2. ¿Cristina se cepilla los dientes o se peina? (*Cristina se cepilla los dientes.*)

3. ¿Se levanta o se acuesta Pablo?
   (*Pablo se levanta.*)

4. ¿Quién se mira en el espejo?
   (*Manuel se mira en el espejo.*)

5. ¿Cómo se llaman los muchachos?
   (*Los muchachos se llaman Pablo y Manuel.*)

Alumno A

Now answer your partner's questions based on the illustrations below.

Alumno A

Ask your partner the following questions. Correct answers are in parentheses.

1. ¿Qué hace la familia, va de camping o va de compras?
   (La familia va de camping.)

2. ¿Ellos comen en la caravana o en una mesa plegable?
   (Ellos comen en una mesa plegable.)

3. ¿Tiene la familia una carpa?
   (Sí, la familia tiene una carpa.)

Alumno B

Answer your partner's questions based on the illustration below.

Alumno B

Now ask your partner the following questions. Correct answers are in parentheses.

1. ¿Qué arman los jóvenes?
   (Los jóvenes arman una tienda de campaña [una carpa].)

2. ¿Duermen los jóvenes en una cama o en un saco de dormir? *(Los jóvenes duermen en un saco de dormir.)*

3. ¿Se acuestan en la carpa?
   (Sí, se acuestan en la carpa.)

Verb Charts

Regular Verbs			
INFINITIVO	**hablar** *to speak*	**comer** *to eat*	**vivir** *to live*
PRESENTE	hablo	como	vivo
	hablas	comes	vives
	habla	come	vive
	hablamos	comemos	vivimos
	habláis	*coméis*	*vivís*
	hablan	comen	viven
PRETÉRITO	hablé	comí	viví
	hablaste	comiste	viviste
	habló	comió	vivió
	hablamos	comimos	vivimos
	hablasteis	*comisteis*	*vivisteis*
	hablaron	comieron	vivieron

Verbs with a Spelling Change in the Preterite (-car, -gar, -zar)			
INFINITIVO	**marcar** *to score*	**llegar** *to arrive*	**empezar** *to begin*
PRETÉRITO	marqué	llegué	empecé
	marcaste	llegaste	empezaste
	marcó	llegó	empezó
	marcamos	llegamos	empezamos
	marcasteis	*llegasteis*	*empezasteis*
	marcaron	llegaron	empezaron

Verb Charts

Stem-Changing Verbs*			
INFINITIVO	**empezar[1] (e —→ ie)** *to begin*	**perder[2] (e —→ ie)** *to lose*	**volver[3] (o —→ ue)** *to return*
PRESENTE	empiezo empiezas empieza empezamos *empezáis* empiezan	pierdo pierdes pierde perdemos *perdéis* pierden	vuelvo vuelves vuelve volvemos *volvéis* vuelven

INFINITIVO	**preferir[4, 5] (e —→ ie)** *to prefer*	**dormir[5] (o —→ ue)** *to sleep*	
PRESENTE	prefiero prefieres prefiere preferimos *preferís* prefieren	duermo duermes duerme dormimos *dormís* duermen	

*Note that the **u** in **jugar** *(to play)* changes to **ue.**
juego   juegas   juega   jugamos   jugáis   juegan

[1] **Comenzar** and **sentarse** are similar.

[2] **Querer** and **entender** are similar.

[3] **Poder, devolver,** and **acostarse** are similar.

[4] **Divertirse** is similar.

[5] Note that these verbs also have a stem change in the preterite which you will learn later.

Verb Charts

Irregular Verbs

INFINITIVO	conocer *to know*	dar *to give*	estar *to be*	hacer *to do*
PRESENTE	conozco conoces conoce conocemos *conocéis* conocen	doy das da damos *dais* dan	estoy estás está estamos *estáis* están	hago haces hace hacemos *hacéis* hacen
PRETÉRITO	[regular]	di diste dio dimos *disteis* dieron	▬▬▬	▬▬▬

INFINITIVO	ir *to go*	poner *to put*	saber *to know*
PRESENTE	voy vas va vamos *vais* van	pongo pones pone ponemos *ponéis* ponen	sé sabes sabe sabemos *sabéis* saben
PRETÉRITO	fui fuiste fue fuimos *fuisteis* fueron	▬▬▬	▬▬▬

Note that the irregular preterite forms given here are taught in **¿Como te va?** B, Nivel azul. The shaded boxes represent verbs that have an irregular preterite that has not yet been taught.

Verb Charts

Irregular Verbs			
INFINITIVO	**salir** *to leave*	**ser** *to be*	**tener** *to have*
PRESENTE	salgo	soy	tengo
	sales	eres	tienes
	sale	es	tiene
	salimos	somos	tenemos
	salís	*sois*	*tenéis*
	salen	son	tienen
PRETÉRITO	[regular]	fui	�នន␣
		fuiste	
		fue	
		fuimos	
		fuisteis	
		fueron	

INFINITIVO	**traer** *to bring*	**venir** *to come*	**ver** *to see*
PRESENTE	traigo	vengo	veo
	traes	vienes	ves
	trae	viene	ve
	traemos	venimos	vemos
	traéis	*venís*	*veis*
	traen	vienen	ven
PRETÉRITO	▃▃▃	▃▃▃	[regular]

Spanish-English Dictionary

This Spanish-English Dictionary contains all productive and receptive vocabulary from **¿Cómo te va? A, Nivel verde** and **B, Nivel azul.** The numbers following each productive entry indicate the unit and vocabulary section in which the word is introduced. For example, **3.2** in dark print means that the word is taught in this textbook **Unidad 3, Paso 2.** A light print number means that the word was introduced in **¿Cómo te va? A, Nivel verde.** BV refers to the introductory **Bienvenidos** lessons in **A, Nivel verde.** If there is no number following an entry, this means that the word or expression is included for receptive purposes only.

a at
    a bordo on board, 3.2
    ¿A cuánto está(n)... ? How much is (are) ...?
    a eso de at about
    a la una (las dos...) at one o'clock (two o'clock ...), BV
    a pie on foot, 3.2
    ¿a qué hora? at what time?, BV
    a tiempo on time, **3.1**
    a toda prisa as quickly as possible
    a veces at times, sometimes, 3.1; **4.1**
    a ver let's see
el **abarrote** grocery
    la tienda de abarrotes grocery store
abordar to board, **3.1**
abril April, BV
abrir to open, **2.2**
    abrir la boca to open one's mouth, **2.2**
    abrir las maletas to open the suitcases, **3.2**
absoluto(a): en absoluto not at all
la **abuela** grandmother, 2.1
la **abuelita** grandma
el **abuelito** grandpa
el **abuelo** grandfather, 2.1
los **abuelos** grandparents, 2.1
    aburrido(a) boring, bored
    aburrir to bore, 6.2; **1.2**
la **academia** academy, school
    académico(a) academic
    acariciar to caress
el **aceite** oil
    aceptar to accept
    acompañado(a) accompanied
    acostarse (ue) to go to bed, **6.1**
la **actividad** activity
    activo(a) active
    actuar to act
    acuático(a) (related to) water
    el esquí acuático waterskiing, **4.1**
    los esquís acuáticos water skis, **4.1**
¡Adelante! Let's go ahead!

    además (de) besides
adiós good-bye, BV
adivinar to guess
admitir to admit
el/la **adolescente** adolescent
¿adónde? where?, **3.2**
adorable adorable
la **aduana** customs, **3.2**
    el/la agente de aduana customs agent, **3.2**
adverso(a) opposing, opposite
aéreo(a): la línea aérea airline, **3.1**
el **aeropuerto** airport, **3.1**
aficionado(a) fond of
el/la **aficionado(a)** fan
afortunadamente fortunately
africano(a) African
las **afueras** outskirts
el/la **agente** agent, **3.1**
    el/la agente de aduana customs agent, **3.2**
agosto August, BV
agradable pleasant
el **agua** water, 5.2
    el agua mineral mineral water, 5.2; **6.2**
    la botella de agua mineral bottle of mineral water, **6.2**
    esquiar en el agua to water-ski, **4.1**
    los huevos pasados por agua (pl.) soft-boiled eggs
el **agujero** hole
ahora now
ahorrar to save
el **ahorro** saving
    la cuenta de ahorros savings account
el **aire** air
    el aire libre outdoor, **4.1**
    la contaminación del aire air pollution
aislado(a) isolated
la **alberca** pool, **4.1**
el **álbum** album
alegre happy
la **alergia** allergy, **2.2**
la **alfombrilla** (mouse) pad
el **álgebra** algebra
    algo something, 5.2

Spanish-English Dictionary

algo más something (anything) else
alguien someone, **5.2**
algunos(as) some
el **alimento** food
allí there
el **almuerzo** lunch, **3.2**
   tomar el almuerzo to have lunch
alquilar to rent, **5.1**
   alquilar (rentar) un video to rent a video, **5.1**
alrededor de around
alto(a) tall, 1.1; high, **4.2**
el/la **alumno(a)** student, 1.2
amarillo(a) yellow, **4.2**
el **Amazonas** Amazon
   el río Amazonas Amazon River
el **ambiente** atmosphere
   el medio ambiente environment
ambulante traveling
la **América Central** Central America
la **América del Sur** South America
americano(a) American, 1.1
el/la **amigo(a)** friend, 1.1
el **análisis** analysis
la **anatomía** anatomy
el/la **anciano(a)** old person
andante: el caballero andante knight errant
andar to go, to walk
andino(a) Andean
el **animal** animal
anoche last night, **4.1**
anónimo(a) anonymous
el **anorak** parka, **4.2**
anteayer day before yesterday
los **anteojos** glasses
   los anteojos de (para el) sol sunglasses, **4.1**
antes (de) before
el **antibiótico** antibiotic, **2.2**
anunciar to announce
el **año** year
   el año pasado last year
   ¿Cuántos años tiene? How old is he (she)?
   tener... años to be . . . years old, 2.1
el **aparato** system
   el aparato respiratorio respiratory system
el **apartamento** apartment, 2.2
   la casa de apartamentos apartment house
aplaudir to applaud, **5.2**
el **aplauso** applause, **5.2**
   recibir aplausos to receive applause, **5.2**
el **apodo** nickname
aprender to learn, 5.1
el **apunte** note
   tomar apuntes to take notes, **3.2**

aquí here
el **árbol** tree
   el árbol genealógico family tree
el **área** area
la **arena** sand, **4.1**
argentino(a) Argentine, 1.1
la **aritmética** arithmetic
armar: armar una tienda de campaña to pitch a tent, **6.2**
el **arroz** rice, 5.2
el **arte** art, 1.2
   la exposición de arte art exhibition, **5.2**
la **arteria** artery
el/la **artista** artist, **5.2**
la **ascendencia** ancestry
así so
el **asiento** seat, **3.1**
   el número del asiento seat number, **3.1**
la **asignatura** subject (school)
la **asistencia** help, assistance
el/la **asistente(a)** assistant
   el/la asistente(a) de vuelo flight attendant, **3.2**
asistir to attend; to help
el **asno** donkey
el **aspa** sail (of a windmill)
la **aspirina** aspirin, **2.2**
el/la **astronauta** astronaut
astuto(a) astute
atacar to attack
la **atención** attention
   prestar atención to pay attention, 3.2
el **aterrizaje** landing
   aterrizar to land, **3.2**
la **atmósfera** atmosphere
atrapar to catch, 6.2; **1.2**
el **atún** tuna, 5.2
aún even
el **autobús** bus
   en autobús by bus
   perder el autobús to miss the bus, **5.1**
el **automóvil** car, automobile
el/la **autor(a)** author
el **autorretrato** self-portrait
el **auxilio** help
el **ave** bird
la **avenida** avenue
la **aventura** adventure
la **aviación** aviation
   la compañía de aviación airline company, air carrier
el **avión** airplane, **3.1**
   el boleto de avión plane ticket
   en avión by plane

Spanish-English Dictionary

la **avioneta** light aircraft (plane)
   ayer yesterday, **4.1**
      ayer por la mañana yesterday morning
la **ayuda** help
   ayudar to help
   azul blue, 4.2

   bailar to dance, 3.1
el **baile** dance
   bajar to go down, **4.2**; to lower
   bajo under, below, **4.2**
      bajo cero below zero, **4.2**
   bajo(a) short, 1.1; low, 4.2
      la nota baja low grade (mark), 3.2
      la planta baja ground floor, 2.2
el **balcón** balcony, 2.2
el **balneario** beach resort, **4.1**
el **balón** ball, 6.1; **1.1**
el **baloncesto** basketball, 6.2; **1.2**
el **banco** bank
la **banda** band
el **bañador** bathing suit, **4.1**
   bañar to bathe
   bañarse to take a bath, **6.1**
el/la **bañista** bather
el **baño** bath, bathroom, 2.2
      el cuarto de baño bathroom, 2.2
      el traje de baño bathing suit, **4.1**
   barato(a) cheap, inexpensive, 4.2
la **barra** bar
      la barra (pastilla) de jabón bar of soap, **6.2**
el **barrio** district, area, region
   basado(a) based
la **báscula** scale, **3.1**
la **base** base, 6.2; **1.2**
el **básquetbol** basketball, 6.2; **1.2**
      la cancha de básquetbol basketball court, 6.2; **1.2**
   bastante enough, rather, quite, 1.2
el **bastón** ski pole, **4.2**
la **batalla** battle
   hacer batalla to do battle
el **bate** bat, 6.2; **1.2**
el/la **bateador(a)** batter, 6.2; **1.2**
   batear to bat, 6.2; **1.2**
el/la **bebé** baby
   beber to drink, 5.1
el **béisbol** baseball, 6.2; **1.2**
      el campo de béisbol baseball field, 6.2; **1.2**
      el/la jugador(a) de béisbol baseball player, 6.2; **1.2**
la **biblioteca** library

la **bicicleta** bicycle
   bien well, fine
      muy bien very well, BV
      pasarlo bien to have a good time
      salir bien (en un examen) to do well (on an exam)
el **biftec** steak
el **billete** ticket, **3.1**
la **biología** biology
   blanco(a) white, 4.2
   blando(a) short
el **bloc** notebook, writing pad, 4.1
   bloquear to block, 6.1; **1.1**
el **blue jean** jeans, 4.2
los **blue jeans** jeans, 4.2
la **blusa** blouse, 4.2
la **boca** mouth, 2.2
      abrir la boca to open one's mouth, **2.2**
el **bocadillo** sandwich, 5.1
la **bodega** grocery store
la **boletería** ticket window, **4.2**
el **boleto** ticket, **3.1**
      el boleto de avión plane ticket
      revisar el boleto to check a ticket, **3.1**
el **bolígrafo** pen, 4.1
el **bolillo** bread roll
el **bolívar** currency of Venezuela
la **bolsa** bag, 5.2
el **bolsillo** pocket
   bonito(a) pretty, 1.1
el **borrador** eraser, 4.1
   borrar to erase
      la goma (de borrar) eraser, 4.1
la **bota** boot, **4.2**
el **bote** can, 5.2
la **botella** bottle, 5.2
   brasileño(a) Brazilian
el **brazo** arm, 6.1; **1.1**
   breve short
   brillante bright
   bronceador(a): la crema (loción) bronceadora suntan cream (lotion), **4.1**
el **bronquio** bronchial tube
   bucear to swim underwater
el **buceo** diving, underwater swimming, **4.1**
   buen good
      estar de buen humor to be in a good mood, **2.1**
      Hace buen tiempo. The weather's nice., **4.1**
   bueno(a) good, 1.1
      Buenas noches. Good evening., BV
      Buenas tardes. Good afternoon., BV
      Buenos días. Good morning., BV
      de buena salud in good health
el **buque** boat, ship

Spanish-English Dictionary

el **bus** bus, 3.2
    el bus escolar school bus, 3.2
    tomar el bus to take the bus
la **busca** search
    en busca de in search of
  buscar to look for, to search 4.1
la **butaca** seat, **5.1**

el **caballero** knight
    el caballero andante knight errant
el **caballete** easel
el **caballo** horse
la **cabeza** head, 6.1; **1.1**
    el dolor de cabeza headache, **2.1**
    Me duele la cabeza. I have a headache., **2.1**
  cada each, every
    cada día every day
    cada vez every time
el **café** café, coffee, 5.1
la **cafetería** cafeteria, 3.1
la **caja** cash register, 4.1; box, **2.2**
el **calcetín** sock, 4.2
    los calcetines socks, 4.2
la **calculadora** calculator, 4.1
  caliente hot
    el perro caliente hot dog
la **calle** street
el **calor** heat
    Hace calor. It's hot (weather).
la **caloría** calorie
  calzar to take, to wear (shoe size)
la **cama** bed, **2.1**
    en cama in bed
    guardar cama to stay in bed, **2.1**
la **cámara** camera
la **camarera** waitress, 5.1
el **camarero** waiter, 5.1
  cambiar to change
  caminar to walk
la **caminata** long walk, hike, **6.2**
    dar una caminata to take a long walk, to hike, **6.2**
el **camino** way, road
el **camión** bus (Mex.), **5.1** truck
    perder el camión to miss the bus, **5.1**
la **camisa** shirt, 4.2
    la camisa de mangas cortas short-sleeved shirt, 4.2
la **camiseta** T-shirt, undershirt, 4.2
la **campaña** camp, countryside; campaign
    armar una tienda de campaña to pitch a tent, **6.2**

    la tienda de campaña tent, **6.2**
el/la **campeón(ona)** champion, 6.2; **1.2**
  el **campesino(a)** peasant, farmer
  el **camping** camping; campsite, **6.2**
    la excursión de camping camping trip
    la guía de campings camping guide(book)
    ir de camping to go camping
  el **campo** field, 6.1; **1.1**; country
    el campo de béisbol baseball field, 6.2; **1.2**
    el campo de fútbol soccer field, 6.1; **1.1**
la **canasta** basket, 6.2; **1.2**
el **canasto** basket
la **cancha** court, field, 6.2; **1.2**
    la cancha de básquetbol basketball court, 6.2; **1.2**
    la cancha de tenis tennis court, **4.1**
    la cancha cubierta enclosed (covered) court
la **canción** song
la **canela** cinnamon
  cansado(a) tired, **2.1**
el/la **cantante** singer, **5.2**
    cantar to sing, 3.1; **5.2**
la **cantidad** quantity
la **cantina** cafeteria
el **canto** song
la **capital** capital
la **cara** face, **6.1**
la **caravana** trailer, **6.2**
el **carbohidrato** carbohydrate
el **carbono** carbon
    el dióxido de carbono carbon dioxide
  cargado(a) full
  caribe Caribbean
    el mar Caribe Caribbean Sea
la **carne** meat, 5.2
  caro(a) expensive, 4.2
la **carpa** tent (camping), **6.2**
la **carpeta** folder, 4.1
el/la **carpintero(a)** carpenter
  el **carrito** cart
  el **carro** car, 2.2
    en carro by car, 3.2
    ir en carro to go by car
la **carta** letter
el **cartel** poster
la **casa** house, 2.2
    la casa de apartamentos apartment house
    la casa privada private house
    en casa at home
el **caso** case
    hacer caso to pay attention
el **catálogo** catalogue
el **catarro** cold (illness), **2.1**
el/la **cátcher** catcher, 6.2; **1.2**

Spanish-English Dictionary

la **categoría** category
catorce fourteen, 1.1
el **CD** compact disc (CD), 3.2
la **cebolla** onion
la **celebración** celebration
celebrar to celebrate, 3.1
la **cena** dinner, 3.1
cenar to have dinner, 3.1
el **centro** center
cepillar to brush
cepillarse to brush one's hair, **6.1**
cepillarse los dientes to brush one's teeth, **6.1**
el **cepillo** brush, **6.2**
el **cepillo de dientes** toothbrush, **6.2**
cerca de near
el **cereal** cereal, **6.1**
la **ceremonia** ceremony
cero zero
bajo cero below zero, **4.2**
cerrado(a) closed, shut
la **cesta** basket
el **cesto** basket, 6.2; **1.2**
el **chaleco** vest
el **champú** shampoo, **6.2**
¡Chao! Good-bye!, BV
la **chaqueta** jacket, 4.2
chileno(a) Chilean, 1.1
la **chimenea** chimney
el **chocolate** chocolate, 5.1
el **helado de chocolate** chocolate ice cream, 5.1
la **chuchería** junk food, tidbits, sweets
el **churro** (type of) doughnut
ciego(a) blind
el/la **ciego(a)** blind person
el **cielo** sky, **4.1**
la **ciencia** science, 1.2
las **ciencias naturales** natural sciences
cien(to) one hundred, 2.1
cinco five, 1.1
cincuenta fifty, 2.1
el **cine** movie theater, **5.1**
la **circulación** circulation
la **ciudad** city
el **clarinete** clarinet
claro(a) clear
¡claro! sure!, of course!
claro que of course
la **clase** class, 1.2
la **sala de clase** classroom
clásico(a) classical, classic
el/la **cliente** customer, client
el **clima** climate
la **clínica** clinic

el **club** club
el **Club de español** Spanish Club
el **coche** car
la **cocina** kitchen, 2.2
cocinar to cook
la **coincidencia** coincidence
la **cola** cola, 5.1; line (queue), **5.1**
hacer cola to form a line, to line up
la **colección** collection
el **colegio** school, 1.3
colgado(a) hung
colgar (ue) to hang
colombiano(a) Colombian, 1.1
el **color** color, 4.2
¿de qué color? what color?, 4.2
el/la **comandante** captain, **3.2**
el **comedor** dining room, 2.2
comentar to comment
comenzar (ie) to begin
comer to eat, 5.1
comercial commercial
el **comestible** food
cómico(a) funny, comical, 1.1
la **comida** meal, food, 3.1
la **comida rápida** fast food
como like, as
¿cómo? what? how?, 1.1
¿Cómo es él (ella)? What is he (she) like?
¿Cómo está(s)? How are you?
compacto(a) compact
el **disco compacto** compact disc (CD)
el/la **compañero(a)** friend, companion
la **compañía** company
la **compañía de aviación** airline company, air carrier
la **compañía de teléfonos** telephone company
la **competencia** competition
la **composición** composition
la **compra** purchase
ir de compras to go shopping, to shop, 5.2
comprar to buy, 4.1
comprender to understand, 5.1
la **computadora** computer
con with
con frecuencia frequently
el **concierto** concert, 5.2
dar un concierto to give (have) a concert, **5.2**
oír un concierto to attend a concert, **5.2**
la **conclusión** conclusion
el **concurso** contest
la **condición** condition
conectado(a) connected
conectar to connect

Spanish-English Dictionary

la **conexión** connection
la **confianza** trust
    tener confianza en to trust
  confundido(a) confused
  congelado(a) frozen
    los productos congelados frozen foods, **5.2**
  conocer to know, to be familiar with, **3.2;** to
    recognize
  conquistar to conquer
  consecutivo(a) consecutive
el **consejo** advice
el **conservatorio** conservatory
  el Conservatorio Nacional de Música National
    Conservatory of Music
  consigo with himself, with herself, with
    themselves
  consiguiente resulting
    por consiguiente therefore, consequently
  consistir (en) to consist of
la **consonante** consonant
la **consulta** office, **2.2**
  la consulta del médico doctor's office, **2.2**
el **consultorio** medical office, **2.2**
el **contacto** contact
la **contaminación** pollution
  la contaminación del aire air pollution
  contaminado polluted
  contaminar to pollute
  contar (ue) to count
    contar (ue) con to rely on
  contener to contain
  contento(a) happy, **2.1**
  contestar to answer
    contestar (a) la pregunta to answer the
    question, **3.2**
el **continente** continent
  continuar to continue, **6.2; 1.2**
  contra against, **6.1; 1.1**
el **contrario** contrary
  al contrario on the contrary
el **contrato** contract
el **control** control
    el control de pasaportes passport control, **3.2**
    el control de seguridad security (checkpoint), **3.1**
la **conversación** conversation
la **conversión** conversion
  convertir to convert
la **copa** cup
  la Copa mundial World Cup
el/la **copiloto** copilot, **3.2**
  el **corazón** heart
  la **corbata** tie, **4.2**
  el **coro** choir
  el **correo** mail

el **correo electrónico** e-mail
  correr to run, **6.2; 1.2**
la **cortesía** courtesy
  corto(a) short
    la manga corta short sleeve, **4.2**
    el pantalón corto shorts, **4.2**
la **cosa** thing
  coser to sew
la **costa** coast
  costar (ue) to cost
    ¿Cuánto cuesta? How much does it cost?
    Cuesta mucho (poco). It costs a lot (little)., **4.1**
  costarricense Costa Rican
la **costura** sewing
  creer to believe, to think
    Creo que sí. I think so.
la **crema** cream
    la crema (loción) bronceadora suntan cream
    (lotion), **4.1**
    la crema dentífrica toothpaste, **6.2**
    la crema protectora sunblock, **4.1**
el **cristal** crystal
  cruel cruel
  cruzar to cross
el **cuaderno** notebook, **4.1**
el **cuadro** painting, **5.2**
  ¿cuál? which?, what?
    ¿Cuál es la fecha de hoy? What is today's
    date?
  cualquier(a) any
    cualquier otro any other
  cuando when
  ¿cuándo? when?, **3.1**
  ¿cuánto? how much?
    ¿A cuánto está(n)... ? How much is
    (are) . . . ?, **5.2**
    ¿Cuánto cuesta? How much does it cost?, **4.1**
    ¿Cuánto es? How much does it cost?, **4.1**
  ¿cuántos(as)? how much?, how many?, **2.1**
    ¿Cuántos años tiene? How old is he
    (she)?, **2.1**
  cuarenta forty, **2.1**
el **cuarto** room, **2.2;** quarter
    el cuarto de baño bathroom, **2.2**
    el cuarto de dormir bedroom, **2.2**
    menos cuarto quarter to (the hour)
    y cuarto quarter past (the hour)
  cuatro four, **1.1**
  cuatrocientos(as) four hundred, **3.1**
  cubano(a) Cuban, **1.1**
  cubanoamericano(a) Cuban American
  cubierto(a) covered
    la cancha cubierta enclosed (covered) court
  cubrir to cover

Spanish-English Dictionary

la **cuchara** spoon
el **cuchillo** knife
la **cuenca** basin
la **cuenta** bill, check, 5.1; account
 la **cuenta de ahorros** savings account
el/la **cuentista** short-story writer
el **cuento** story
el **cuerpo** body
 el **cuerpo humano** human body
la **cultura** culture
el **cumpleaños** birthday, 2.2
el **curso** course, 1.2

D

la **dama** lady-in-waiting
la **danza** dance
dar to give, 3.1
 dar una caminata to take a long walk, to
  hike, **6.2**
 dar un concierto to have (give) a concert, **5.2**
 dar permiso to give permission
los **datos** data
de of, from
 de buena salud in good health
 de compras shopping
 de día en día from day to day
 ¿de dónde? from where?, 1.1
 de habla española Spanish-speaking
 de mangas cortas short-sleeved
 de la mañana A.M. (time)
 de moda in style
 De nada. You're welcome., BV
 de ninguna manera not at all, by no means
 de nuevo again
 ¿de qué color? what color?, 4.2
 ¿de qué nacionalidad? what nationality?, 1.1
 ¿de quién? whose?
 No hay de qué. You're welcome., BV
debajo (de) under
deber must, should; to owe
débil weak
el **début** debut
decidir to decide, **5.1**
decimal decimal
decir to say
 es decir that is (to say)
el **dedo** finger
definitivamente definitely
dejar to leave
delante de in front of, **5.1**
delgado(a) thin
delicioso(a) delicious
demás rest

la **demora** delay, **3.1**
 con una demora with a delay, **3.1**
dentífrica: la pasta (crema) dentífrica
 toothpaste, **6.2**
dentro (de) within
el **departamento** apartment
 la tienda de departamentos department store
depender (de) to depend (on)
el/la **dependiente(a)** employee, 4.1
el **deporte** sport, 6.1; **1.1**
 el deporte de equipo team sport
 el deporte individual individual sport
deportivo(a) (related to) sports
 la emisión deportiva sports program
depositar to deposit
derecho(a) right, 6.1; **1.1**
derramar to dump
derrocar to bring down, to overthrow
desayunarse to have breakfast, **6.1**
el **desayuno** breakfast, 3.1
 tomar el desayuno to have breakfast, 3.1
describir to describe
la **descripción** description
desde from, since
desear to wish, to want
el **desecho** waste
desembarcar to disembark, **3.2**
el **desembarque** unloading, landing
el **deseo** wish
el **desierto** desert
despachar to dispense, **2.2**
despegar to take off, **3.2**
el **despegue** takeoff
despertarse (ie) to wake up, **6.1**
después de after, 3.1
el **destino** destination, **3.1**
 con destino a bound for, to
desviar to dissuade
el **detalle** detail
determinado(a) determined, definite
devolver (ue) to return (something), 6.1; **1.1**
el **día** day
 al día per day
 Buenos días. Good morning., BV
 cada día every day
 de día en día from day to day
 el Día de los Muertos All Souls' Day, Day of
  the Dead
 hoy en día nowadays
 ¿Qué día es (hoy)? What day is it (today)?
la **diagnosis** diagnosis, **2.2**
 hacer una diagnosis to make a diagnosis
el **dibujo** picture, drawing, 1.2
 diciembre December, 1.1

Spanish-English Dictionary

diecinueve nineteen, 1.1
dieciocho eighteen, 1.1
dieciséis sixteen, 1.1
diecisiete seventeen, 1.1
el **diente** tooth, **6.1**
   cepillarse los dientes to brush one's teeth, **6.1**
   el cepillo de dientes toothbrush, **6.2**
   lavarse los dientes to brush one's teeth
  diez ten, 1.1
   de diez en diez by tens
la **diferencia** difference
  diferente different
  difícil hard, difficult, 1.2
el **dinero** money
  directamente directly
  directo(a) direct
el **disco** record, disc
   el disco compacto compact disc (CD)
la **discoteca** discotheque
la **distancia** distance
  distinto(a) different
la **diversión** amusement, pastime
  divertido(a) fun, amusing
  divertir (ie) to amuse
  divertirse (ie) to enjoy oneself, to have a good time, **6.2**
  divino(a) divine
  divorciarse to get divorced
  doblado(a) dubbed
los **dobles** doubles (tennis), **4.1**
  doce twelve, 1.1
el/la **doctor(a)** doctor
  doler (ue) to ache, to hurt
   Me duele(n)... My . . . hurt(s) me, **2.2**
el **dolor** pain, ache, **2.1**
   el dolor de cabeza headache, **2.1**
   el dolor de estómago stomachache, **2.1**
   el dolor de garganta sore throat, **2.1**
el **domingo** Sunday, BV
  dominicano(a) Dominican
   La República Dominicana Dominican Republic
  ¿dónde? where?, 1.1
   ¿de dónde? from where?, 1.1
  dormido(a) asleep
  dormir (ue) to sleep, 6.1; **1.1**
   el cuarto de dormir bedroom, 2.2
   el saco de dormir sleeping bag, **6.2**
  dormirse (ue) to fall asleep, **6.1**
el **dormitorio** bedroom, 2.2
  dos two, 1.1
  doscientos(as) two hundred, 3.1
la **dosis** dose, 2.2
el/la **dramaturgo(a)** playwright
  driblar to dribble, 6.2; **1.2**

la **ducha** shower, **6.1**
   tomar una ducha to take a shower, **6.1**
la **duda** doubt
el/la **dueño(a)** owner
  dulce sweet
   el pan dulce sweet roll
  durante during, 3.1
  duro(a) hard, difficult, 1.2
el **DVD** digital video disc (DVD), 3.2

  echar to throw
la **ecología** ecology
  ecológico(a) ecological
la **ecuación** equation
  ecuatoriano(a) Ecuadorean
la **edad** age
el **edificio** building, 2.2
la **educación** education
   la educación física physical education, 1.2
el **ejemplar** copy
el **ejemplo** example
   por ejemplo for example
el **ejote** string bean, 5.2
  el the
  él he
  electrónico(a) electronic
   el correo electrónico e-mail
  elegante elegant
  ella she
  ellos(as) they
  embarcar to board, **3.1**
el **embarque** boarding
   la hora de embarque boarding time
   la tarjeta de embarque boarding pass, **3.1**
la **emisión** program, 3.1; emission
   la emisión deportiva sports program
  emitir to emit
  emocionante emotional
  empatado(a) tied (score), 6.1; **1.1**
  empezar (ie) to begin, 6.1; **1.1**
el/la **empleado(a)** employee, 4.1
  en in, on
   en absoluto absolutely not, not at all
   en autobús by bus
   en avión by plane
   en busca de in search of
   en cama in bed,
   en carro by car, 3.2
   en casa at home
   en cuanto a as for
el **encanto** enchantment
   la isla del encanto island of enchantment
  encender (ie) to light

Spanish-English Dictionary

el **encestado** basket
   encestar to make a basket, 6.2; **1.2**
la **enchilada** enchilada
   encima de over, on top of
     por encima de on top of, **4.1**
   encontrar (ue) to find
el **encuentro** encounter, meeting
el/la **enemigo(a)** enemy
   enero January, BV
el/la **enfermero(a)** nurse
   enfermo(a) sick, **2.1**
el/la **enfermo(a)** ill person, patient, **2.2**
   enrollado(a) rolled up
la **ensalada** salad, 5.1
   enseguida right away, immediately, **6.1**
   enseñar to teach
   entero(a) entire
   entonces then
la **entrada** inning, 6.2; **1.2;** admission ticket, **5.1**
   entrar to enter, 3.2
   entre between, among
   entregar to deliver
el/la **entrenador(a)** trainer, coach
la **entrevista** interview
el **envase** container, 5.2
   enviar to send, to mail
el **equilibrio** equilibrium
el **equipaje** baggage, luggage, **3.1**
   el equipaje de mano carry-on luggage, **3.1**
   facturar el equipaje to check luggage, **3.1**
   reclamar (recoger) el equipaje to pick up one's luggage, **3.2**
   el reclamo de equipaje baggage claim, **3.2**
el **equipo** team, 6.1; **1.1;** equipment
   el deporte de equipo team sport, 6.2; **1.2**
   el equipo de fútbol soccer team
   equivaler to be equivalent
los **escalofríos** chills, **2.1**
   escamotear to secretly take out
   escaparse to escape
   escoger to choose
   escolar (related to) school
   el bus escolar school bus, 3.2
   los materiales escolares school supplies, 4.1
   esconder to hide
   escribir to write, 5.1
   escuchar to listen (to), 3.2
el **escudero** squire
la **escuela** school, 1.2
   la escuela intermedia middle school
   la escuela primaria elementary school
   la escuela superior high school
el/la **escultor(a)** sculptor

la **escultura** sculpture
   espacial (related to) space
   la nave espacial spaceship
el **espacio** space
la **espalda** back
   espantoso(a) frightful
   España Spain
   español(a) Spanish *(adj.)*
   de habla española Spanish-speaking
el **español** Spanish, 1.2
   el Club de español Spanish club
   especial special
   especialmente especially
   espectacular spectacular
el **espectáculo** show
el/la **espectador(a)** spectator, 6.1; **1.1**
el **espejo** mirror, **6.1**
   esperar to wait for, 5.1
la **esposa** wife
el **esposo** husband
   esquelético(a) skeletal
el **esqueleto** skeleton
el **esquí** skiing, **4.1**, ski, **4.2**
   el esquí acuático waterskiing, **4.1**
   los esquís acuáticos water skis, **4.2**
   la estación de esquí ski resort, **4.2**
el/la **esquiador(a)** skier, **4.2**
   esquiar to ski, **4.2**
   esquiar en el agua to water-ski, **4.1**
   esta this
   esta mañana this morning, **4.1**
   esta noche tonight, **4.1**
   esta tarde this afternoon, **4.1**
   establecer to establish
el **establecimiento** establishment
la **estación** resort, **4.2;** season; station
   la estación de esquí ski resort, **4.2**
   la estación del metro subway station, **5.1**
el **estadio** stadium, 6.1; **1.1**
   el estadio de fútbol soccer stadium
el **estado** state
   Estados Unidos United States
   estar to be, 3.1
   ¿A cuánto está(n)? How much is it (are they)?
   ¿Cómo está(s)? How are you?
   estar de buen humor to be in a good mood, **2.1**
   estar de buena salud to be in good health
   estar de mal humor to be in a bad mood, **2.1**
   estar en clase to be in class, 3.2
   estar mal to feel sick (ill)
   estar resfriado(a) to have a cold, **2.1**
la **estatua** statue, **5.2**
   este(a) this *(adj.)*

Spanish-English Dictionary

el **estilo** style

el **estómago** stomach, **2.1**

 el dolor de estómago stomachache, **2.1**

 estornudar to sneeze, **2.1**

 estos(as) these

la **estrella** star

 estudiar to study, 3.1

el **estudio** study

 los estudios sociales social studies, 1.2

 estupendo(a) stupendous

 estúpido(a) stupid

 eterno(a) eternal

el **euro** euro (currency of all countries of the European Common Market)

 exactamente exactly

 exagerar to exaggerate

el **examen** test, exam

 examinar to examine, **2.2**

 excelente excellent

 exclamar to exclaim

la **excursión** trip, excursion

 la excursión de camping camping trip

 existir to exist

el **éxito** success

 tener éxito to be successful

la **expedición** expedition

la **experiencia** experience

el/la **experto(a)** expert, **4.2**

 la pista para expertos expert slope, **4.2**

 explicar to explain

 explorar to explore

la **exposición** exhibition, **5.2**

 la exposición de arte art exhibition, **5.2**

la **expresión** expression

 extranjero(a) foreign, **3.2**

el/la **extranjero(a)** foreigner, stranger

 extraordinario(a) extraordinary

 extremo(a) extreme

la **fábrica** factory

 fabuloso(a) fabulous

 fácil easy, 1.2

la **facilidad** facility

 facturar to check in

 facturar el equipaje to check luggage, **3.1**

la **falda** skirt, 4.2

 falso(a) false

la **familia** family, 2.1

 familiar (related to) family

 famoso(a) famous

la **fantasía** fantasy

 fantástico(a) fantastic

el/la **farmacéutico(a)** pharmacist, **2.2**

la **farmacia** pharmacy, **2.2**

el **favor** favor

 por favor please, BV

 favorito(a) favorite

 febrero February, BV

la **fecha** date

 ¿Cuál es la fecha de hoy? What is today's date?, BV

 feo(a) ugly, 1.1

la **fiebre** fever, **2.1**

 fiel faithful

la **fiesta** party, 2.2; holiday

la **figura** figure

la **fila** line (queue); row (of seats), **5.1**

el **film** film, **5.1**

el **fin** end

 el fin de semana weekend

 el fin de semana pasado last weekend

 pasar el fin de semana to spend the weekend, **4.1**

 por fin finally

 firmar to sign

 físico(a) physical, 1.2

 la educación física physical education, 1.2

la **flauta** flute

la **flor** flower

la **forma** form

 formal formal

 formar to form

la **foto** photo

la **fotografía** photograph

el **francés** French

la **frecuencia** frequency

 frecuentemente frequently

 fresco(a) fresh (food), 5.2; cool

 Hace fresco. It's cool (weather).

el **frijol** bean, 5.2

el **frío** cold

 Hace frío. It's cold (weather)., **4.2**

 frito fried

 los huevos fritos *(pl.)* fried eggs

 las papas (patatas) fritas *(pl.)* French fries, 5.1

la **fruta** fruit, 5.2

la **fuente** source; fountain

 fuerte strong

el **funcionamiento** functioning, operation

 funcionar to operate

la **fundación** foundation

 fundar to found, to establish

la **furia** fury

Spanish-English Dictionary

el **fútbol** soccer, 6.1; **1.1**
    el **campo de fútbol** soccer field, 6.1; **1.1**
    el **equipo de fútbol** soccer team
    el **estadio de fútbol** soccer stadium
    jugar (ue) (al) fútbol to play soccer

el **gallo** rooster
el **galón** gallon
la **gana** desire, wish
    ganar to win, 6.1; **1.1**; to earn
el **garabato** scribble
el **garaje** garage, 2.2
la **garganta** throat, **2.1**
    el **dolor de garganta** sore throat, **2.1**
el **gas** gas
la **gaseosa** carbonated drink, 5.1
    gastar to spend
el **gasto** expense
el/la **gato(a)** cat, 2.1
    genealógico(a) genealogical
        el **árbol genealógico** family tree
    general general
        en general generally
        por lo general generally
    generoso(a) generous
la **gente** people, **5.2**
la **geografía** geography
    geométrico(a) geometrical
el **gigante** giant
el/la **gobernador(a)** governor
el **gol** goal, 6.1; **1.1**
    meter un gol to score a goal, 6.1; **1.1**
el **golf** golf, 6.2; **1.2**
    golpear to hit, **4.1**
la **goma (de borrar)** eraser, 4.1
    gordo(a) fat
la **gorra** cap, 4.2
    gozar (de) to enjoy
    Gracias. Thank you., BV
    gracioso(a) funny, 1.1
el **grado** degree, **4.2**
el **gramo** gram
    gran, grande big, large, great, 1.2
        las **Grandes Ligas** Major Leagues
el **grano** grain
la **grasa** fat
    gratis free
la **gripe** flu, **2.1**
    gris gray, 4.2
el **grupo** group
la **guagua** bus (P.R., Cuba), **5.1**
    perder la guagua to miss the bus, **5.1**

el **guante** glove, 6.2; **1.2**
    guapo(a) handsome, good-looking, 1.1
    guardar to guard, 6.1; **1.1**; to keep
        guardar cama to stay in bed, **2.1**
    guatemalteco(a) Guatemalan
el/la **guía** guide
    la **guía de campings** camping guide (book)
el **guisante** pea, 5.2
la **guitarra** guitar
    gustar to please; to like, 6.2; **1.2**
el **gusto** pleasure; like; taste
    Mucho gusto. Nice to meet you.

la **habichuela** bean, 5.2
el **habla** speech, language
    de habla española Spanish-speaking
    hablar to talk, to speak, 3.1
        hablar por teléfono to speak on the phone, 3.1
    hacer to do, to make
        Hace buen tiempo. The weather is nice., **4.1**
        Hace calor. It's hot (weather)., **4.1**
        Hace fresco. It's cool (weather).
        Hace frío. It's cold (weather)., **4.2**
        Hace mal tiempo. The weather is bad., **4.1**
        Hace sol. It's sunny., **4.1**
        Hace viento. It's windy.
        hacer batalla to do battle
        hacer caso to pay attention
        hacer cola to form a line, to line up
        hacer una diagnosis to make a diagnosis
        hacer la maleta to pack one's suitcase
        hacer pedazos to tear (break) to pieces
        hacer la plancha de vela to windsurf
        hacer un viaje to take a trip, 3.1
        ¿Qué tiempo hace? What is the weather (like)?, **4.1**
    hacia toward
    hallar to find
el **hambre** hunger
    tener hambre to be hungry, 5.1
la **hamburguesa** hamburger, 5.1
el **hardware** hardware
la **harina** flour
    hasta until, up to, as far as
        ¡Hasta luego! See you later!, BV
        ¡Hasta mañana! See you tomorrow!, BV
        ¡Hasta pronto! See you soon!, BV
    hawaiana: la tabla hawaiana surfboard, **4.1**
    hay there is, there are, 2.2
        Hay nubes. It's cloudy.
        Hay sol. It's sunny., **4.1**
        Hay viento. It's windy.

Spanish-English Dictionary

No hay de qué. You're welcome., BV
No hay más remedio. There is nothing more we can do.
¿Qué hay? What's new (up)?
helado(a) frozen, iced
    el té helado iced tea, 5.1
el helado ice cream, 5.1
    el helado de chocolate chocolate ice cream, 5.1
    el helado de vainilla vanilla ice cream, 5.1
el hemisferio hemisphere
    el hemisferio norte northern hemisphere
    el hemisferio sur southern hemisphere
herido(a) wounded, injured
la hermana sister, 2.1
la hermanastra stepsister, 2.1
el hermanastro stepbrother, 2.1
el hermano brother, 2.1
el héroe hero
la heroína heroine
higiénico(a) hygienic
    el papel higiénico(a) toilet paper, **6.2**
la hija daughter, 2.1
el hijo son, 2.1
    los hijos children
el hipermercado (wholesale) supermarket
hispano(a) Hispanic
    las letras hispanas Spanish literature
la historia history, 1.2; story
la historieta short story
la hoja leaf, sheet
    la hoja de papel sheet of paper, 4.1
¡Hola! Hello!, BV
el hombre man
el honor honor
la hora hour, time
    ¿A qué hora? At what time?, BV
    la hora de embarque boarding time
    las veinticuatro horas midnight
    ¿Qué hora es? What time is it?, BV
el horario timetable, schedule
horrible horrible
el hospital hospital
hospitalario(a) (related to) hospital
el hostal hostelry, inn
el hotel hotel
hoy today, BV; **4.1**
    ¿Cuál es la fecha de hoy? What is today's date?
    hoy en día nowadays
    ¿Qué día es (hoy)? What day is it (today)?
el hueso bone
el huevo egg, 5.2
    los huevos fritos *(pl.)* fried eggs

    los huevos pasados por agua *(pl.)* soft-boiled eggs
    los huevos revueltos *(pl.)* scrambled eggs
humano(a) human
    el cuerpo humano human body
    el ser humano human being
humilde humble
el humo smoke
el humor mood
    estar de buen humor to be in a good mood, **2.1**
    estar de mal humor to be in a bad mood, **2.1**

la idea idea
el/la idealista idealist
igual equal
la igualdad equality
la ilusión illusion
impenetrable impenetrable
importante important
importar to matter
    No importa. It doesn't matter.
imposible impossible
la impresión impression
la impresora printer
la inclinación inclination, slant
incluir to include
increíble incredible
la independencia independence
el indicador indicator
    el tablero indicador scoreboard, 6.1; **1.1**
indicar to indicate, 6.1; **1.1**
indígena native, indigenous
el/la indígena native person
indio(a) Indian
el/la indio(a) Indian
indispensable indispensable
individual individual
    el deporte individual individual sport
la industria industry
industrial industrial
la influencia influence
el inglés English, 1.2
    inhóspito(a) inhospitable
    inmediato(a) immediate
la inspección inspection
inspeccionar to inspect, **3.2**
inspirar to inspire
el instante instant
el instituto high school, secondary school, institute
la instrucción instruction
el instrumento instrument

Spanish-English Dictionary

inteligente intelligent, 1.2
el **interés** interest
interesante interesting, 1.2
interesar to interest, 6.2; **1.2**
intermedio(a) intermediate, 1.2
    la **escuela intermedia** middle school
internacional international
el/la **Internet** Internet
interno(a) internal
íntimo(a) close, intimate
la **introducción** introduction
el/la **intruso(a)** intruder
la **invención** invention
inverso(a) reverse
la **investigación** research, investigation
el **invierno** winter, BV; **4.2**
la **invitación** invitation
invitar to invite, 3.1
la **inyección** injection, **2.2**
ir to go, 3.1
    ir a pie to walk, 3.2
    ir de camping to go camping
    ir de compras to go shopping, 5.2
    ir en carro to go by car
    irse por to go (fall) through
la **isla** island
    la **isla del encanto** island of enchantment
italiano(a) Italian
izquierdo(a) left, 6.1; **1.1**

el **jabón** soap, **6.2**
    la **pastilla (barra) de jabón** bar of soap, **6.2**
el **jamón** ham, 5.1
    el **sándwich de jamón y queso** ham and cheese sandwich, 5.1
el **jardín** garden, 2.2
el/la **jardinero(a)** outfielder, 6.2; **1.2**
el **jarro** jug, jar
el **jean** jeans, 4.2
el **jonrón** home run, 6.2; **1.2**
joven young
el/la **joven** young person, **5.1**
la **judía** bean
    la **judía verde** green bean, 5.2
el **juego** game
    el **juego de tenis** tennis game, **4.1**
el **jueves** Thursday, BV
el/la **jugador(a)** player, 6.1; **1.1**
    el/la **jugador(a) de béisbol** baseball player, 6.2; **1.2**
    jugar (ue) to play, 6.1; **1.1**
    jugar (al) tenis to play tennis, **4.1**

el **jugo** juice, **6.1**
    el **jugo de naranja** orange juice, **6.1**
el **juguete** toy
julio July, BV
la **jungla** jungle
junio June, BV
junto(a) together
juvenil juvenile

el **kilo** kilo, 5.2
el **kilogramo** kilogram
el **kleenex** tissue, **2.1**

la the; it, her
el **laboratorio** laboratory
laborioso(a) laborious
lacustre (related to) lake
el **lado** side
    al lado de beside, next to
ladrar to bark
el **lamento** lament
la **lana** wool
la **lanza** lance
el/la **lanzador(a)** pitcher, 6.2; **1.2**
el **lanzamiento** throw, launching
    la **plataforma de lanzamiento** launchpad
    lanzar to throw, to kick, 6.1; **1.1**
el **lápiz** pencil, 4.1
    largo(a) long
    la **manga larga** long sleeve, 4.2
    el **pantalón largo** long pants, 4.2
las them (*f. pl. pron.*)
la **lata** can, 5.2
el **latín** Latin (language)
latino(a) Latin
Latinoamérica Latin America
latinoamericano(a) Latin American
la **lavandería** laundromat
lavar to wash
lavarse to wash oneself, **6.1**
    lavarse los dientes to brush one's teeth, **6.1**
le to him, to her, to you (*pron.*)
la **lección** lesson, 3.1
la **leche** milk, 5.2
la **lechuga** lettuce, 5.2
la **lectura** reading
leer to read, 5.1
la **legumbre** vegetable, 5.2
lejos far
la **lengua** language, tongue

Spanish-English Dictionary

les to them; to you *(pl. pron.)*
las **letras** letters (literature)
    las letras hispanas Spanish literature
levantar to raise, to lift
    levantar la mano to raise your hand, **3.2**
levantarse to get up, **6.1**
el/la **libertador(a)** liberator
la **libra** pound
libre free, unoccupied, 5.1
    al aire libre outdoor, **4.1**
el **libro** book, 4.1
el **liceo** high school
el **líder** leader
la **liga** league
    las Grandes Ligas Major Leagues
la **limonada** lemonade
la **línea** line
    la línea aérea airline, **3.1**
el **lípido** lipid
la **liquidación** sale, 4.2
el **líquido** liquid
la **lista** list
    listo(a) ready
la **literatura** literature
el **litro** liter
llamar to call
    llamar por teléfono to call on the phone
llamarse to call oneself, to be called, **6.1**
la **llegada** arrival
    la pantalla de salidas y llegadas arrival and
      departure screen (board), **3.1**
llegar to arrive, 5.1
llenar to fill
lleno(a) full, **5.2**
llevar to wear, 3.2; to carry, 4.1; **6.2**
    llevar subtítulos to have subtitles
llover (ue) to rain, it's raining
    Llueve. It's raining., **4.1**
la **lluvia** rain
lluvioso(a) rainy
lo it; him *(m. sing. pron.)*
    lo que what, that which
local local
la **loción** lotion
    la loción (crema) bronceadora suntan
      lotion, **4.2**
loco(a) crazy
    volverse (ue) loco(a) to go mad
lógico(a) logical
los them *(m. pl. pron.)*
luchar to fight
luego later; then
    ¡Hasta luego! See you later!, BV
el **lugar** place

la **luna** moon
el **lunes** Monday, BV
la **luz** light

la **madrastra** stepmother, 2.1
la **madre** mother, 2.1
    madrileño(a) native of Madrid
el/la **maestro(a)** teacher
el **maíz** corn, 5.2
mal ill, sick, bad
    estar de mal humor to be in a bad mood, **2.1**
    estar mal to feel sick (ill)
    Hace mal tiempo. The weather is bad., **4.1**
el **mal** evil
    malagueño(a) native of Málaga, Spain
la **maleta** suitcase, **3.1**
    abrir las maletas to open the suitcases, **3.2**
    hacer la maleta to pack one's suitcase, **3.1**
    reclamar (recoger) las maletas to pick up one's
      suitcases, **3.2**
    malhumorado(a) bad-tempered
    malo(a) bad, 1.2
    la nota mala bad grade (mark), 3.2
la **mamá** mom
el **mambo** mambo
la **manera** manner
    de ninguna manera not at all, by no means,
      no way
la **manga** sleeve
    la manga corta short sleeve, 4.2
    la manga larga long sleeve, 4.2
la **mano** hand, 6.1
    el equipaje de mano carry-on luggage, **3.1**
    ¡Manos a la obra! Let's get to work!
el **mantel** tablecloth
la **mantequilla** butter
la **manzana** apple, 5.2
mañana tomorrow, BV
    ¡Hasta mañana! See you tomorrow!, BV
la **mañana** morning
    ayer por la mañana yesterday morning
    de la mañana A.M. (time)
    esta mañana this morning, **4.1**
    por la mañana in the morning, 5.2
el **mapa** map
la **máquina** machine
el **mar** sea, 4.1
    el mar Caribe Caribbean Sea
    el mar Mediterráneo Mediterranean Sea
el **marcador** marker, 4.1
marcar to score
    marcar un tanto to score a point, 6.1; **1.1**

Spanish-English Dictionary

la **marcha** march
el **marido** husband
los **mariscos** shellfish, 5.2
el **marqués** marquis
la **marquesa** marquise
marrón brown, 4.2
martes Tuesday, BV
marzo March, BV
más more
   más de (que) more than
   un poco más a little more
   ¡Qué... más... ! What a . . . !
   una vez más one more time
las **matemáticas** mathematics, 1.2
la **materia** matter, subject (school)
el **material** material
   los materiales escolares school supplies, 4.1
el/la **maya** Maya
mayo May, BV
mayor older, 2.1
el/la **mayor** oldest, 2.1
la **mayoría** majority
me me
la **medalla** medal
la **medianoche** midnight
el **medicamento** medication, medicine, **2.2**
la **medicina** medicine, **2.2**
médico(a) medical
el/la **médico(a)** doctor, **2.2**
   la consulta del médico doctor's office, **2.2**
la **medida** measure
medio(a) half
el **medio** means; medium
   el medio ambiente environment
   el medio de transporte means of transportation
   por medio de by means of
el **mediodía** noon
mejor better
el/la **mejor** best
melancólico(a) sad, melancholic
la **memoria** memory
el/la **menino(a)** young page of a royal family
menor younger, 2.1
el/la **menor** youngest, 2.1
menos less; minus
   menos cuarto quarter to (the hour)
el **menú** menu, 5.1
el **mercado** market, 5.2
la **merced** mercy
el **merengue** merengue
la **mermelada** marmalade
el **mes** month

la **mesa** table, 5.1
   la mesa plegable folding table, **6.2**
la **mesera** waitress, 5.1
el **mesero** waiter, 5.1
el **metabolismo** metabolism
el **metal** metal
meter to put, to place
   meter un gol to score a goal, 6.1; **1.1**
métrico(a) metric
el **metro** subway, **5.1**
   la estación del metro subway station, **5.1**
mexicano(a) Mexican, 1.1
mi my
mí me
el **miedo** fear
   tener miedo to be afraid
el **miembro** member
mientras while
el **miércoles** Wednesday, BV
mil one thousand, 3.1
el **millón** million, 4.1
mineral mineral
   el agua mineral mineral water, 5.2, **6.2**
mirar to watch, to look at, 3.1
mirarse to look at oneself, **6.1**
mismo(a) same, 1.2; himself, herself
el **misterio** mystery
misterioso(a) mysterious
la **mochila** knapsack, backpack, 4.1, **6.2**
la **moda** style
   de moda in style
el/la **modelo** model
moderno(a) modern
módico(a) moderate, reasonable
   al precio módico(a) at a reasonable price
el **molino** mill
   el molino de viento windmill
el **momento** moment
la **moneda** coin
   la moneda de oro gold coin
el **monitor** monitor
el **monstruo** monster
la **montaña** mountain, **4.2**
montar (a caballo) to mount, to get on (a horse)
   montar en un asno to ride a donkey
el **monto** sum, total
morder (ue) to bite
moreno(a) dark, brunette, 1.1
la **mosca** fly
el **mostrador** counter, **3.1**
mostrar (ue) to show
el **motivo** motive

Spanish-English Dictionary

mover (ue) to move
la **muchacha** girl, 1.1
el **muchacho** boy, 1.1
mucho(a) a lot, many, much, 2.1
    Mucho gusto. Nice to meet you.
el/la **muerto(a)** dead (person)
    el Día de los Muertos All Souls' Day, Day of the Dead
la **mujer** woman, wife
mundial (related to) world
    la Copa mundial World Cup
    la Serie mundial World Series
el **mundo** world
    todo el mundo everyone
municipal municipal
el **mural** mural
el/la **muralista** mural painter
muscular muscular
el **músculo** muscle
el **museo** museum, 5.2
la **música** music, 1.2
    el Conservatorio Nacional de Música National Conservatory of Music
el/la **músico(a)** musician
muy very, 1.2
    muy bien very well, BV

N

nacer to be born
nacional national
    el Conservatorio Nacional de Música National Conservatory of Music
    el parque nacional national park, 6.2
la **nacionalidad** nationality
    ¿de qué nacionalidad? what nationality?, 1.1
nada nothing, 5.2
    De nada. You're welcome., BV
    nada más nothing else, 5.2
    Por nada. You're welcome., BV
nadar to swim, 4.1
nadie no one, 5.2
naranja orange (color), 4.2
la **naranja** orange (fruit), 5.1
    el jugo de naranja orange juice, 6.1
natal native
natural natural
la **naturaleza** nature
la **nave** ship
    la nave espacial spaceship
navegar to navigate
    navegar la red to surf the Net
la **Navidad** Christmas

necesario(a) necessary
necesitado(a) needy
necesitar to need, 4.1
negro(a) black, 4.2
la **nene(a)** baby
    nene(a) dear, darling (term of endearment)
nervioso(a) nervous, 2.1
nevar (ie) to snow, it's snowing
    Nieva. It's snowing., 4.2
la **nieta** granddaughter, 2.1
el **nieto** grandson, 2.1
la **nieve** snow, 4.2
ninguno(a) no, not any
    de ninguna manera not at all, by no means, no way
el/la **niño(a)** child
el **nivel** level
no no, not
    No hay de qué. You're welcome., BV
la **noche** night, evening
    anoche last night, 4.1
    Buenas noches. Good evening., BV
    esta noche tonight, 4.1
    por la noche at night
la **Nochebuena** Christmas Eve
nombrar to name
el **nombre** name
el **norte** north
nos us
nosotros(as) we, 1.2
la **nota** grade, mark
    sacar notas altas (bajas) to get high (low) grades, 3.2
    sacar notas buenas (malas) to get good (bad) grades, 3.2
notar to note, to notice
novecientos(as) nine hundred, 3.1
la **novela** novel
el/la **novelista** novelist
noveno(a) ninth
noventa ninety, 2.1
noviembre November, BV
la **nube** cloud, 4.1
    Hay nubes. It's cloudy.
nuestro(a) our
nueve nine, 1.1
nuevo(a) new, 1.2
    de nuevo again
el **número** number, size, 4.2
    el número de teléfono telephone number
    el número del asiento seat number, 3.1
    el número del vuelo flight number, 3.1
nunca never, 5.2
la **nutrición** nutrition

Spanish-English Dictionary

o or
objetivo objective
obligatorio(a) required, obligatory
la **obra** work
    la **obra de teatro** play, theatrical work
    ¡Manos a la obra! Let's get to work!
el **océano** ocean
    el **océano Atlántico** Atlantic ocean
    el **océano Pacífico** Pacific ocean
  ochenta eighty, 2.1
  ocho eight, 1.1
  ochocientos(as) eight hundred, 3.1
  octubre October, BV
  ocupado(a) occupied, 5.1
  ofrecer to offer
  oír to hear
    oír un concierto to attend a concert, **5.2**
el **ojo** eye, **2.2**
la **ola** wave, **4.1**
  once eleven, 1.1
la **onza** ounce
  opcional optional
la **ópera** opera
  opinar to think, to have an opinion
la **opinión** opinion
el/la **opresor(a)** oppressor
la **oración** sentence
el **orden** order (sequential)
la **orden** order (restaurant), 5.1
el **ordenador** computer
el **órgano** organ
el **origen** origin
  original original
    en versión original in the original version
el **oro** gold
    la **moneda de oro** gold coin
la **orquestra** orchestra
  oscuro(a) dark
el **otoño** fall, BV
  otro(a) other, another
    cualquier otro any other
    otra vez again
  ¡Oye! Listen!

el/la **paciente** patient, **2.2**
el **padrastro** stepfather, 2.1
el **padre** father, 2.1
los **padres** parents, 2.1
  pagar to pay, 4.1

la **página** page
    la **página Web** Web page
el **país** country, **3.2**
    los **países de habla española** Spanish-speaking
      countries
el **paisaje** countryside
la **paja** straw
la **palabra** word
el **palo** pole
el **pan** bread, 5.1
    el **pan dulce** sweet roll
    el **pan tostado** toast, 5.1; **6.1**
el **panqueque** pancake
la **pantalla** screen (movie theater), **5.1**
    la **pantalla de salidas y llegadas** arrival and
      departure screen (board), **3.1**
el **pantalón** pants, 4.2
    el **pantalón corto** shorts, 4.2
    el **pantalón largo** long pants, 4.2
el **pañuelo** handkerchief, **2.1**
el **papa** dad, 3.1
la **papa** potato, 5.2
    las **papas fritas** French fries, 5.1
el **papel** paper, 4.1; role
    la **hoja de papel** sheet of paper, 4.1
    el **papel higiénico** toilet paper, **6.2**
la **papelería** stationery store, 4.1
el **paquete** package, 5.2
el **par** pair; equal
    el **par de tenis** pair of tennis shoes
      (sneakers), 4.2
    sin par without equal, matchless
  para for
  paralelo(a) parallel
  parar to stop, 6.1; **1.1**
  parecer to seem, to look like
  parecido(a) similar
el/la **pariente(a)** relative, 2.1
el **parque** park
    el **parque nacional** national park, **6.2**
el **párrafo** paragraph
la **parte** part
    tomar parte to take part
  participar to participate
  particular private
el **partido** game, 6.1; **1.1**
    el **partido de tenis** tennis game
  pasado(a) passed
    el **año pasado** last year
    el **fin de semana pasado** last weekend
    los **huevos pasados por agua** soft-boiled eggs
    la **semana pasada** last week, **4.1**
    el **viernes pasado** last Friday
el/la **pasajero(a)** passenger, **3.1**

Spanish-English Dictionary

el **pasaporte** passport, 3.1
    el control de pasaportes passport control, **3.2**
  pasar to pass, 6.2; **1.2**; to occur, to happen; to spend (time)
    pasar el fin de semana to spend the weekend, **4.1**
    pasar por to pass (walk) through
    pasar las vacaciones to spend one's vacation
    pasarlo bien to have a good time
    ¿Qué te pasa? What's the matter (with you)?, **2.1**
el **paso** step
la **pasta: la pasta (crema) dentífrica** toothpaste, **6.2**
el **pastel** cake, 2.2
la **pastilla** pill, tablet, **2.2**; bar
    la pastilla de jabón bar of soap, **6.2**
la **patata** potato, 5.2
    las patatas fritas French fries, 5.1
  pausado(a) slow, calm
el **pecho** chest
el **pedazo** piece
    hacer pedazos to tear (break) to pieces
  peinarse to comb one's hair, **6.1**
el **peine** comb, **6.1**
la **película** film, **5.1**
    ver una película to see a film, **5.1**
  pelirrojo(a) redheaded, 1.1
el **pelo** hair, **6.1**
la **pelota** ball, 6.2; **1.2**
la **pena** pain
    ¡Qué pena! What a shame!
el **peón** farmer, laborer
  pequeño(a) small, 1.2
  perder (ie) to lose, 6.1; **1.1**
    perder el autobús (la guagua, el camión) to miss the bus, **5.1**
  ¡Perdón! Excuse me!
  perfecto(a) perfect
el **periódico** newspaper
el **período** period
el **permiso** permission
    dar permiso to give permission
  permitir to permit, **3.1**
  pero but
el **perrito** puppy, 2.1
el/la **perro(a)** dog, 2.1
la **persona** person
el **personaje** character
  personalmente personally
  peruano(a) Peruvian, 1.1
  pesar to weigh
el **pescado** fish, 5.2
el **peso** peso; weight
el **petróleo** oil

  petrolero (related to) oil
el **pez** fish
el **piano** piano
  picado(a) chopped, ground
el/la **pícaro(a)** rogue, rascal
el/la **pícher** pitcher, 6.2; **1.2**
el **pico** peak, **4.2**
el **pie** foot, 6.1; **1.1**
    a pie on foot, 3.2
    ir a pie to walk, 3.2
la **piedra** stone
la **pierna** leg, 6.1; **1.1**
la **pieza** room
la **píldora** pill, **2.2**
la **pinta** pint
  pintar to paint
el/la **pintor(a)** painter
la **pintura** painting
la **piscina** pool, **4.1**
el **piso** floor, 2.2; apartment
la **pista** slope, **4.2**
    la pista para expertos expert slope, **4.2**
    la pista para principiantes beginners' slope, **4.2**
la **pizza** pizza
la **pizzería** pizzeria
el **plan** plan
la **plancha** board
    hacer la plancha de vela to windsurf
    la plancha de vela sailboard, **4.1**
la **planta** floor
    la planta baja ground floor, 2.2
  plástico(a) plastic
    el utensilio de plástico plastic utensil
la **plataforma** platform, pad
    la plataforma de lanzamiento launchpad
el **plátano** banana, 5.2
el **platillo** home plate, 6.2; **1.2**
el **plato** plate, dish
la **playa** beach, **4.1**
  playera (related to) beach
    la toalla playera beach towel, **4.1**
  plegable folding
    la mesa plegable folding table, **6.2**
    la silla plegable folding chair
la **pluma** pen, 4.1
la **población** population
  pobre poor, **2.1**
  poco(a) a little, few, 2.1
    un poco más a little more
  poder (ue) to be able, 6.1; **1.1**
el/la **poeta** poet
  político(a) political
el **pollo** chicken, 5.2

Spanish-English Dictionary

ponceño(a) of or from Ponce, Puerto Rico

el **poncho** poncho

poner to put, to place, **3.1**

ponerse to put on, **6.1**

   ponerse la ropa to put on one's clothes, **6.1**

popular popular

la **popularidad** popularity

por for, by

   irse por to go (fall) through

   por consiguiente therefore, consequently

   por ejemplo for example

   por encima de on top of, **4.1**

   por favor please, BV

   por fin finally

   por lo general generally

   por la mañana in the morning, **5.2**

   por medio de by means of

   Por nada. You're welcome., BV

   por la noche at night

   por la tarde in the afternoon, **4.1**

   ¿por qué? why?

   por tierra overland

porque because

el **porte** poise

la **portería** goal, 6.1; **1.1**

el/la **portero(a)** goalie, 6.1; **1.1**

posible possible

postal postal

   la tarjeta postal postcard

el **postre** dessert, 5.1

practicar to practice

el **precio** price, 4.2

   a precio módico at a reasonable price

preferir (ie) to prefer, 6.1; **1.1**

la **pregunta** question, 3.2

   contestar (a) la pregunta to answer the question, 3.2

preguntar to ask

el **premio** award

preparar to prepare, 3.1

presentar to present

el/la **presidente(a)** president

prestar to lend

   prestar atención to pay attention, 3.2

el **presupuesto** budget

prevalecer to prevail

primario(a) primary, elementary

   la escuela primaria elementary school

la **primavera** spring, BV

primero(a) first

el/la **primo(a)** cousin, 2.1

la **princesa** princess

principal main, principal

el/la **principiante** beginner, **4.2**

   la pista para principiantes beginners' slope, **4.2**

la **prisa** rush, hurry, haste

   a toda prisa as quickly as possible

privado(a) private, 2.2

   la casa privada private house

el **problema** problem

procesar to process

producir to produce

el **producto** product

   los productos congelados frozen foods, 5.2

la **profesión** occupation, profession

profesional professional

el/la **profesor(a)** teacher, 1.2

el **programa** program

la **promesa** promise

prometer to promise

pronto soon, quickly

   ¡Hasta pronto! See you soon!, BV

el/la **propietario(a)** owner

el/la **protagonista** protagonist

la **protección** protection

   protector(a): la crema protectora sunblock, **4.1**

publicar to publish

el **público** public, **5.2**

el **pueblo** town

la **puerta** gate, **3.1**; door

   la puerta de salida departure gate, **3.1**

el **puerto** port

puertorriqueño(a) Puerto Rican, 1.1

pues well

el **pulmón** lung

pulmonar pulmonary

el **punto** point

purificado(a) purified

puro(a) pure

Q

que that

   lo que what, that which

¿qué? what?, how?, 3.1

   ¿A qué hora? At what time?, BV

   ¿de qué color? what color?, 4.2

   ¿de qué nacionalidad? what nationality?, 1.1

   No hay de qué. You're welcome., BV

   ¿por qué? why?

   ¿Qué desea Ud.?, May I help you? (in a store), 4.2

   ¿Qué día es (hoy)? What day is it (today)?

   ¿Qué hay? What's new (up)?

   ¿Qué hora es? What time is it?, BV

   ¡Qué... más... ! What a . . . !

   ¿Qué número usa Ud.?, What size do you wear?, 4.2

Spanish-English Dictionary

¡Qué pena! What a shame!

¡Qué suerte! What luck!

¿Qué tal? How are you?, BV

¿Qué talla usa Ud.? What size do you wear?, **4.2**

¿Qué te pasa? What's the matter (with you)?, **2.1**

¿Qué tiempo hace? What is the weather (like)?, **4.1**

¿Qué tienes? What's the matter (with you)?, **2.1**

quechua Quechuan

quedar to remain, 6.1; **1.1**

querer (ie) to want, to wish

querido(a) dear

el **queso** cheese, 5.1

    el **sándwich de jamón y queso** ham and cheese sandwich, 5.1

el **quetzal** currency of Guatemala

¿quién? who?, whom? 1.1

    ¿de quién? whose?

¿quiénes? who?, 1.1

la **química** chemistry

quince fifteen, 1.1

la **quinceañera** fifteen-year-old (girl), 2.2

quinientos(as) five hundred, 3.1

quinto(a) fifth

quitarse to take off

R

racial racial

el **racimo** bunch

    el **racimo de uvas** bunch of grapes

rápido(a) fast, quick

    la **comida rápida** fast food

la **raqueta** racket, **4.1**

el **rato** while

el **ratón** mouse

la **razón** reason

    tener razón to be right

real royal

el/la **realista** realist

realmente really

la **recámara** bedroom, 2.2

el **receptáculo** receptacle

el/la **receptor(a)** catcher, 6.2; **1.2**

la **receta** prescription, **2.2**

recetar to prescribe, **2.2**

recibir to receive, 5.1

    recibir aplausos to receive applause, **5.2**

el **reciclaje** recycling

reclamar to claim, **3.2**

    reclamar el equipaje to pick up one's luggage, **3.2**

    reclamar las maletas to pick up one's suitcases, **3.2**

el **reclamo** claim

    el **reclamo de equipaje** baggage claim, **3.2**

recoger to pick up, **3.2**

    recoger el equipaje to pick up one's luggage, **3.2**

    recoger las maletas to pick up one's suitcases, **3.2**

el **rectángulo** rectangle

la **red** net, **4.1;** network

    navegar la red to surf the Net

reducido(a) reduced

reflejar to reflect

el **reflejo** reflection

reflexionar to reflect

el **refresco** refreshment, drink, 5.1

    tomar un refresco to have a drink

el **regalo** gift, 2.2

la **región** region

la **reina** queen

la **relación** relationship

relleno(a) full, stuffed

    relleno de stuffed with

el **remedio** recourse

    No hay más remedio. There is nothing more we can do.

rentar to rent, **5.1**

    rentar un video to rent a video, **5.1**

el **repaso** review

la **representación** representation

la **república** republic

    la **República Dominicana** Dominican Republic

requerir (ie) to require

la **reservación** reservation

resfriado(a): estar resfriado(a) to have a cold, **2.1**

respirar to breathe

respiratorio(a) respiratory

    el **aparato respiratorio** respiratory system

el **restaurante** restaurant

el **resto** rest, remainder

el **retintín** jingle

el **retrato** portrait

revisar to check

    revisar el boleto to check a ticket, **3.1**

la **revista** magazine

la **revolución** revolution

revolver (ue) to turn around

revuelto(a) scrambled, jumbled

    los **huevos revueltos** scrambled eggs

el **rey** king

rico(a) rich

el **río** river

    el **río Amazonas** Amazon River

la **rodilla** knee, 6.1; **1.1**

rojo(a) red, 4.2

el **rollo** roll, **6.2**

Spanish-English Dictionary

el rollo de papel higiénico roll of toilet paper, **6.2**

el rompecabezas puzzle

romper to break

la **ropa** clothing, 4.2

ponerse la ropa to put on one's clothes, **6.1**

la tienda de ropa clothing store, 4.2

rosado(a) pink, 4.2

rubio(a) blond(e), 1.1

rural rural

la **rutina** routine, **6.1**

el **sábado** Saturday, BV

saber to know, 3.2

sabio(a) wise

sacar to get, 3.2

sacar notas altas (bajas) to get high (low) grades, 3.2

sacar notas buenas (malas) to get good (bad) grades, 3.2

el **saco** bag, sack; jacket

el saco de dormir sleeping bag, **6.2**

la **sala** room; living room, 2.2

la sala de clase classroom

la **salchicha** sausage

la **salida** departure

la pantalla de llegadas y salidas arrival and departure screen (board), **3.1**

la puerta de salida departure gate, **3.1**

salir to leave, to depart, **3.1**

salir a tiempo to leave on time, **3.1**

salir bien (en un examen) to do well (on an exam)

salir tarde to leave late, **3.1**

la **salsa** salsa

saltar to jump

la **salud** health, **2.1**

de buena salud in good health

el **sándwich** sandwich, 5.1

el sándwich de jamón y queso ham and cheese sandwich, 5.1

la **sangre** blood

el **sarape** serape

el **saxofón** saxophone

la **sección** section

seco(a) dry

secundario(a) secondary

la **sed** thirst

tener sed to be thirsty, 5.1

seguir (i) to continue, to follow

según according to

segundo(a) second

el segundo tiempo second half (soccer), 6.1; **1.1**

la **seguridad** security

la control de seguridad security (checkpoint), **3.1**

seguro(a) sure, certain

seis six, 1.1

seiscientos(as) six hundred, 3.1

seleccionar to pick, to select

la **selva** forest

la **semana** week, BV

el fin de semana weekend

el fin de semana pasado last weekend

pasar el fin de semana to spend the weekend, **4.1**

la semana pasada last week, **4.1**

sencillo(a) simple

sentarse (ie) to sit down, **6.1**

el **señor** sir, Mr., gentleman, BV

los señores ladies and gentlemen; Mr. and Mrs.

la **señora** Ms., Mrs., madam, BV

la **señorita** Miss, Ms., BV

septiembre September, BV

ser to be, 1.1

¿Cómo es él (ella)? What is he (she) like?

¿Cuánto es? How much does it cost (is it)?

es decir that is (to say)

Es verdad. That's true.

el **ser: el ser humano** human being

el ser viviente living creature, being

la **serie** series

la Serie mundial World Series

serio(a) serious, 1.1

servido(a) served

sesenta sixty, 2.1

la **sesión** performance, show (movies), **5.1**

setecientos(as) seven hundred, 3.1

setenta seventy, 2.1

si if

sí yes

Creo que sí. I think so.

siempre always, **5.2**

siete seven, 1.1

el **siglo** century

el **significado** meaning

significar to mean

la **silla** chair, 5.1

similar similar

simpático(a) nice, 1.1

simple simple

sin without

sin par without equal, matchless

sincero(a) sincere, 1.1

los **singles** singles (tennis), **4.1**

el **síntoma** symptom, **2.2**

el **sistema** system

Spanish-English Dictionary

situado(a) situated
sobre on, on top of, about
  sobre todo especially, above all
sobresaltar to jump up
sobrevolar (ue) to fly over
la **sobrina** niece, 2.1
el **sobrino** nephew, 2.1
  social social
  los estudios sociales social studies, 1.2
socorrer to help
la **soda** soda
el **software** software
el **sol** sun
  Hace (Hay) sol. It's sunny.
  los anteojos de (para el) sol sunglasses, 4.1
  tomar el sol to sunbathe, 4.1
solamente only
solo(a) alone
sólo only
el **sombrero** hat
la **sopa** soup, 5.1
  soplar to blow
la **sorpresa** surprise
  su his, her, their, your
la **subconciencia** subconscious
  subir to go up
  subir en el telesilla to ride the ski lift, 4.2
el **subtítulo** subtitle
  llevar subtítulos to have subtitles
el **suburbio** suburb
  sudamericano(a) South American
el **suelo** ground
el **sueño** dream
la **suerte** luck
  ¡Qué suerte! What luck!
  tener suerte to be lucky
el **sufrimiento** suffering
  superior superior, high
  la escuela superior high school
el **supermercado** supermarket, 5.2
el **sur** south
  la América del Sur South America
surrealista surrealist
sus their, your *(pl.)*
suspirar to sigh

el **T-shirt** T-shirt, 4.2
la **tabla** board; table
  la tabla hawaiana surfboard; 4.1
el **tablero** board
  el tablero indicador scoreboard, 6.1; **1.1**

la **tableta** tablet, **2.2**
el **taco** taco
  tal such (a thing)
  ¿Qué tal? How are things?, How are you?, BV
la **talla** size, 4.2
el **tamaño** size
  también also, too, 1.1
  tampoco neither, nor
  tan so
  tanto(a) so much
el **tanto** point, score, 6.1; **1.1**
  marcar un tanto to score a point, 6.1; **1.1**
la **taquilla** box office, **5.1**
  tarde late, 3.1
la **tarde** afternoon
  ayer por la tarde yesterday afternoon, 4.1
  Buenas tardes. Good afternoon., BV
  de la tarde in the afternoon, P.M. (time)
  esta tarde this afternoon, 4.1
  por la tarde in the afternoon, 4.1
la **tarea** homework, chore
la **tarjeta** card
  la tarjeta de embarque boarding pass, **3.1**
  la tarjeta postal postcard
el **taxi** taxi, 3.1
la **taza** cup
  te you
el **té** tea, 5.1
  el té helado iced tea, 5.1
el **teatro** theater
  la obra de teatro play, theatrical work
el **techo** roof
el **teclado** keyboard
la **tecnología** technology
la **tele** TV, television
  telefonear to telephone, to call on the phone
el **teléfono** telephone, 3.1
  la compañía de teléfonos telephone company
  hablar por teléfono to speak on the phone, 3.1
  llamar por teléfono to call on the phone
  el número de teléfono telephone number
el **telesilla** chairlift, 4.2
  tomar (subir en) el telesilla to ride the chairlift, **4.2**
el **telesquí** ski lift, 4.2
la **televisión** television, 3.1
la **temperatura** temperature, 4.2
  templado(a) temperate, mild
  temprano early, 6.1
el **tendón** tendon
el **tenedor** fork
  tener to have, 2.1
  ¿Qué tienes? What's the matter (with you)?, **2.1**
  tener... años to be . . . years old, 2.1

Spanish-English Dictionary

tener confianza en to trust
tener éxito to be successful
tener ganas de to be longing to, to want
tener hambre to be hungry, 5.1
tener miedo to be afraid
tener que to have to, 4.1
tener razón to be right
tener sed to be thirsty, 5.1
tener suerte to be lucky
el **tenis** tennis, **4.1**
    la **cancha de tenis** tennis court, **4.1**
    el **juego (partido) de tenis** tennis game
    jugar (ue) (al) tenis to play tennis, **4.1**
    el **par de tenis** pair of tennis shoes (sneakers), 4.2
    los **tenis** tennis shoes, sneakers, 4.2
el/la **tenista** tennis player
la **terminal** terminal
terminar to end
el **término** word, term
la **terraza** terrace, 2.2
terrible terrible
el **territorio** territory
el **terror** fear, terror
el **tesoro** treasure
ti you, 6.2; **1.2**
la **tía** aunt, 2.1
el **ticket** ticket, **4.2**
el **tiempo** half (soccer), 6.1; **1.1**; time; weather
    a tiempo on time, 3.1
    Hace buen tiempo. The weather is nice., **4.1**
    Hace mal tiempo. The weather is bad., **4.1**
    ¿Qué tiempo hace? What is the weather (like)?, **4.1**
    el segundo tiempo second half (soccer), 6.1; **1.1**
la **tienda** store, 4.2
    la **tienda de abarrotes** grocery store
    la **tienda de campaña** tent, **6.2**
    la **tienda de departamentos** department store
    la **tienda de ropa** clothing store, 4.2
    la **tienda de videos** video store, **5.1**
tierno(a) tender
la **tierra** land, earth
por tierra overland
las **tijeras** scissors, 4.1
tímido(a) timid, shy, 1.1
el **tío** uncle, 2.1
típico(a) typical
el **tipo** type
la **tira** strip
    la **tira cómica** comic strip
tirar to throw, 6.2; **1.2**
el **título** title

la **toalla** towel, **4.1**
    la **toalla playera** beach towel, **4.1**
tocar to touch, **1.3;** to play (instrument)
    ¡Te toca a ti! It's your turn!
el **tocino** bacon
todo(a) all, everything, 2.1
    a toda prisa as quickly as possible
    sobre todo above all, especially
    todo el mundo everyone
todos(as) everyone, everything, all
tomar to take, 3.1
    tomar el almuerzo to have lunch, 3.2
    tomar apuntes to take notes, 3.2
    tomar el bus to take the bus
    tomar el desayuno to have breakfast, 3.1
    tomar una ducha to take a shower, **6.1**
    tomar parte to take part
    tomar un refresco to have a drink
    tomar el telesilla to ride the ski lift, **4.2**
    tomar el sol to sunbathe, **4.1**
    tomar un vuelo to take a flight, **3.1**
el **tomate** tomato, 5.2
la **tonelada** ton
la **tontería** foolishness, stupidity
la **torta** cake, 2.2
la **tortilla** tortilla
la **tos** cough, **2.1**
    toser to cough, **2.1**
la **tostada** toast
    tostado(a) toasted
    el **pan tostado** toast, 5.1; **6.1**
el **total** total
    tóxico(a) toxic
trabajar to work, 4.2
el **trabajo** work
el **trabalenguas** tongue twister
tradicional traditional
traer to bring, **3.1**
el **traje** suit, 4.2
    el **traje de baño** bathing suit, **4.1**
tranquilo(a) calm, **2.1**
el **transporte** transportation
    el **medio de transporte** means of transportation
tratar to treat; to try
trece thirteen, 1.1
treinta thirty, 1.1
treinta y cinco thirty-five, 2.1
treinta y cuatro thirty-four, 2.1
treinta y dos thirty-two, 2.1
treinta y nueve thirty-nine, 2.1
treinta y ocho thirty-eight, 2.1
treinta y seis thirty-six, 2.1

Spanish-English Dictionary

treinta y siete thirty-seven, 2.1
treinta y tres thiry-three, 2.1
treinta y uno thirty-one, 1.1
el **tren** train
la **trenza** braid
tres three, 1.1
trescientos(as) three hundred, 3.1
el **triángulo** triangle
la **tripulación** flight crew, **3.2**
triste sad, **2.1**
la **tristeza** sadness
el **trofeo** trophy, 6.2; **1.2**
el **trombón** trombone
el **trompeta** trumpet
tropical tropical
el **trozo** piece
tu your
tú you
el **tubo** tube
    el **tubo de crema** tube of cream
    el **tubo de pasta (crema) dentífrica** tube of
      toothpaste, **6.2**

Ud., usted you *(sing.)*
Uds., ustedes you *(pl.)*
un a, an
el **uniforme** uniform, 3.2
la **universidad** university
uno(a) one, a, 1.1
unos(as) some
usar to use, 4.2
el **utensilio** utensil
    el **utensilio de plástico** plastic utensil
la **uva** grape
    el **racimo de uvas** bunch of grapes

la **vacación** vacation
    pasar las vacaciones to spend one's vacation
la **vainilla** vanilla
    el **helado de vainilla** vanilla ice cream, 5.1
valedictoriano(a) valedictorian
valer to be worth
variar to vary, to change
la **variedad** variety
vario(a) various
el **vaso** glass, **6.1**
    el **vaso de jugo de naranja** glass of orange
      juice, **6.1**

el/la **vecino(a)** neighbor
el **vegetal** vegetable
veinte twenty, 1.1
veinticinco twenty-five, 1.1
veinticuatro twenty-four, 1.1
    las **veinticuatro horas** midnight
veintidós twenty-two, 1.1
veintinueve twenty-nine, 1.1
veintiocho twenty-eight, 1.1
veintiséis twenty-six, 1.1
veintisiete twenty-seven, 1.1
veintitrés twenty-three, 1.1
veintiuno twenty-one, 1.1
la **vela** candle, 2.2; sail
    hacer la plancha de vela to windsurf
    la **plancha de vela** sailboard, **4.1**
la **vena** vein
vender to sell, 5.2; **2.2**
venezolano(a) Venezuelan, 1.1
venir (ie) to come, **3.1**
la **venta** inn
la **ventanilla** ticket window, **4.2**
ver to see, 5.1; to look at, **3.1;** to watch
    a ver let's see
    ver una película to watch a film, **5.1**
el **verano** summer, BV; **4.1**
la **verdad** truth
    Es verdad. That's true.
    ¡verdad! that's right (true)!
    verde green, 4.2
    la **judía verde** green bean, 5.2
    verde olivo olive green, 4.2
la **versión** version
    en versión original in the original version
la **vez** time
    a veces at times, sometimes, 3.1; **4.1**
    cada vez every time
    otra vez again
    una vez más one more time
viajar to travel
el **viaje** trip, **3.1**
    hacer un viaje to take a trip, **3.1**
la **víctima** victim
la **vida** life
el **video** video, 3.2
    alquilar (rentar) un video to rent a video, **5.1**
    la **tienda de videos** video store, **5.1**
el **vidrio** glass
    viejo(a) old, 2.2
el/la **viejo(a)** old person
el **viento** wind
    Hace viento. It's windy.
    el **molino de viento** windmill

Spanish-English Dictionary

el **viernes** Friday, BV
el **vino** wine
la **viola** viola
   violeta violet, purple, 4.2
el **violín** violin
   visitar to visit, **5.2**
la **vista** view
   vital vital
la **vitamina** vitamin
   viudo(a) widowed
   viviente: el ser viviente living being
   vivir to live, 5.2
la **vocal** vowel
   volar (ue) to fly
el **voleibol** volleyball
el **volumen** volume
   volver (ue) to return, 6.1; **1.1**
   volverse (ue) to become
     volverse (ue) loco(a) to go mad
   vosotros(as) you
la **voz** voice

el **vuelo** flight, 3.1
   el/la asistente(a) de vuelo flight attendant, **3.2**
   el número del vuelo flight number, **3.1**
   tomar un vuelo to take a flight, **3.1**
   vuestro(a) your

   y and
   ya now, already
el **yaraví** melancholic Incan song
   yo I

la **zanahoria** carrot, 5.2
el/la **zapatista** follower of Emiliano Zapata
   el **zapato** shoe, 4.2
la **zona** zone
el **zumo** juice

English-Spanish Dictionary

*This English-Spanish Dictionary contains all productive and receptive vocabulary from ¿Cómo te va? **A, Nivel verde** and **B, Nivel azul**. The numbers following each productive entry indicate the unit and vocabulary section in which the word is introduced. For example, **3.2** in dark print means that the word is taught in this textbook **Unidad 3, Paso 2.** A light print number means that the word was introduced in ¿Cómo te va? **A, Nivel verde.** BV refers to the introductory **Bienvenidos** lessons in **A, Nivel verde.** If there is no number following an entry, this means that the word or expression is included for receptive purposes only.*

a un(a)
  a day al día
  a lot mucho(a)
able: to be able poder (ue), 6.1; **1.1**
above sobre
  above all sobre todo
academic académico(a)
academy la academia
to **accept** aceptar
  accompanied acompañado(a)
  according to según
  account la cuenta
    savings account la cuenta de ahorros
  ache el dolor, **2.1**
to **ache** dolor (ue)
    My . . . ache(s), Me duele(n)... , **2.2**
to **act** actuar
  active activo(a)
  activity la actividad
to **admit** admitir
  adolescent el/la adolescente
  adorable adorable
  adventure la aventura
  advice el consejo
  afraid: to be afraid tener miedo
  African africano(a)
  after después de, 3.1
  afternoon la tarde
    Good afternoon. Buenas tardes., BV
    in the afternoon por la tarde, **4.1**
    in the afternoon (P.M.) (time) de la tarde
    this afternoon esta tarde, **4.1**
    yesterday afternoon ayer por la tarde, **4.1**
  again de nuevo, otra vez
  against contra, 6.1; **1.1**
  age la edad
  agent el/la agente, **3.1**
    customs agent el/la agente de aduana, **3.2**
  ahead: Let's go ahead! ¡Adelante!
  air el aire
    air carrier la compañía de aviación
    air pollution la contaminación del aire
  aircraft (light plane) la avioneta

airline la línea aérea, **3.1**
    airline company la compañía de aviación
  airplane el avión, **3.1**
    airplane ticket el boleto de avión
    by airplane en avión
    light aircraft la avioneta
  airport el aeropuerto, **3.1**
  album el álbum
  algebra el álgebra
  all todo(a), 2.1; todos(as)
    above all sobre todo
  All Souls' Day el Día de los Muertos
  allergy la alergia, **2.2**
  alone solo(a)
  already ya
  also también, 1.1
  always siempre, **5.2**
  Amazon el Amazonas
    Amazon River el río Amazonas
  American americano(a), 1.1
  among entre
to **amuse** divertir (ie)
  amusement la diversión
  amusing divertido(a)
  analysis el análisis
  anatomy la anatomía
  ancestry la ascendencia
  and y
  Andean andino(a)
  animal el animal
to **announce** anunciar
  announcement el anuncio
  anonymous anónimo
  another otro(a)
to **answer** contestar
    to answer the question contestar (a) la pregunta, 3.2
  antibiotic el antibiótico, **2.2**
  any other cualquier otro
  apartment el apartamento, 2.2; el departamento; el piso
  apartment house la casa de apartamentos
to **applaud** aplaudir, **5.2**
  applause el aplauso, **5.2**
    to receive applause recibir aplausos, **5.2**
  apple la manzana, **5.2**

English-Spanish Dictionary

April abril, BV
area el área
Argentine argentino(a), 1.1
arithmetic la aritmética
arm el brazo, 6.1; **1.1**
around alrededor de
arrival la llegada
  arrival and departure screen (board) la pantalla de salidas y llegadas, **3.1**
to **arrive** llegar, 5.1
art el arte, 1.2
  art exhibition la exposición de arte, **5.2**
artery la arteria
artist el/la artista, **5.2**
as como
to **ask (a question)** preguntar
asleep dormido(a)
  to fall asleep dormirse (ue), **6.1**
aspirin la aspirina, 2.2
assistance la asistencia
assistant el/la asistente(a)
astronaut el/la astronauta
astute astuto(a)
at a
  at about a eso de
  at home en casa
  at the movies al cine
  at night por la noche
  at one o'clock (two o'clock . . .) a la una (las dos...), BV
  at a reasonable price a precio módico
  at times a veces, 3.1; **4.1**
  At what time? ¿A qué hora?, BV
atmosphere la atmósfera, el ambiente
to **attack** atacar
to **attend** asistir
  to attend a concert oír un concierto, **5.2**
attendant el/la asistente(a)
  flight attendant el/la asistente(a) de vuelo, **3.2**
attention la atención
  to pay attention prestar atención, 3.2; hacer caso
August agosto, BV
aunt la tía, 2.1
author el/la autor(a)
automobile el automóvil
avenue la avenida
aviation la aviación
award el premio

baby el/la bebé, el/la nene(a)
back la espalda
backpack la mochila, 4.1; **6.2**
bacon el tocino

bad malo(a), 1.2; mal
  bad grade (mark) la nota mala, 3.2
  to be in a bad mood estar de mal humor, **2.1**
  The weather is bad. Hace mal tiempo., **4.1**
bad-tempered malhumorado(a)
bag la bolsa, 5.2; el saco
  sleeping bag el saco de dormir, **6.2**
baggage el equipaje, **3.1**
  baggage claim el reclamo de equipaje, **3.2**
balcony el balcón, 2.2
ball el balón, 6.1; **1.1**; la pelota, 6.2; **1.2**
banana el plátano, 5.2
band la banda
bank el banco
bar of soap la barra (pastilla) de jabón, **6.2**
barbecue la barbacoa
to **bark** ladrar
base la base, 6.2; **1.2**
baseball el béisbol, 6.2; **1.2**
  baseball field el campo de béisbol, 6.2; **1.2**
  baseball player el/la jugador(a) de béisbol, 6.2; **1.2**
based basado(a)
basin la cuenca
basket el cesto, la canasta, 6.2; **1.2**; el canasto, el encestado
  to make a basket encestar, 6.2; **1.2**
basketball el baloncesto, el básquetbol, 6.2; **1.2**
  basketball court la cancha de básquetbol, 6.2; **1.2**
bat el bate, 6.2; **1.2**
to **bat** batear, 6.2; **1.2**
bath el baño, 2.2
  to take a bath bañarse, **6.1**
to **bathe** bañar
bather el/la bañista
bathing suit el bañador, el traje de baño, **4.1**
bathroom el cuarto de baño, 2.2; el baño
batter el/la bateador(a), 6.2; **1.2**
battle la batalla
  to do battle hacer batalla
to **be** ser, 1.1; estar, 3.1
  to be able poder (ue), 6.1; **1.1**
  to be afraid tener miedo
  to be born nacer
  to be called llamarse, **6.1**
  to be equivalent equivaler
  to be hungry tener hambre, 5.1
  to be in class estar en clase, 3.2
  to be in good health estar de buena salud
  to be in a good (bad) mood estar de buen (mal) humor, **2.1**
  to be longing to tener ganas de
  to be lucky tener suerte
  to be pleasing gustar, 6.2; **1.2**
  to be right tener razón
  to be sick (ill) estar mal

English-Spanish Dictionary

to be successful tener éxito
to be thirsty tener sed, 5.1
to be worth valer
to be . . . years old tener... años, 2.1
How are you? ¿Qué tal?, BV; ¿Cómo estas?
How is the weather? ¿Qué tiempo hace?, 4.1
that is (to say) es decir
That's true. Es verdad.
What is he (she) like? ¿Cómo es él (ella)?
beach la playa, 4.1
beach resort el balneario, 4.1
beach (related to) playero(a)
beach towel la toalla playera, 4.1
bean la habichuela, el frijol, 5.2; la judía
green bean la judía verde, 5.2
string bean el ejote, 5.2
beautiful hermoso(a)
because porque
to **become** volverse (ue)
to become (go) crazy (mad) volverse (ue) loco(a)
bed la cama, 2.1
in bed en cama
to go to bed acostarse (ue), 6.1
to stay in bed guardar cama, 2.1
bedroom el cuarto de dormir, el dormitorio, la recámara, 2.2
before antes (de)
to **begin** empezar (ie), 6.1; **1.1**; comenzar (ie)
beginner el/la principiante, 4.2
beginners' slope la pista para principiantes, 4.2
being el ser
living being (creature) el ser viviente
below bajo, 4.2
below zero bajo cero, 4.2
beside al lado de
besides además (de)
best el/la mejor
better mejor
between entre
bicycle la bicicleta
big gran, grande, 1.2
bill la cuenta, 5.1
biology la biología
bird el ave
birthday el cumpleaños, 2.2
to **bite** morder (ue)
black negro(a), 4.2
blind ciego(a)
blind person el/la ciego(a)
block bloquear, 6.1; **1.1**
blond(e) rubio(a), 1.1
blood la sangre
blouse la blusa, 4.2
to **blow** soplar
blue azul, 4.2
board el tablero, 6.1; **1.1**; la plancha, la tabla

arrival and departure board la pantalla de salidas y llegadas, 3.1
on board a bordo, 3.2
scoreboard el tablero indicador, 6.1; **1.1**
to **board** abordar; embarcar, 3.1
boarding el embarque
boarding pass la tarjeta de embarque, 3.1
boarding time la hora de embarque
boat el buque
body el cuerpo
human body el cuerpo humano
bone el hueso
book el libro, 4.1
boot la bota, 4.2
to **bore** aburrir, 6.2; **1.2**
bored aburrido(a)
boring aburrido(a)
born: to be born nacer
bottle la botella, 5.2
bound for con destino a
box la caja
box office la taquilla, 5.1
boy el muchacho, 1.1
braid la trenza
Brazilian brasileño(a)
bread el pan, 5.1
to **break** romper
to break (tear) to pieces hacer pedazos
breakfast el desayuno, 3.1
to have breakfast tomar el desayuno, 3.1; desayunarse, **6.1**
to **breathe** respirar
brief breve
bright brillante
to **bring** traer, 3.1
bronchial tube el bronquio
brother el hermano, 2.1
brown marrón, 4.2
brunette moreno(a), 1.1
brush el cepillo, 6.2
to **brush** cepillar
to brush one's hair cepillarse, 6.1
to brush one's teeth cepillarse los dientes, 6.1; lavarse los dientes
budget el presupuesto
building el edificio, 2.2
bunch el racimo
bunch of grapes el racimo de uvas
bus el bus, 3.2; el autobús; el camión (*Mex.*), la guagua (*P.R., Cuba*), 5.1
by bus en autobús
to miss the bus perder el autobús (el camión, la guagua), 5.1
school bus el bus escolar, 3.2
to take the bus tomar el bus
but pero

English-Spanish Dictionary

butter la mantequilla
to **buy** comprar, 4.1
by por
    by bus en autobús, **3.1**
    by car en carro, 3.2
    by means of por medio de
    by plane en avión
    by tens de diez en diez

café el café, 5.1
cafeteria la cafetería, 3.1; la cantina
cake la torta, el pastel, 2.2
calculator la calculadora, 4.1
to **call** llamar
    to call on the phone llamar por teléfono, telefonear
to **call oneself** llamarse, 6.1
calm tranquilo(a), **2.1**; pausado(a)
calorie la caloría
camera la cámara
camp la campaña
campaign la campaña
camping el camping, **6.2**
    camping guide(book) la guía de campings
    camping trip la excursión de camping
    to go camping ir de camping
campsite el camping, **6.2**
can la lata, el bote, 5.2
candle la vela, 2.2
cap la gorra, 4.2
capital la capital
captain (airplane) el/la comandante, **3.2**
car el carro, 2.2; el coche
    by car en carro, 3.2
    to go by car ir en carro
carbohydrate el carbohidrato
carbon dioxide el dióxido de carbono
carbonated drink la gaseosa, 5.1
card la tarjeta
to **caress** acariciar
Caribbean caribe
    Caribbean Sea el mar Caribe
carpenter el/la carpintero(a)
carrot la zanahoria, 5.2
to **carry** llevar, 4.1; **6.2**
    to carry (have) subtitles llevar subtítulos
carry-on luggage el equipaje de mano, **3.1**
cart el carrito
case el caso
cash register la caja, 4.1
cat el/la gato(a), 2.1
catalogue el catálogo
to **catch** atrapar, 6.2; **1.2**
    catcher el/la cátcher, el/la receptor(a), 6.2; **1.2**

category la categoría
CD (compact disc) el CD, 3.2
to **celebrate** celebrar, 3.1
celebration la celebración
center el centro
Central America la América Central
century el siglo
cereal el cereal, **6.1**
chair la silla, 5.1
    folding chair la silla plegable
chairlift el telesilla, **4.2**
    to ride the chairlift tomar (subir en) el telesilla, **4.2**
champion el/la campeón(ona), 6.2; **1.2**
to **change** cambiar, variar
character el personaje
cheap barato(a), 4.2
check la cuenta, 5.1
to **check** revisar
    to check luggage facturar el equipaje, **3.1**
    to check a ticket revisar el boleto, **3.1**
checkpoint: security checkpoint el control de seguridad, **3.1**
cheese el queso, 5.1
    ham and cheese sandwich el sándwich de jamón y queso, 5.1
chest el pecho
chicken el pollo, 5.2
child el/la niño(a)
Chilean chileno(a), 1.1
chills los escalofríos, **2.1**
chocolate el chocolate, 5.1
    chocolate ice cream el helado de chocolate, 5.1
to **choose** escoger
chopped picado(a)
Christmas la Navidad
Christmas Eve la Nochebuena
circulation la circulación
city la ciudad
claim: baggage claim el reclamo de equipaje, **3.2**
to **claim** reclamar, **3.2**
class la clase, 1.2
classic clásico(a)
classical clásico(a)
classroom la sala de clase
clear claro(a)
client el/la cliente, 5.1
climate el clima
clinic la clínica
close íntimo(a)
closed cerrado(a)
clothing la ropa, 4.2
    clothing store la tienda de ropa, 4.2
    to put on one's clothes ponerse la ropa, **6.1**
cloud la nube, **4.1**
cloudy: It's cloudy. Hay nubes.

club el club
 Spanish Club el Club de español
coach el/la entrenador(a)
coast la costa
coffee el café, 5.1
coin la moneda
 gold coin la moneda de oro
coincidence la coincidencia
cola la cola, 5.1
cold el frío; **(illness)** el catarro, **2.1**
 to have a cold estar resfriado(a), **2.1**
 It's cold (weather). Hace frío., **4.2**
collection la colección
Colombian colombiano(a), 1.1
color el color, 4.2
 what color? ¿de qué color?, 4.2
comb el peine, **6.1**
to **comb one's hair** peinarse, **6.1**
to **come** venir (ie), **3.1**
comic cómico(a), 1.1
 comic strip la tira cómica
comical cómico(a), 1.1
to **comment** comentar
commercial comercial
compact compacto(a)
 compact disc (CD) el CD, **3.2**; el disco
  compacto
companion el/la compañero(a)
company la compañía
 airline company la compañía de aviación
 telephone company la compañía de teléfonos
competition la competencia
composition la composición
computer la computadora, el ordenador
concert el concierto, **5.2**
 to attend a concert oír un concierto, **5.2**
 to give (have) a concert dar un concierto, **5.2**
conclusion la conclusión
condition la condición
confused confundido(a)
to **connect** conectar
connected conectado(a)
connection la conexión
to **conquer** conquistar
consecutive consecutivo(a)
consequently por consiguiente
conservatory el conservatorio
 National Conservatory of Music el
  Conservatorio Nacional de Música
to **consist of** consistir (en)
consonant la consonante
contact el contacto
to **contain** contener
container el envase, **5.2**
contest el concurso
continent el continente

to **continue** continuar, 6.2; **1.2**; seguir (i,i)
contract el contrato
contrary el contrario
 on the contrary al contrario
control el control
 passport control el control de pasaportes, **3.2**
to **control** controlar
conversation la conversación
to **convert** convertir (ie)
to **cook** cocinar
cool fresco
 It's cool (weather). Hace fresco.
copilot el/la copiloto(a), **3.2**
copy el ejemplar
corn el maíz, 5.2
to **cost** costar (ue)
 How much does it cost? ¿Cuánto cuesta?
Costa Rican costarricense
cough la tos, **2.1**
to **cough** toser, **2.1**
to **count** contar (ue)
counter el mostrador, **3.1**
country el país, **3.2**; el campo
 Spanish-speaking countries los países de
  habla española
countryside la campaña, el paisaje
course el curso, 1.2
 of course! ¡claro!
court la cancha, 6.2; **1.2**
 basketball court la cancha de básquetbol,
  6.2; **1.2**
 enclosed court la cancha cubierta
 tennis court la cancha de tenis, **4.1**
courtesy la cortesía
cousin el/la primo(a), 2.1
to **cover** cubrir
covered cubierto(a)
 covered (enclosed) court la cancha cubierta
crazy loco(a)
 to go crazy (mad) volverse (ue) loco(a)
cream la crema
 suntan cream (lotion) la crema (loción)
  bronceadora, **4.1**
 tube of cream el tubo de crema
crew (flight) la tripulación, **3.2**
to **cross** cruzar
cruel cruel
crystal el cristal
Cuban cubano(a), 1.1
Cuban American cubanoamericano(a)
culture la cultura
cup la copa
 World Cup la Copa mundial
customer el/la cliente, 5.1
customs la aduana, **3.2**
 customs agent el/la agente de aduana, **3.2**

English-Spanish Dictionary

dad el papá, 3.1
dance el baile, la danza
to dance bailar, 3.1
dark moreno(a), 1.1; oscuro(a)
darling (term of endearment) nene(a)
data los datos
date la fecha
    What is today's date? ¿Cuál es la fecha de hoy?
daughter la hija, 2.1
day el día
    All Souls' Day el Día de los Muertos
    day before yesterday anteayer
    every day cada día
    from day to day de día en día
    nowadays hoy en día
    per day al día
    What day is it (today)? ¿Qué día es (hoy)?
dead (person) el/la muerto(a)
dear querido(a)
dear (term of endearment) nene(a)
debut el début
December diciembre, BV
to decide decidir, 5.1
decimal decimal
definite determinado(a)
definitely definitivamente
degree el grado, 4.2
delay la demora, 3.1
    with a delay con una demora, 3.1
delicious delicioso(a)
to deliver entregar
to depart salir, 3.1
department el departamento
    department store la tienda de departamentos
departure la salida
    arrival and departure board (screen) la pantalla de salidas y llegadas, 3.1
    departure gate la puerta de salida, 3.1
to depend (on) depender (de)
to deposit depositar
to describe describir
description la descripción
desert el desierto
desire la gana
dessert el postre, 5.1
destination el destino, 3.1
detail el detalle
determined determinado(a)
diagnosis la diagnosis, 2.2
    to make a diagnosis hacer una diagnosis, 2.2
difference la diferencia
different diferente, distinto(a)
difficult difícil, duro(a), 1.2

dining room el comedor, 2.2
dinner la cena, 3.1
    to have dinner cenar, 3.1
direct directo(a)
directly directamente
disc el disco
    compact disc (CD) el CD, 3.2; el disco compacto
discoteque la discoteca
disembark desembarcar, 3.2
dish el plato
to dispense despachar, 2.2
to dissuade desviar
distance la distancia
district el barrio
divine divino(a)
diving el buceo, 4.1
divorce: to get divorced divorciarse
to do hacer
    to do battle hacer batalla
    to do well (on an exam) salir bien (en un examen)
doctor el/la médico(a), 2.2, el/la doctor(a)
    doctor's office la consulta del médico, 2.2
dog el/la perro(a), 2.1
    hot dog el perro caliente
Dominican dominicano(a)
    Dominican Republic la República Dominicana
donkey el asno
    to ride a donkey montar en un asno
door la puerta
dose la dosis, 2.2
doubles (tennis) los dobles, 4.1
doubt la duda
doughnut (type of) el churro
down: to go down bajar, 4.2
drawing el dibujo, 1.2
dream el sueño
to dribble driblar, 6.2; 1.2
drink el refresco, 5.1
    to have a drink tomar un refresco
to drink beber, 5.1
dry seco(a)
dubbed doblado(a)
to dump derramar
during durante, 3.1
DVD el DVD, 3.2

each cada, 2.2
early temprano, 6.1
to earn ganar
earth la tierra
easel el caballete

easy fácil, 1.2
to **eat** comer, 5.1
ecological ecológico(a)
ecology la ecología
Ecuadorean ecuatoriano(a)
education la educación
  physical education la educación física, 1.2
egg el huevo, 5.2
  fried eggs los huevos fritos
  scrambled eggs los huevos revueltos
  soft-boiled eggs los huevos pasados por agua
eight ocho, 1.1
eight hundred ochocientos(as), 3.1
eighteen dieciocho, 1.1
eighty ochenta, 2.1
electronic electrónico(a)
elegant elegante
elementary primario(a)
  elementary school la escuela primaria
eleven once, 1.1
e-mail el correo electrónico
emission la emisión
to **emit** emitir
emotional emocionante
employee el/la empleado(a), el/la
    dependiente(a), 4.1
enchantment el encanto
  island of enchantment la isla del encanto
enchilada la enchilada
encounter el encuentro
end el fin
to **end** terminar
enemy el enemigo
English el inglés
to **enjoy** gozar (de)
to **enjoy oneself** divertirse (ie), **6.2**
  enough bastante, 1.2
to **enter** entrar, 3.2
  entire entero(a)
  environment el medio ambiente
  equal igual
  equality la igualdad
  equation la ecuación
  equilibrium el equilibrio
  equipment el equipo
  equivalent: to be equivalent equivaler
to **erase** borrar
  eraser la goma (de borrar), el borrador, 4.1
to **escape** escaparse
  especially sobre todo, especialmente
to **establish** establecer, fundar
  establishment el establecimiento
  eternal eterno(a)
  even aún
  evening la noche
    Good evening. Buenas noches., BV

every cada
  every day cada día
  every time cada vez
everyone todos
everything todo(a), 2.1; todos(as)
evil el mal
exactly exactamente
to **exaggerate** exagerar
exam el examen
  to do well (on an exam) salir bien (en un
    examen)
to **examine** examinar, 2.2
example el ejemplo
  for example por ejemplo
excellent excelente
to **exclaim** exclamar
excursion la excursión
Excuse (me)! ¡Perdón!
exhibition la exposición, 5.2
  art exhibition la exposición de arte, **5.2**
to **exist** existir
expedition la expedición
expense el gasto
expensive caro(a), 4.2
experience la experiencia
expert el/la experto(a), **4.2**
  expert slope la pista para expertos, **4.2**
to **explain** explicar
to **explore** explorar
expression la expresión
extraordinary extraordinario(a)
extreme extremo(a)
eye el ojo, **2.2**
eyeglasses los anteojos

fabulous fabuloso(a)
face la cara, **6.1**
facility la facilidad
factory la fábrica
faithful fiel
fall el otoño, BV
to **fall: to fall asleep** dormirse (ue), **6.1**
false falso(a)
familiar: to be familiar with conocer, **3.2**
family la familia, 2.1
family (related to) familiar
  family tree el árbol genealógico
famous famoso(a)
fan el/la aficionado(a)
fantastic fantástico(a)
fantasy la fantasía
far lejos
farmer el/la campesino(a), el peón

English-Spanish Dictionary

fast rápido(a)
    fast food la comida rápida
fat gordo(a)
fat la grasa
father el padre, 2.1
favor el favor
favorite favorito(a)
fear el miedo, el terror
February febrero, BV
fever la fiebre, **2.1**
few poco(a), 2.1; pocos(as)
field el campo, 6.1; **1.1**
    baseball field el campo de béisbol, 6.2; **1.2**
    soccer field el campo de fútbol, 6.1; **1.1**
fifteen quince, 1.1
fifteen-year-old (girl) la quinceañera, 2.2
fifth quinto(a)
fifty cincuenta, 2.1
to **fight** luchar
figure la figura
to **fill** llenar
film el film, la película, **5.1**
    to see a film ver una película, **5.1**
finally por fin
to **find** encontrar (ue), hallar
fine bien
finger el dedo
first primero(a)
fish el pescado, 5.2; el pez
five cinco, 1.1
five hundred quinientos(as), 3.1
flight el vuelo, **3.1**
    flight attendant el/la asistente(a) de vuelo, **3.2**
    flight crew la tripulación, **3.2**
    flight number el número del vuelo, **3.1**
    to take a flight tomar un vuelo, **3.1**
floor el piso, 2.2; la planta
    ground floor la planta baja, 2.2
flour la harina
flower la flor
flu la gripe, **2.1**
flute la flauta
fly la mosca
to **fly** volar (ue)
    to fly over sobrevolar (ue)
folder la carpeta, 4.1
folding plegable
    folding chair la silla plegable
    folding table la mesa plegable, **6.2**
to **follow** seguir (i,i)
food la comida, 3.1; el alimento; el comestible
    fast food la comida rápida
    frozen foods los productos congelados, 5.2
    junk food la chuchería
foolishness la tontería
foot el pie, 6.1

on foot a pie, 3.2
for por; para
    for example por ejemplo
foreign extranjero(a), **3.2**
foreigner el/la extranjero(a)
forest la selva
fork el tenedor
form la forma
to **form** formar
    to form a line hacer cola
formal formal
fortunately afortunadamente
forty cuarenta, 2.1
to **found** fundar
foundation la fundación
fountain la fuente
four cuatro, 1.1
four hundred cuatrocientos(as), 3.1
fourteen catorce, 1.1
free (unoccupied) libre, 5.1; **(of charge)** gratis
French el francés
frequently frecuentemente, con frecuencia
fresh (food) fresco, 5.2
Friday el viernes, BV
    Friday night el viernes por la noche
    last Friday el viernes pasado
fried frito(a)
    French fries las papas (patatas) fritas, 5.1
    fried eggs los huevos fritos
friend el/la amigo(a), 1.1; el/la compañero(a)
frightful espantoso(a)
from de; desde
    from day to day de día en día
    from where? ¿de dónde?, 1.1
front: in front of delante de, **5.1**
frozen helado(a), congelado(a)
    frozen foods los productos congelados, 5.2
fruit la fruta, 5.2
full lleno(a), **5.2;** cargado(a); relleno(a)
fun divertido(a)
functioning el funcionamiento
funny gracioso(a), 1.1; cómico(a), 1.1
fury la furia

G

gallon el galón
game el partido, 6.1; **1.1;** el juego
    tennis game el juego (partido) de tenis, **4.1**
garage el garaje, 2.2
garden el jardín, 2.2
gas el gas
gate la puerta, 3.1
    departure gate la puerta de salida, **3.1**
genealogical genealógico(a)
general general

English-Spanish Dictionary

general el general
generally en general, por lo general
generous generoso(a)
gentleman el señor, BV
geography la geografía
geometrical geométrico(a)
to **get** sacar, 3.2
    to get divorced divorciarse
    to get good (bad) grades (marks) sacar notas buenas (malas), 3.2
    to get high (low) grades (marks) sacar notas altas (bajas), 3.2
    to get on (ride) a donkey montar en un asno
    to get on (ride) a horse montar a caballo
to **get up** levantarse, **6.1**
giant el gigante
gift el regalo, 2.2
girl la muchacha, 1.1
to **give** dar, 3.1
    to give a concert dar un concierto, **5.2**
    to give permission dar permiso
glass (drinking) el vaso, **6.1;** **(pane)** el vidrio
glasses los anteojos
glove el guante, 6.2; **1.2**
to **go** ir, 3.1; andar
    to go to bed acostarse (ue), **6.1**
    to go by car ir en carro
    to go camping ir de camping
    to go down bajar, **4.2**
    to go (fall) through irse por
    to go mad (crazy) volverse (ue) loco(a)
    to go (pass) through pasar por
    to go shopping ir de compras, 5.2
    to go up subir
    Let's go ahead! ¡Adelante!
goal el gol, 6.1; **1.1**
    goal (box) la portería, 6.1; **1.1**
    to score a goal meter un gol, 6.1; **1.1**
goalie el/la portero(a), 6.1; **1.1**
gold el oro
    gold coin la moneda de oro
golf el golf, 6.2; **1.2**
good bueno(a), 1.1
    to be in good health estar de buena salud
    to be in a good mood estar de buen humor, **2.1**
    Good afternoon. Buenas tardes., BV
    Good evening. Buenas noches., BV
    good grade (mark) la nota buena, 3.2
    Good morning. Buenos días., BV
    to have a good time divertirse (ie), **6.2;** pasarlo bien
    It's good weather. Hace buen tiempo.
good-bye adiós, ¡chao!, BV
good-looking guapo(a), 1.1
governor el/la gobernador(a)
grade (mark) la nota

to get good (bad) grades sacar notas buenas (malas), 3.2
    to get high (low) grades (marks) sacar notas altas (bajas), 3.2
    good (bad) grade (mark) la nota buena (mala), 3.2
    high (low) grade (mark) la nota alta (baja), 3.2
grain el grano
gram el gramo
granddaughter la nieta, 2.1
grandfather el abuelo, 2.1
grandma la abuelita
grandmother la abuela, 2.1
grandpa el abuelito
grandparents los abuelos, 2.1
grandson el nieto, 2.1
grape la uva
    bunch of grapes el racimo de uvas
gray gris, 4.2
great gran, grande, 1.2
green verde, 4.2
    green bean la judía verde, 5.2
    olive green verde olivo, 4.2
grocery el abarrote
    grocery store la tienda de abarrotes, la bodega
ground el suelo
group el grupo
to **guard** guardar, 6.1; **1.1**
Guatemalan guatemalteco(a)
to **guess** adivinar
guide el/la guía
guidebook la guía
    camping guidebook la guía de campings

hair el pelo, **6.1**
    to brush one's hair cepillarse, **6.1**
    to comb one's hair peinarse, **6.1**
half medio(a)
    half (soccer) el tiempo, 6.1; **1.1**
    second half (soccer) el segundo tiempo, 6.1; **1.1**
ham el jamón, 5.1
    ham and cheese sandwich el sándwich de jamón y queso, 5.1
hamburger la hamburguesa, 5.1
hand la mano, 6.1; **1.1**
handkerchief el pañuelo, **2.1**
handsome guapo(a), 1.1
to **hang** colgar (ue)
to **happen** pasar
happy contento(a), 2.1; alegre
hard duro(a), difícil, 1.2
hardware el hardware
haste la prisa
hat el sombrero

English-Spanish Dictionary

to **have** tener, 2.1
    to have a cold estar resfriado(a), **2.1**
    to have a concert dar un concierto, **5.2**
    to have a drink tomar un refresco
    to have a good time divertirse (ie), **6.2;** pasarlo
       bien
    to have a party dar una fiesta
    to have an opinion opinar
    to have breakfast tomar el desayuno, 3.1;
       desayunarse, **6.1**
    to have dinner cenar, 3.1
    to have lunch tomar el almuerzo, 3.2
    to have subtitles llevar subtítulos
    to have to tener que, 4.1
    I have a headache. Me duele la cabeza., **2.1**
  he él
  head la cabeza, 6.1; **1.1**
  headache el dolor de cabeza, 2.1
    I have a headache. Me duele la cabeza., **2.1**
  health la salud, 2.1
    to be in good health estar de buena salud
    in good health de buena salud
to **hear** oír
  heart el corazón
  heat el calor
  Hello! ¡Hola!, BV
  help la ayuda, la asistencia, el auxilio
to **help** asistir, ayudar, socorrer
  hemisphere el hemisferio
    northern hemisphere el hemisferio norte
    southern hemisphere el hemisferio sur
  her la; su(s)
    to her le
  here aquí
  hero el héroe
  heroine la heroína
to **hide** esconder
  high alto(a), 4.2; superior
    to get high grades (marks) sacar notas altas, 3.2
    high grade (mark) la nota alta, 3.2
    high school el colegio, la escuela superior, la
      escuela secundaria
  hike la caminata, 6.2
to **hike** dar una caminata, 6.2
  him lo
    to him le
  his su(s)
  Hispanic hispano(a)
  history la historia
to **hit** golpear, **4.1**
  hole el agujero
  holiday la fiesta
  home la casa, 2.2
    at home en casa
  home plate el platillo, 6.2; **1.2**
  home run el jonrón, 6.2; **1.2**

homework la tarea
honor el honor
horrible horrible
horse el caballo
  to ride a horse montar a caballo
hospital el hospital
hospital (related to) hospitalario(a)
hostelry el hostal
hot caliente
  hot dog el perro caliente
  It's hot (weather). Hace calor., **4.1**
hotel el hotel
hour la hora
house la casa, 2.2
  apartment house la casa de apartamentos
  private house la casa privada
how? ¿cómo?, 1.1; ¿qué?
  How are you? ¿Qué tal?, BV; ¿Cómo estás?
  How is the weather? ¿Qué tiempo hace?, **4.1**
  how much? ¿cuánto?
  how many? ¿cuántos(as)?
  How much does it cost? ¿Cuánto cuesta?
  How much is (are) . . . ? ¿A cuánto está(n)... ?, 5.2
human humano(a)
  human being el ser humano
  human body el cuerpo humano
humble humilde
hunger hambre
hungry: to be hungry tener hambre, 5.1
hurry la prisa
to **hurt** doler (ue)
  My . . . hurt(s) me Me duele(n)... , 2.2
husband el esposo, el marido
hygienic higiénico(a)

I

I yo
ice cream el helado, 5.1
  chocolate ice cream el helado de chocolate, 5.1
  vanilla ice cream el helado de vainilla, 5.1
idea la idea
idealist el/la idealista
if si
ill enfermo(a), **2.1,** mal
  to feel ill estar mal
  ill person el/la enfermo(a), **2.2**
illusion la ilusión
immediate inmediato(a)
immediately enseguida, **6.1**
immense inmenso(a)
impenetrable impenetrable
important importante
impossible imposible
in en
  to be in good health estar de buena salud

English-Spanish Dictionary

in bed en cama
in front of delante de, **5.1**
in good health de buena salud
in order to para
in search of en busca de
in style de moda
in the afternoon por la tarde, **4.1**
in the afternoon (P.M.) (time) de la tarde
in the morning por la mañana, 5.2
in the morning (A.M.) (time) de la mañana
in the original version en versión original
to stay in bed guardar cama, **2.1**
inclination la inclinación
to **include** incluir
incredible increíble
independence la independencia
Indian indio(a)
Indian el indio(a)
to **indicate** indicar, 6.1; **1.1**
indicator el indicador
indigenous indígena
indispensable indispensable
individual individual
individual sport el deporte individual
industrial industrial
industry la industria
inexpensive barato(a), 4.2
injection la inyección, **2.2**
inn el hostal, la venta
inning la entrada, 6.2; **1.2**
to **inspect** inspeccionar, **3.2**
inspection la inspección
to **inspire** inspirar
instant el instante
institute el instituto
instruction la instrucción
instrument el instrumento
intelligent inteligente, 1.2
interest el interés
to **interest** interesar, 6.2; **1.2**
interesting interesante, 1.2
intermediate intermedio(a)
intermediate (middle) school la escuela intermedia
internal interno(a)
international internacional
Internet el/la Internet
interview la entrevista
introduction la introducción
intruder el/la intruso(a)
invention la invención
investigation la investigación
invitation la invitación
to **invite** invitar, 3.1
island la isla
island of enchantment la isla del encanto

isolated aislado(a)
it la; lo
Italian italiano(a)

jacket la chaqueta, 4.2; el saco
jam la mermelada
January enero, BV
jar el jarro
jeans el jean, el blue jean, los blue jeans, 4.2
jingle el retintín
jug el jarro
juice el jugo, **6.1;** el zumo
orange juice el jugo de naranja, **6.1**
July julio, BV
jumbled revuelto(a)
to **jump** saltar
to jump up sobresaltar
June junio, BV
jungle la jungla
juvenile juvenil

to **keep** guardar
keyboard el teclado
to **kick** lanzar, 6.1; **1.1**
kilo el kilo, 5.2
kilogram el kilogramo
king el rey
kitchen la cocina, 2.2
knapsack la mochila, 4.1; **6.2**
knee la rodilla, 6.1; **1.1**
knife el cuchillo
knight el caballero
knight errant el caballero andante
to **know** conocer, saber, **3.2**

laboratory el laboratorio
laborer el peón
laborious laborioso(a)
lady-in-waiting la dama
lake (related to) lacustre
lament el lamento
lance la lanza
land la tierra
overland por tierra
to **land** aterrizar, **3.2**
landing el desembarque; el aterrizaje
language la lengua, el habla
large gran, grande, 1.2
late tarde, **3.1**

English-Spanish Dictionary

later luego
   See you later! ¡Hasta luego!, BV
Latin el latín
Latin latino(a)
Latin America Latinoamérica
Latin American latinoamericano(a)
launching el lanzamiento
   launchpad el lanzamiento
laundromat la lavandería
leader el líder
leaf la hoja
league la liga
   Major Leagues las Grandes Ligas
to **learn** aprender, 5.1
to **leave** salir, **3.1;** dejar
   left izquierdo(a), 6.1; **1.1**
   leg la pierna, 6.1; **1.1**
   lemonade la limonada
to **lend** prestar
   less menos
   lesson la lección
   letter la carta
   letters (literature) las letras
   lettuce la lechuga, 5.2
   level el nivel
   liberator el/la libertador(a)
   library la biblioteca
   life la vida
   lift: ski lift el telesquí, **4.2**
     to ride the ski lift subir en el telesilla, **4.2**
to **lift** levantar
   light la luz
to **light** encender (ie)
   like el gusto
to **like** gustar, 6.2; **1.2**
   line la línea
   line (queue) la cola, la fila, **5.1**
     to form a line hacer cola
     to line up hacer cola
   lipid el lípido
   liquid el líquido
   list la lista
to **listen (to)** escuchar, 3.2
   Listen! ¡Oye!
   liter el litro
   literature la literatura; las letras
     Spanish literature las letras hispanas
   little poco(a)
     a little more un poco más
to **live** vivir, 5.2
     living creature el ser viviente
   living room la sala, 2.2
   local local
   logical lógico(a)
   long largo(a)
     long pants el pantalón largo, 4.2

   long sleeve la manga larga, 4.2
   long walk la caminata, **6.2**
to **look at** mirar, 3.1; ver
   to look at oneself mirarse, **6.1**
to **look for** buscar, 4.1
to **look like** parecer
to **lose** perder (ie), 6.1; **1.1**
   lot: a lot mucho(a), 2.1
   lotion la loción
     suntan lotion la loción bronceadora, **4.1**
   low bajo(a), 4.2
     to get low grades (marks) sacar notas bajas, 3.2
     low grade (mark) la nota baja, 3.2
to **lower** bajar
   luck la suerte
     to be lucky tener suerte
     What luck! ¡Qué suerte!
   luggage el equipaje, 3.1
     carry-on luggage el equipaje de mano, **3.1**
     to check luggage facturar el equipaje, **3.1**
     to pick up one's luggage reclamar (recoger) el equipaje, **3.2**
   lunch el almuerzo, 3.2
     to have lunch tomar el almuerzo
   lung el pulmón

machine la máquina
mad (crazy) loco(a)
   to go mad (crazy) volverse (ue) loco(a)
madam la señora, BV
mail el correo
   e-mail el correo electrónico
main principal
Major Leagues las Grandes Ligas
majority la mayoría
to **make** hacer
   to make a basket encestar, 6.2; **1.2**
   to make a diagnosis hacer una diagnosis, **2.2**
mambo el mambo
man el hombre
manner la manera
many muchos(as)
map el mapa
March marzo, BV
march la marcha
mark (grade) la nota, 3.2
   to get good (bad) marks sacar notas buenas (malas), 3.2
   to get high (low) marks sacar notas altas (bajas), 3.2
   good (bad) mark la nota buena (mala), 3.2
   high (low) mark la nota alta (baja), 3.2
marker el marcador, 4.1

English-Spanish Dictionary

market el mercado, 5.2
marmalade la mermelada
marquis el marqués
marquise la marquesa
matchless sin par
material el material
mathematics las matemáticas
matter (subject) la materia
matter: What's the matter (with you)? ¿Qué te pasa?, **2.1;** ¿Qué tienes?
to **matter** importar
    It doesn't matter. No importa.
May mayo, BV
Maya el/la maya
me me
    (to) me (a) mí
meal la comida, 3.1
to **mean** significar
meaning el significado
means el medio
    by means of por medio de
    means of transportation el medio de transporte
measure la medida
meat la carne, 5.2
medal la medalla
medical médico(a)
    medical office el consultorio, **2.2**
medicine el medicamento, la medicina, **2.2;** **(discipline)** la medicina
meeting el encuentro
melancholic melancólico(a)
member el/la miembro
memory la memoria
menu el menú, 5.1
mercy la merced
merengue el merengue
metabolism el metabolismo
metal el metal
metric métrico(a)
Mexican mexicano(a)
middle: middle school la escuela intermedia
midnight la medianoche; las veinticuatro horas
mild templado(a)
milk la leche, 5.2
mill el molino
million el millón
mineral mineral
    mineral water el agua mineral, 5.2; **6.2**
minus menos
mirror el espejo, **6.1**
to **miss** perder (ie)
    to miss the bus perder el autobús (el camión, la guagua), **5.1**
Miss la señorita, BV
model el/la modelo

moderate módico(a)
modern moderno(a)
mom la mamá
moment el momento
Monday el lunes, BV
money el dinero
monitor el monitor
monster el monstruo
month el mes
mood el humor
    to be in a good (bad) mood estar de buen (mal) humor, **2.1**
moon la luna
more más
    a little more un poco más
    one more time una vez más
    There is nothing more we can do. No hay más remedio.
morning la mañana
    Good morning. Buenos días., BV
    in the morning por la mañana, 5.2
    in the morning (A.M.) (time) de la mañana
    this morning esta mañana, **4.1**
    yesterday morning ayer por la mañana
mother la madre, 2.1
motive el motivo
mountain la montaña; **4.2**
mouse el ratón
    (mouse) pad la alfombrilla
mouth la boca, **2.2**
    to open one's mouth abrir la boca, **2.2**
to **move** mover (ue)
movie theater el cine, **5.1**
    at the movies al cine
Mr. el señor, BV
Mrs. la señora, BV
Ms. la señorita, la señora, BV
much mucho(a), 2.1
    How much? ¿Cuánto?
    How much does it cost? ¿Cuánto es?, 4.1
    How much is (are) . . . ? ¿A cuánto está(n)... ?, 5.2
municipal municipal
mural el mural
muralist el/la muralista
muscle el músculo
muscular muscular
museum el museo, 5.2
music la música, 1.2
    National Conservatory of Music el Conservatorio Nacional de Música
musical musical
musician el/la músico(a)
must deber
my mi
mysterious misterioso(a)
mystery el misterio

English-Spanish Dictionary

name el nombre
to name nombrar
national nacional
   National Conservatory of Music el Conservatorio Nacional de Música
   national park el parque nacional, 6.2
nationality la nacionalidad
   what nationality? ¿de qué nacionalidad?, 1.1
native indígena
native person el/la indígena
natural natural
nature naturaleza
to navigate navegar
near cerca de
necessary necesario(a)
to need necesitar, 4.1
needy necesitado(a)
neighbor el/la vecino(a)
neither tampoco
nephew el sobrino, 2.1
nervous nervioso(a), 2.1
net la red, 4.1
   Net (Internet) la red
   to surf the Net navegar la red
network la red
never nunca, 5.2
new nuevo(a), 1.2
newspaper el periódico
next próximo(a)
next to al lado de
nice simpático(a), 1.1
   The weather is nice. Hace buen tiempo., 4.1
nickname el apodo
niece la sobrina, 2.1
night la noche
   at night por la noche
   Friday night el viernes por la noche
   last night anoche, 4.1
nine nueve, 1.1
nine hundred novecientos(as), 3.1
nineteen diecinueve, 1.1
ninety noventa, 2.1
ninth noveno(a)
no no
   by no means, no way de ninguna manera
no one nadie; 5.2
noble noble
none ninguno(a)
nor tampoco
north el norte
   northern hemisphere el hemisferio norte
not no, 1.1
   absolutely not en absoluto

not any, none ninguno(a)
not at all de ninguna manera
note el apunte
   to take notes tomar apuntes, 3.2
to note notar
notebook el bloc, el cuaderno, 4.1
nothing nada, 5.2
   nothing else nada más, 5.2
   There is nothing more we can do. No hay más remedio.
to notice notar
novel la novela
novelist el/la novelista
November noviembre, BV
now ahora; ya
nowadays hoy en día
number el número
   flight number el número del vuelo, 3.1
   seat number el número del asiento, 3.1
   telephone number el número de teléfono
nurse el/la enfermero(a)
nutrition la nutrición

objective el objetivo
obligatory obligatorio(a)
occupation la profesión
occupied ocupado(a), 5.1
to occur pasar
ocean el océano
   Atlantic ocean el océano Atlántico
   Pacific ocean el océano Pacífico
October octubre, BV
of de
   of course! ¡claro!
to offer ofrecer
office la consulta, 2.2
   box office la taquilla, 5.1
   doctor's office la consulta del médico, 2.2
   medical office el consultorio, 2.2
oil el aceite; el petróleo
oil (related to) petrolero(a)
old viejo(a), 2.2
   How old is he (she)? ¿Cuántos años tiene?, 2.1
   old person el/la viejo(a), el/la anciano(a)
older mayor, 2.1
oldest el/la mayor, 2.1
olive green verde olivo, 4.2
on en, sobre
   on board a bordo, 3.2
   on the contrary al contrario
   on foot a pie, 3.2
   on time a tiempo, 3.1
   on top of (por) encima de, 4.1; sobre

one uno(a), 1.1
   no one nadie; **5.2**
   one more time una vez más
one hundred cien(to), 2.1
one thousand mil, 3.1
onion la cebolla
only solamente, sólo
to **open** abrir, **2.2**
   to open the suitcases abrir las maletas, **3.2**
opera la operá
to **operate** funcionar
operation el funcionamiento
opinion la opinión
   to have an opinion opinar
opposing adverso(a)
opposite adverso(a)
oppressor el/la opresor(a)
optional opcional
or o
orange (color) naranja, 4.2
orange (fruit) la naranja, 5.2
   orange juice el jugo de naranja, **6.1**
orchestra la orquesta
order (restaurant) la orden, 5.1; **(sequential)** el orden
organ el órgano
origin el origen
original original
   in the original version en versión original
other otro(a)
   any other cualquier otro
ounce la onza
our nuestro(a)
outdoor al aire libre, **4.1**
outfielder el/la jardinero(a), 6.2; **1.2**
overland por tierra
to **overthrow** derrocar
to **owe** deber
owner el/la dueño(a), el/la propietario(a)

to **pack** hacer la maleta, **3.1**
package el paquete, 5.2
pad (writing) el bloc, 4.1
   launchpad el lanzamiento; la plataforma de lanzamiento
   (mouse) pad la alfombrilla
page la página
   Web page la página Web
pain el dolor, **2.1;** la pena
to **paint** pintar
painter el/la pintor(a)
   mural painter el/la muralista
painting el cuadro, **5.2;** la pintura

pair el par
   pair of tennis shoes (sneakers) el par de tenis, 4.2
pancake el panqueque
pants el pantalón, 4.2
   long pants el pantalón largo, 4.2
   short pants el pantalón corto, 4.2
paper el papel, 4.1
   sheet of paper la hoja de papel, 4.1
   toilet paper el papel higiénico, **6.2**
paragraph el párrafo
parallel paralelo(a)
parents los padres, 2.1
park el parque
   national park el parque nacional, **6.2**
parka el anorak, **4.2**
part la parte
   to take part tomar parte
to **participate** participar
party la fiesta, 2.2
   to have (give) a party dar una fiesta
pass: boarding pass la tarjeta de embarque, **3.1**
to **pass** pasar, 6.2; **1.2**
   to pass (walk) through pasar por, **3.2**
passenger el/la pasajero(a), **3.1**
passport el pasaporte, **3.1**
   passport control el control de pasaportes, **3.2**
pastime la diversión
patient el/la enfermo(a), el/la paciente, **2.2**
to **pay** pagar, 4.1
   to pay attention prestar atención, **3.2;** hacer caso
pea el guisante, 5.2
peak el pico, **4.2**
peasant el/la campesino(a)
pen el bolígrafo, la pluma, 4.1
pencil el lápiz, 4.1
people la gente, 5.2
perfect perfecto(a)
performance la sesión, **5.1**
period el período
permission el permiso
   to give permission dar permiso
to **permit** permitir, **3.1**
person la persona
   young person el/la joven
personally personalmente
Peruvian peruano(a), 1.1
peso el peso
pharmacist el/la farmacéutico(a), **2.2**
pharmacy la farmacia, **2.2**
phone el teléfono
   to call on the phone llamar por teléfono, telefonear
   phone company la compañía de teléfonos
   phone number el número de teléfono
   to speak on the phone hablar por teléfono, 3.1

English-Spanish Dictionary

photo la foto
photograph la fotografía
physical físico(a)
    physical education la educación física, 1.2
piano el piano
to **pick** seleccionar
to **pick up** recoger, reclamar, **3.2**
    to pick up one's luggage reclamar (recoger) el equipaje, **3.2**
    to pick up one's suitcases reclamar (recoger) las maletas, **3.2**
picture el dibujo
piece el pedazo, el trozo
    to tear (break) to pieces hacer pedazos
pill la píldora, la pastilla, **2.2**
pink rosado(a), 4.2
pint la pinta
to **pitch: to pitch a tent** armar una tienda de campaña (carpa), **6.2**
pitcher el/la lanzador(a), el/la pícher, 6.2; **1.2**
pizza la pizza
pizzeria la pizzería
place el lugar
to **place** poner, **3.1;** meter
plan el plan, 3.1
plane el avión, **3.1**
    by plane en avión
    light aircraft (plane) la avioneta
    plane ticket el boleto de avión
plastic plástico(a)
    plastic utensil el utensilio de plástico
plate el plato
platform la plataforma
play (theatrical) la obra de teatro
to **play** jugar (ue), 6.1; **1.1**
    to play soccer jugar (ue) (al) fútbol
    to play tennis jugar (ue) (al) tenis, **4.1**
to **play (musical instrument)** tocar
    player el/la jugador(a), 6.1; **1.1**
    baseball player el/la jugador(a) de béisbol, 6.2; **1.2**
playwright el/la dramaturgo(a)
pleasant agradable
please por favor, BV
to **please** gustar, 6.2; **1.2**
    pleasure el gusto
    It's a pleasure to meet you. (Nice to meet you.) Mucho gusto.
pocket el bolsillo
poet el/la poeta
point el tanto, 6.1; **1.1;** el punto
    to score a point marcar un tanto, 6.1; **1.1**
poise el porte
pole el palo
    ski pole el bastón, **4.2**
political político(a)

to **pollute** contaminar
polluted contaminado(a)
pollution la contaminación
    air pollution la contaminación del aire
Ponce (of or from) ponceño(a)
poncho el poncho
pool la alberca, la piscina, **4.1**
poor pobre, **2.1**
popular popular
popularity la popularidad
population la población
port el puerto
portrait el retrato
possible posible
postal postal
postcard la tarjeta postal
poster el cartel
potato la papa, la patata, 5.2
    French fried potatoes las papas (patatas) fritas, 5.1
pound la libra
to **practice** practicar
to **prefer** preferir (ie), 6.1; **1.1**
to **prepare** preparar, 3.1
to **prescribe** recetar, **2.2**
prescription la receta, **2.2**
to **present** presentar
    president el/la presidente(a)
    pretty bonito(a), 1.1
to **prevail** prevalecer
    price el precio, 4.2
    at a reasonable price a precio módico
primary primario(a)
princess la princesa
principal principal
printer la impresora
private privado(a), 2.2
    private house la casa privada
problem el problema
to **process** procesar
to **produce** producir
    product el producto
    frozen products (foods) los productos congelados, 5.2
profession la profesión
professional profesional
program la emisión, 3.1; el programa
    sports program la emisión deportiva
to **project** proyectar
promise la promesa
to **promise** prometer
protagonist el/la protagonista
protection la protección
protein la proteína
public el público, **5.2**
to **publish** publicar

English-Spanish Dictionary

Puerto Rican puertorriqueño(a), 1.1
pulmonary pulmonar
puppy el perrito, 2.1
purchase la compra
pure puro(a)
purified purificado(a)
purple violeta, 4.2
to **put** poner, **3.1;** meter
    to put on one's clothes ponerse la ropa, **6.1**
puzzle el rompecabezas

quantity la cantidad
quarter el cuarto
    quarter past (the hour) y cuarto
    quarter to (the hour) menos cuarto
Quechuan quechua
queen la reina
question la pregunta, 3.2
    to answer the question contestar (a) la
        pregunta, 3.2
queue la cola, la fila, **5.1**
quickly pronto, rápido
    as quickly as possible a toda prisa
quite bastante, 1.2

racial racial
racket la raqueta, **4.1**
rain la lluvia
    It's raining. Llueve., **4.1**
to **rain** llover (ue)
    rainy lluvioso(a)
to **raise** levantar
    to raise one's hand levantar la mano, 3.2
rascal el/la pícaro(a)
rather bastante, 1.2
to **read** leer, 5.1
reading la lectura
ready listo(a)
realist el/la realista
really realmente
reason la razón
reasonable módico(a)
    at a reasonable price a precio módico
to **receive** recibir, 5.1
receptacle el receptáculo
record el disco
recourse el remedio
rectangle el rectángulo
recycling el reciclaje
red rojo(a), 4.2
redheaded pelirrojo(a), 1.1
reduced reducido(a)

to **reflect** reflexionar, reflejar
reflection el reflejo
refreshment el refresco, 5.1
region el barrio, la región
relationship la relación
relative el/la pariente(a), 2.1
to **rely on** contar (ue) con
to **remain** quedar, 6.1; **1.1**
remainder el resto
to **rent** alquilar, rentar, 5.1
    to rent a video alquilar (rentar) un video, **5.1**
representation la repesentación
republic la república
    Dominican Republic la República Dominicana
to **require** requerir (ie)
required obligatorio(a)
research la investigación
reservation la reservación
resort la estación
    beach resort el balneario, **4.1**
    ski resort la estación de esquí, **4.2**
respiratory respiratorio(a)
    respiratory system el aparato respiratorio
rest lo demás; el resto
restaurant el restaurante
restroom el aseo
resulting consiguiente
to **return** volver (ue), 6.1; **1.1**
    to return something devolver (ue), 6.1; **1.1**
reverse inverso(a)
review el repaso
revolution la revolución
rice el arroz, 5.2
rich rico(a)
to **ride** montar
    to ride the chairlift tomar (subir en) el
        telesilla, **4.2**
    to ride a donkey montar en un asno
    to ride a horse montar a caballo
    to ride the ski lift subir en el telesilla, **4.2**
right derecho(a), 6.1; **1.1**
right away enseguida, **6.1**
right: to be right tener razón
river el río
    Amazon River el río Amazonas
road el camino
rogue el/la pícaro(a)
role el papel
roll el rollo, **6.2**
    roll of toilet paper el rollo de papel higiénico, **6.2**
roll (bread) el bolillo
roll (sweet) el pan dulce
rolled up enrollado(a)
roof el techo
room el cuarto, 2.2; la pieza; la sala
    classroom la sala de clase

English-Spanish Dictionary

dining room el comedor, 2.2
living room la sala, 2.2
rooster el gallo
routine la rutina, **6.1**
row (of seats) la fila, **5.1**
royal real
to **run** correr, 6.2; **1.2**
rural rural
rush la prisa

sad triste, **2.2;** melancólico(a)
sadness la tristeza
sail la vela
　sail (of a windmill) el aspa
sailboard la plancha de vela, **4.1**
salad la ensalada, 5.1
sale la liquidación, 4.2
salsa la salsa
same mismo(a), 1.2
sand la arena, **4.1**
sandwich el sándwich, 5.1; el bocadillo, 5.1
　ham and cheese sandwich el sándwich de
　　jamón y queso, 5.1
Saturday el sábado, BV
sausage la salchicha
to **save** ahorrar
saving el ahorro
　savings account la cuenta de ahorros
saxophone el saxofón
to **say** decir
　that is (to say) es decir
scale la básucula, **3.1**
schedule el horario
school la escuela, 1.2; el colegio, 1.3; la academia
　elementary school la escuela primaria
　high school el colegio, la escuela superior, la
　　escuela secundaria,
　middle school la escuela intermedia
school (related to) escolar
　school bus el bus escolar, 3.2
　school supplies los materiales escolares, 4.1
science la ciencia, 1.2
　natural sciences las ciencias naturales
scissors las tijeras, 4.1
score el tanto, 6.1; **1.1**
to **score** marcar
　to score a goal meter un gol, 6.1; **1.1**
　to score a point marcar un tanto, 6.1; **1.1**
scoreboard el tablero indicador, 6.1; **1.1**
scrambled revuelto(a)
　scrambled eggs los huevos revueltos
screen la pantalla, **5.1**
　arrival and departure screen (board) la
　　pantalla de salidas y llegadas, **3.1**

scribble el garabato
sculptor el/la escultor(a)
sculpture la escultura
sea el mar, **4.1**
　Caribbean Sea el mar Caribe
　Mediterranean Sea el mar Mediterráneo
seafood los mariscos, 5.1
search: in search of en busca de
to **search** buscar
season la estación
seat el asiento, **3.1;** la butaca, **5.1**
　seat number el número del asiento, **3.1**
second segundo(a)
　second half (soccer) el segundo tiempo, 6.1; **1.1**
secondary secundario(a)
section la sección
security la seguridad
　security checkpoint el control de seguridad, **3.1**
to **see** ver, 5.1
　let's see a ver
　to see a film ver una película, **5.1**
　See you later! ¡Hasta luego!, BV
　See you soon! ¡Hasta pronto!, BV
　See you tomorrow! ¡Hasta mañana!, BV
to **seem** parecer
to **select** seleccionar
　self-portrait el autorretrato
to **sell** vender, 5.2; **2.2**
to **send** enviar
sentence la oración
September septiembre, BV
serape el sarape
series la serie
　World Series la Serie mundial
serious serio(a), 1.1
served servido(a)
seven siete, 1.1
seven hundred setecientos(as), 3.1
seventeen diecisiete, 1.1
seventy setenta, 2.1
to **sew** coser
shampoo el champú, **6.2**
she ella
sheet la hoja
　sheet of paper la hoja de papel, 4.1
shellfish los mariscos, 5.2
ship el buque, la nave
shirt la camisa, 4.2
　short-sleeved shirt la camisa de mangas
　　cortas, 4.2
shoe el zapato, 4.2
　pair of tennis shoes (sneakers) el par de
　　tenis, 4.2
　tennis shoes (sneakers) los tenis, 4.2
to **shop** ir de compras, 5.2
shopping de compras

English-Spanish Dictionary

to go shopping ir de compras, 5.2
short bajo(a), 1.1; corto(a); breve
    short pants el pantalón corto, 4.2
    short sleeve la manga corta, 4.2
    short story la historieta
    short-story writer el/la cuentista
shorts el pantalón corto, 4.2
short-story writer el/la cuentista
should deber
show el espectáculo; **(movies)** la sesión, 5.1
to show mostrar (ue)
    shower la ducha, 6.1
    to take a shower tomar una ducha, 6.1
shut cerrado(a)
shy tímido(a), 1.1
sick enfermo(a), 2.1; mal
    to be sick (ill) estar mal
    sick person, patient el/la enfermo(a), 2.2
side el lado
to sigh suspirar
to sign firmar
similar parecido(a), similar
simple sencillo(a); simple
since desde
sincere sincero(a), 1.1
to sing cantar, 3.1; 5.2
    singer el/la cantante, 5.2
    singles (tennis) los singles, 4.1
sir el señor, BV
sister la hermana, 2.1
to sit down sentarse (ie), 6.1
    situated situado(a)
six seis, 1.1
six hundred seiscientos(as), 3.1
sixteen dieciséis, 1.1
sixty sesenta, 2.1
size la talla, 4.2 el tamaño; **(shoes)** el número
skeletal esquelético(a)
skeleton el esqueleto
ski el esquí, 4.2
    ski lift el telesquí, 4.2
    ski pole el bastón, 4.2
    ski resort la estación de esquí, 4.2
    water skis los esquís acuáticos, 4.1
to ski esquiar, 4.1
    to water-ski esquiar en el agua, 4.1
skier el/la esquiador(a), 4.2
skiing el esquí, 4.1
    waterskiing el esquí acuático, 4.1
skirt la falda, 4.2
sky el cielo, 4.1
slant la inclinación
to sleep dormir (ue), 6.1; 1.1
    sleeping bag el saco de dormir, 6.2
    sleeve la manga

long sleeve la manga larga, 4.2
    short sleeve la manga corta, 4.2
    short sleeved de mangas cortas, 4.2
slope la pista, 4.2
    beginners' slope la pista para principiantes, 4.2
    expert slope la pista para expertos, 4.2
slow pausado(a)
small pequeño(a), 1.2
smoke el humo
to sneeze estornudar, 2.1
snow la nieve, 4.2
to snow nevar (ie)
    It's snowing. Nieva., 4.2
so así; tan
    so much tanto(a)
soap jabón, 6.2
    bar of soap la barra (pastilla) de jabón, 6.2
soccer el fútbol, 6.1; 1.1
    to play soccer jugar (ue) (al) fútbol
    soccer field el campo de fútbol, 6.1; 1.1
    soccer stadium el estadio de fútbol
    soccer team el equipo de fútbol
social social, 1.2
    social studies los estudios sociales, 1.2
sock el calcetín
socks los calcetines, 4.2
soda la gaseosa, 5.1; la soda
soft blando(a)
software el software
some algunos(as); unos(as)
someone alguien, 5.2
something algo
    something else algo más
sometimes a veces, 3.1; 4.1
son el hijo, 2.1
song la canción, el canto
soon pronto
    See you soon! ¡Hasta pronto!, BV
sore: sore throat el dolor de garganta, 2.1
soup la sopa, 5.1
source la fuente
south el sur
    southern hemisphere el hemisferio sur
South America la América del Sur
South American sudamericano(a)
space el espacio
space (related to) espacial
spaceship la nave espacial
Spain España
Spanish español(a)
Spanish (language) el español
    Spanish Club el Club de español
Spanish-speaking de habla española
to speak hablar, 3.1
    to speak on the phone hablar por teléfono, 3.1

English-Spanish Dictionary

special especial
spectacular espectacular
spectator el/la espectador(a), 6.1; **1.1**
speech el habla
to spend gastar
to spend (time) pasar
    to spend one's vacation pasar las vacaciones
    to spend the weekend pasar el fin de
      semana, **4.1**
sport el deporte, 6.1; **1.1**
    individual sport el deporte individual
    team sport el deporte de equipo
sports (related to) deportivo(a)
    sports program la emisión deportiva
spring la primavera, BV
squire el escudero
stadium el estadio, 6.1; **1.1**
    soccer stadium el estadio de fútbol
star la estrella
state el estado
station la estación
    subway station la estación del metro, **5.1**
stationery: stationery store la papelería, 4.1
statue la estatua, **5.2**
to stay: to stay in bed guardar cama, 2.1
steak el biftec
step el paso
stepbrother el hermanastro, 2.1
stepfather el padrastro, 2.1
stepmother la madrastra, 2.1
stepsister la hermanastra, 2.1
stomach el estómago, **2.1**
stomachache el dolor de estómago, 2.1
stone la piedra
to stop parar, 6.1; **1.1**
store la tienda, 4.2
    clothing store la tienda de ropa, 4.2
    department store la tienda de departamentos
    grocery store la tienda de abarrotes, la bodega
    stationery store la papelería, 4.1
    video store la tienda de videos, **5.1**
story el cuento, la historia
    short story la historieta
    short-story writer el/la cuentista
straw la paja
street la calle
string bean el ejote, 5.2
strip la tira
    comic strip la tira cómica
strong fuerte
student el/la alumno(a), 1.2
study el estudio
    social studies los estudios sociales, 1.2
to study estudiar, 3.1
stuffed relleno(a)
    stuffed with relleno de

stupendous estupendo(a)
stupid estúpido(a)
stupidity la tontería
style la moda, el estilo
    in style de moda
subconscious la subconciencia
subject (school) la asignatura, la materia
subtitle el subtítulo
    to have subtitles llevar subtítulos
suburb el suburbio
subway el metro, **5.1**
    subway station la estación del metro, **5.1**
success el éxito
successful: to be successful tener éxito
such tal
suffering el sufrimiento
suit el traje, 4.2
    bathing suit el bañador, el traje de baño, **4.1**
suitcase la maleta, 3.1
    to open the suitcases abrir las maletas, 3.2
    to pack one's suitcase hacer la maleta, 3.1
    to pick up one's suitcases reclamar (recoger)
      las maletas, 3.2
sum el monto
summer el verano, BV; **4.1**
sun el sol
to sunbathe tomar el sol, **4.1**
    sunblock la crema protectora, **4.1**
Sunday el domingo, BV
sunglasses los anteojos de (para el) sol, **4.1**
sunny: It's sunny. Hace (Hay) sol., **4.1**
suntan lotion (cream) la loción (crema)
    bronceadora, **4.1**
superior superior
supermarket el supermercado, 5.2
    (wholesale) supermarket el hipermercado
supplies: school supplies los materiales
    escolares, 4.1
sure seguro(a)
to surf the Net navegar la red
surfboard la tabla hawaiana, **4.1**
surprise la sorpresa
surrealist surrealista
sweet dulce
    sweet roll el pan dulce
to swim nadar, **4.1**
    to swim underwater bucear
    underwater swimming el buceo, **4.1**
symptom el síntoma, 2.2
system el aparato; el sistema
    respiratory system el aparato respiratorio

T-shirt el T-shirt, la camiseta, 4.2
table la mesa, 5.1

folding table la mesa plegable, **6.2**
tablecloth el mantel
tablet la pastilla, la tableta, **2.2**
taco el taco
to **take** tomar, 3.1
    to take a bath bañarse, **6.1**
    to take a flight tomar un vuelo, **3.1**
    to take a hike (long walk) dar una caminata, **6.2**
    to take a shower tomar una ducha, **6.1**
    to take a trip hacer una viaje, **3.1**
    to take (clothing size) usar, 3.2
    to take notes tomar apuntes, 3.2
    to take off quitarse
    to take off (airplane) despegar, **3.2**
    to take out (secretly) escamotear
    to take part tomar parte
    to take the bus tomar el bus
    to take (shoe size) calzar
takeoff el despegue
to **talk** hablar, 3.1
tall alto(a), 1.1
tanning bronceador(a)
    tanning (suntan) lotion (cream) la loción (crema) bronceadora, **4.2**
taste el gusto
taxi el taxi, **3.1**
tea el té
    iced tea el té helado, 5.1
to **teach** enseñar
teacher el/la profesor(a), 1.2; el/la maestro(a),
team el equipo, 6.1; **1.1**
    soccer team el equipo de fútbol
    team sport el deporte de equipo
to **tear: to tear (break) to pieces** hacer pedazos`
technology la tecnología
teeth los dientes, **6.1**
    to brush one's teeth cepillarse los dientes, **6.1**; lavarse los dientes
telephone el teléfono, 3.1
    to call on the phone llamar por teléfono, telefonear
    to speak on the phone hablar por teléfono, 3.1
    telephone company la compañía de teléfonos
    telephone number el número de teléfono
to **telephone** llamar por teléfono, telefonear
television la televisión, 3.1; la tele
temperate templado(a)
temperature la temperatura, **4.2**
ten diez, BV
    by tens de diez en diez
tender tierno(a)
tendon el tendón
tennis el tenis, **4.1**
    pair of tennis shoes (sneakers) el par de tenis, 4.2

to play tennis jugar (ue) (al) tenis, **4.1**
tennis court la cancha de tenis, **4.1**
tennis game el juego (partido) de tenis
tennis player el/la tenista
tennis shoes (sneakers) los tenis, 4.2
tent la carpa, la tienda de campaña, **6.2**
    to pitch a tent armar una tienda de campaña, **6.2**
term el término
terminal la terminal
terrace la terraza, 2.2
terrible terrible
territory el territorio
terror el terror
test el examen
Thank you. Gracias., BV
that que
    that is (to say) es decir
    that which, what lo que
    That's right (true). Es verdad.
the el, la
theater el teatro
    movie theater el cine, **5.1**
theatrical work la obra de teatro
their su(s)
them las, los
    to them les
then entonces; luego
there allí
    there is, there are hay
    There is nothing more we can do. No hay más remedio.
therefore por consiguente
these estos(as)
they ellos(as)
thin delgado(a)
thing la cosa
to **think** creer; opinar
    I think so. Creo que sí.
thirsty: to be thirsty tener sed, 5.1
thirteen trece, 1.1
thirty treinta, 1.1
thirty-eight treinta y ocho, 2.1
thirty-five treinta y cinco, 2.1
thirty-four treinta y cuatro, 2.1
thirty-nine treinta y nueve, 2.1
thirty-one treinta y uno, 1.1
thirty-seven treinta y siete, 2.1
thirty-six treinta y seis, 2.1
thirty-three treinta y tres, 2.1
thirty-two treinta y dos, 2.1
this este(a)
    this afternoon esta tarde
three tres, 1.1
three hundred trescientos(as), 3.1
throat la garganta, **2.1**
    sore throat el dolor de garganta, **2.1**

English-Spanish Dictionary

to **throw** lanzar, 6.1; **1.1**; tirar, 6.2; **1.2**; echar
    Thursday el jueves, BV
    ticket el billete, el boleto, **3.1**, el ticket, **4.2**
        admission ticket la entrada, **5.1**
        to check a ticket revisar el boleto, **3.1**
        plane ticket el boleto de avión
        ticket window la boletería, la ventanilla, **4.2**
    tidbits la chuchería
    tie la corbata, 4.2
    tied (score) empatado(a), 6.1; **1.1**
    time la vez; el tiempo; la hora
        at times (sometimes) a veces, 3.1; **4.1**
        At what time? ¿A qué hora?, BV
        boarding time la hora de embarque
        every time cada vez
        to have a good time divertirse (ie), **6.2**; pasarlo
           bien
        on time a tiempo, **3.1**
        one more time una vez más
        What time is it? ¿Qué hora es?, BV
    timetable el horario
    timid tímido(a), 1.1
    tired cansado(a), **2.1**
    tissue el kleenex, **2.1**
    title el título
    toast el pan tostado, 5.1; **6.1**; la tostada
    toasted tostado(a)
    today hoy, **4.1**
        What day is it (today)? ¿Qué día es (hoy)?
        What is today's date? ¿Cuál es la fecha
           de hoy?
    together junto(a)
    toilet el aseo
        toilet paper el papel higiénico, **6.2**
    tomato el tomate, 5.2
    tomorrow mañana
        See you tomorrow! ¡Hasta mañana!, BV
    ton la tonelada
    tonight esta noche, **4.1**
    tongue twister el trabalenguas
    too también, 1.1
    tooth el diente, **6.1**
    toothbrush el cepillo de dientes, **6.2**
    toothpaste la pasta (crema) dentífrica, **6.2**
        tube of toothpaste el tubo de pasta (crema)
           dentífrica, **6.2**
    top: on top of (por) encima de, **4.1**
    tortilla la tortilla
    total el total, el monto
to **touch** tocar
    toward hacia
    towel la toalla, **4.1**
        beach towel la toalla playera, **4.1**
    town el pueblo
    toxic tóxico(a)
    toy el juguete

    traditional tradicional
    trailer la caravana, **6.2**
    train el tren
    trainer el/la entrenador(a)
    transportation el transporte
        means of transportation el medio de
           transporte
to **travel** viajar
    traveling ambulante
to **treat** tratar
    treasure el tesoro
    tree el árbol
        family tree el árbol genealógico
    triangle el triángulo
    trip el viaje, **3.1**; la excursión
        camping trip la excursión de camping
        to take a trip hacer una viaje, **3.1**
    trombone el trombón
    trophy el trofeo, 6.2; **1.2**
    tropical tropical
    truck el camión
    trumpet la trompeta
    trust la confianza
to **trust** tener confianza en
    truth la verdad
        That's true (the truth). Es verdad.
to **try** tratar de
    tube el tubo
        bronchial tube el bronquio
        tube of cream el tubo de crema
        tube of toothpaste el tubo de pasta (crema)
           dentífrica, **6.2**
    Tuesday el martes, BV
    tuna el atún, 5.2
to **turn around** revolver (ue)
    TV la televisión, 3.1; la tele
    twelve doce, 1.1
    twenty veinte, 1.1
    twenty-eight veintiocho, 1.1
    twenty-five veinticinco, 1.1
    twenty-four veinticuatro, 1.1
    twenty-nine veintinueve, 1.1
    twenty-one veintiuno, 1.1
    twenty-seven veintisiete, 1.1
    twenty-six veintiséis, 1.1
    twenty-three veintitrés, 1.1
    twenty-two veintidós, 1.1
    two dos, 1.1
    two hundred doscientos(as), 3.1
    type el tipo
    typical típico(a)

U

ugly feo(a), 1.1
uncle el tío, 2.1

under bajo, **4.2;** debajo (de)
undershirt la camiseta, 4.2
to **understand** comprender, 5.1
underwater: to swim underwater bucear
   underwater swimming el buceo, **4.1**
uniform el uniforme, 3.2
United States Estados Unidos
university la universidad
unloading el desembarque
unoccupied libre, 5.1
until hasta
to **use** usar, 4.2
utensil el utensilio
   plastic utensil el utensilio de plástico

vacation la vacación
   to spend one's vacation pasar las vacaciones
valedictorian valedictoriano(a)
vanilla vainilla
   vanilla ice cream el helado de vainilla, 5.1
variety la variedad
various vario(a)
to **vary** variar
vegetable la legumbre, el vegetal, 5.2
vein la vena
Venezuelan venezolano(a), 1.1
version la versión
   in the original version en versión original
very muy, 1.2
   very well muy bien, BV
vest el chaleco
victim la víctima
video el video, 3.2
   to rent a video alquilar (rentar) un video, **5.1**
   video store la tienda de videos, **5.1**
view la vista
viola la viola
violin el violín
violet violeta, 4.2
to **visit** visitar, **5.2**
vital vital
vitamin la vitamina
voice la voz
volleyball el voleibol
volume el volumen
vowel la vocal

to **wait (for)** esperar, 5.1
   waiter el mesero, el camarero, 5.1
   waitress la camarera, la mesera, 5.1
to **wake up** despertarse (ie), **6.1**
to **walk** ir a pie, 3.2; andar, caminar

walk (long) la caminata, **6.2**
   to take a long walk dar una caminata, **6.2**
to **want** desear, querer (ie)
   to be longing to (to want) tener ganas de
to **wash** lavar
to **wash oneself** lavarse, **6.1**
  waste el desecho
to **watch** mirar, 3.1; ver
   to watch a film ver una película, **5.1**
  water el agua, 5.2
   mineral water el agua mineral, 5.2, **6.2**
   to swim underwater bucear
   underwater swimming el buceo, **4.1**
  water (related to) acuático(a)
   waterskiing el esquí acuático, **4.1**
   water skis los esquís acuáticos, **4.1**
to **waterski** esquiar en el agua, **4.1**
  waterskiing el esquí acuático, **4.1**
  wave la ola, **4.1**
  way el camino
  we nosotros(as)
  weak débil
to **wear** llevar, 3.2; **(shoe size)** calzar
  weather el tiempo
   It's cold (weather). Hace frío., **4.2**
   It's cool (weather). Hace fresco.
   It's hot (weather). Hace calor., **4.1**
   The weather is bad. Hace mal tiempo., **4.1**
   The weather is nice. Hace buen tiempo., **4.1**
   What is the weather (like)? ¿Qué tiempo hace?, **4.1**
  Web page la página Web
  Wednesday el miércoles, BV
  week la semana
   last week la semana pasada, **4.1**
  weekend el fin de semana
   last weekend el fin de semana pasado, **4.1**
   to spend the weekend pasar el fin de semana, **4.1**
to **weigh** pesar
  weight el peso
  welcome bienvenido(a)
   You're welcome. De nada., Por nada., No hay de qué., BV
  well bien; pues, 1.1
   to do well (on an exam) salir bien (en un examen)
   very well muy bien, BV
  what? ¿qué?, ¿cuál?, ¿cómo?
   At what time? ¿A qué hora?, BV
   What a . . . ! ¡Qué... más... !
   what color? ¿de qué color?, 4.2
   What day is it (today)? ¿Qué día es (hoy)?, BV
   What is he (she, it) like? ¿Cómo es?
   What is the weather (like)? ¿Qué tiempo hace?, **4.1**

English-Spanish Dictionary

What is today's date? ¿Cuál es la fecha de hoy?, BV
What luck! ¡Qué suerte!
what nationality? ¿de qué nacionalidad?, 1.1
What's new (up)? ¿Qué hay?
What a shame! ¡Qué pena!
What size do you wear? ¿Qué número usa Ud.?, ¿Qué talla usa Ud.?, 4.2
What's the matter (with you)? ¿Qué te pasa?, **2.1**; ¿Qué tienes?
What time is it? ¿Qué hora es?, BV
when cuando, 3.2
when? ¿cuándo?, 3.1
where? ¿dónde?, 1.1; ¿adónde?, 3.2
from where? ¿de dónde?, 1.1
which? ¿cuál?
while el rato; mientras
white blanco(a), 4.2
who? ¿quién?, ¿quiénes?, 1.1
whose? ¿de quién?
why? ¿por qué?
widow la viuda
widowed viudo(a)
widower el viudo
wife la esposa; la mujer
to **win** ganar, 6.1; **1.1**
wind el viento
windmill el molino de viento
window: ticket window la boletería, la ventanilla, **4.2**
to **windsurf** hacer la plancha de vela
windy: It's windy. Hace (Hay) viento.
winter el invierno, BV; **4.2**
wise sabio(a)
wish el deso; la gana
to **wish** desear, querer (ie)
with con
with a delay con una demora, **3.1**
with himself (herself, themselves) consigo
within dentro de
without sin
without equal sin par
woman la mujer

wool la lana
word la palabra
work la obra, el trabajo
Let's get to work! ¡Manos a la obra!
theatrical work (play) la obra de teatro
to **work** trabajar, 4.2
world el mundo
world (related to) mundial
World Cup la Copa mundial
World Series la Serie mundial
worth: to be worth valer
wounded herido(a)
to **write** escribir, 5.1
writing pad el bloc, 4.1

year el año
to be . . . years old tener... años, 2.1
last year el año pasado
yellow amarillo(a), 4.2
yes sí
yesterday ayer, **4.1**
yesterday afternoon ayer por la tarde, **4.1**
yesterday morning ayer por la mañana
you te; ti; tú; usted; ustedes; vosotros(as)
to you le; les; ti
You're welcome. De nada., Por nada., No hay de qué.
young joven, **2.1**
young page (of a royal family) el/la menino(a)
young person el/la joven, **5.1**
younger menor, 2.1
youngest el/la menor, 2.1
your tu(s); su(s); vuestro(a); vuestros(as)
It's your turn! ¡Te toca a ti!

zero cero
below zero bajo cero, **4.2**
zone la zona

Index

Credits

Glencoe would like to acknowledge the artists and agencies who participated in illustrating this program: Geo Parkin represented by American Artists Inc.; Carlos Lacamara; Karen Maizel; Lyle Miller; Ortelius Design, Inc.; Andrew Shiff; David Broad and Jane McCreary represented by Ann Remen-Willis; Joe Veno represented by Gwen Walters

Cover (tl)Picture Finders Ltd./eStock Photo, (tr)Kevin Schafer/CORBIS, (b)Ed McDonald; **iii** Jeremy Horner/CORBIS; **iv** (t)James Marshall/CORBIS, (b)Owen Franken/CORBIS; **v** (l)S. Carmona/CORBIS, (r)Larry Hamill; **vi** (t)Andrew Payti, (b)Curt Fischer; **vii** Ismael Jordá/Airliners.net; **ix** Dave G. Houser/CORBIS; **x** Chris Rainier/CORBIS; **xi** CORBIS; **xiii** (t)Andrew Payti, (bl)Randy Faris/CORBIS, (br)PhotoDisc; **xxvi** (t)Timothy Fuller, (c)Mark Smestad, (b)Curt Fischer; **xxvii** (t)Timothy Fuller, (b)Ed McDonald; **0 R1** Larry Hamill; **R2** (tl)Ann Summa, (tr b)Larry Hamill; **R3** (t)Owen Franken/CORBIS, (b)Michelle Chaplow; **R4 R5** Larry Hamill; **R6** Robert Frerck/Odyssey; **R7** (tl)Larry Hamill, (tr)Ann Summa, (b)James Marshall/CORBIS; **R8 R9** Larry Hamill; **R10** (l)Luis Delgado, (r)Michelle Chaplow; **R11** (t)Mark Smestad, (b)Andrew Payti; **R13** Andrew Payti; **R14** John Hicks/eStock; **R15** (t)Luis Delgado, (b)Andrew Payti; **R16** Larry Hamill; **R17** Jeremy Horner/CORBIS; **R18 R20** Andrew Payti; **R21** (l)Larry Hamill, (r)Kim Steele/PhotoDisc; **R22 R23** Andrew Payti; **R25** Pablo Corral V/CORBIS; **R26** Larry Hamill; **1** (l)Getty Images, (r)Ann Summa; **2** Danny Lehman/CORBIS; **5** Tim DeWaele/CORBIS TempSport; **6** Martin Rogers/CORBIS; **7** (l)Andrew Payti, (r)David Leah/Getty Images; **10** Andrew Payti; **11** David R. Frazier/Photo Researchers; **12** Matthew Stockman/Getty Images; **13** (t cl)Aaron Haupt; (cr b)Curt Fischer; **14** Andrew Payti; **15** Dimitri Lundt/CORBIS TempSport; **16** Michelle Chaplow; **17** Reuters NewMedia/CORBIS; **18** Andrew Payti; **19** Robert van der Hilst/CORBIS; **22** (l)Jose Luis Villegas/Latin Focus.com, (r)Ross Kinnaird/Getty Images; **23** (l)Andrew Redington/Getty Images, (r)Shaun Botterill/Getty Images; **26** (t)Andrew Payti, (b)Duomo/CORBIS; **27** (t)Andrew Payti; (b)Simon Bruty/Getty Images; **29** Andrew Payti; **30** Courtesy Justo Lamas; **32** (t)Bettmann/CORBIS, (b)S. Carmona/CORBIS; **34** (t)S. Carmona/CORBIS, (c)Simon Bruty/Getty Images, (b)Reuters NewMedia/CORBIS; **35** (l)Ron J. Berard/CORBIS, (r)Chris Trotman/CORBIS; **36** Luis Delgado; **40** Timothy Fuller; **41** Andrew Payti; **42** Ann Summa; **43** (tl b)Larry Hamill, (tr)Ann Summa; **44** (tl)PhotoDisc, (tr)Ann Summa, (bl)Larry Hamill, (br)EyeWire; **46** Michelle Chaplow; **47 48 50** Andrew Payti; **51** (t)Neil Beer/Digital Stock/CORBIS, (b)Andrew Payti; **52** Ken Karp; **53** Larry Hamill; **54** Michelle Chaplow; **56** Curt Fischer; **57** Luis Delgado; **58** Curt Fischer; **59** Atonio Azcona; **60** Larry Hamill; **63** Andrew Payti; **64** Michelle Chaplow; **65** Michael Busselle/CORBIS; **67** Larry Hamill; **69** Andrew Payti; **70** Courtesy Justo Lamas; **74** (t)Hans Georg Roth/CORBIS, (b)Andrew Payti; **75 77** Curt Fischer; **78** Larry Hamill; **79** (l)Larry Hamill, (r)Ann Summa; **80** Ann Summa; **81** Michelle Chaplow; **84 86** Andrew Payti; **87** CORBIS; **88** Robert Frerck/Woodfin Camp & Associates; **89** Ted Mahieu/CORBIS; **90** (l)Toni Marimon/Airliners.net, (r)Ismael Jordá/Airliners.net; **91** Michelle Chaplow; **92** Andrew Payti; **93** Thomas D. Mayes, Jr; **93** Andrew Payti; **95** (l)Andrew Payti, (r)CORBIS; **96** Andrew Payti; **98** Larry Hamill; **100** (l)Andrew Payti, (r)Enzo & Paolo Ragazzini/CORBIS; **101** Jay Dickman/CORBIS; **102** Luis Delgado; **103** Michelle Chaplow; **104** Owen Franken/CORBIS; **106** Antonio Azcona; **107** Andrew Payti; **108** Courtesy Justo Lamas; **112 113** Andrew Payti; **114** Latin Focus.com; **117** Michelle Chaplow; **118** Larry Hamill; **119** (l)Superstock, (r)Andrew Payti; **120** (tl b)Andrew Payti, (tr)Reuters NewMedia/CORBIS; **121** (tl tr cl b)Andrew Payti, (cr)Pascal Rondeau/Getty Images; **122** (t 3)Andrew Payti, (1 2 4)C. Squared Studios/PhotoDisc; **123** (l)Andrew Payti, (r)Michael T. Sedman/CORBIS; **125** Yann Arthus-Bertrand/CORBIS; **127** Digital Vision; **128** Buddy Mays/CORBIS; **130** (1)Thomas Veneklasen, (2)Aaron Haupt, (3)Barb Stimpert, (4)Alaska Stock Images, (5)Amanita Photos; **131** John Curtis/DDB Stock Photo; **132** Luis Delgado; **133** (t)Luis Delgado, (b)Andrew Payti; **134 135** Andrew Payti; **136** Hubert Stadler/CORBIS; **138** Larry Hamill; **140** (t)Larry Hamill, (b)Stephanie Maze/CORBIS; **141** Luis Delgado; **142 143** Andrew Payti; **144** (l)Glen Allison/PhotoDisc, (r)Andrew Payti; **145** (l)Timothy Fuller, (r)S.P. Gillette/CORBIS; **147** Lori Shetler; **148** Courtesy Justo Lamas; **149** Robert Fried; **152** (t)CORBIS, (bl)D. Stonek/Latin Focus.com, (br)James Davis, Eye Ubiquitous/CORBIS; **153** (t)Robert Laberge/Getty Images, (b)AFP/CORBIS; **155** (t)Andrew Payti, (cl)Pat Canova/Index Stock, (cr)Larry Hamill, (b)Brian A. Vikander/CORBIS; **158 159** Ann Summa; **160** Andrew Payti; **161** Keith Dannemiller/CORBIS SABA; **162** (t)Owen Franken/CORBIS, (c b)Andrew Payti; **163 164 165** Andrew Payti; **166** (t)Andrew Payti, (b)Glencoe photo; **167** Andrew Payti; **168** Neal Preston/CORBIS; **169** Martin Rogers/CORBIS; **173** Antonio Azcona; **174** Andrew Payti; **176** Larry Hamill; **178** Paul Almasy/CORBIS; **179** Owen Franken/CORBIS; **180** José Fuste Raga/CORBIS; **181 182 183** Andrew Payti; **185** Paul Almasy/CORBIS; **186** Courtesy Justo Lamas; **188** Andrew Payti; **190** (tl)Francisco de Goya, The Marquesa de Pontejos, Photograph © Board of Trustees, National Gallery of Art, Washington DC, (tr)Burstein Collection/CORBIS, (b)Albright-Knox Art Gallery/CORBIS; **191** The Museum of Modern Art, NY; **192 193** Reuters NewMedia/CORBIS; **195** (t)Getty Images, (c)Dave G. Houser/CORBIS, (b)Danny Lehman/CORBIS; **197** Andrew Payti; **198** Ann Summa; **199** (l)Ann Summa, (r)Ralph A. Clevenger/CORBIS; **201** Ann Summa; **203 205 206 207** Andrew Payti; **209** (t)Francesc Muntada/CORBIS, (tl cr bl br)Curt Fischer, (cl)Aaron Haupt, (c bcl bcr)Andrew Payti; **210** Luis Delgado; **211** Andrew Payti; **212** Curt Fischer; **213 214** Andrew Payti; **216** Luis Delgado; **218** (t)Galen Rowell/CORBIS, (c)Roger Ressmeyer/CORBIS, (b)Franz-Marc Frei/CORBIS; **219** David Young-Wolff/Photo Edit; **220 221 222** Andrew Payti; **223** Chris Rainier/CORBIS; **224** Ann Summa; **225** Franz-Marc Frei/CORBIS; **226** Courtesy Justo Lamas; **230** (t)Getty Images, (c)Curt Fischer, (b)Ann Summa; **231** Ann Summa; **232** Dorantes Sergio/CORBIS Sygma; **233** (t)Chris Rainier/CORBIS, (c b)Andrew Payti; **235** Ann Summa; **236** Esbin-Anderson/The Image Works; **236–237** CORBIS; **241** Chip & Rosa Maria Peterson; **242** Andrew Payti; **244** Cheryl Fenton; **244–H1** Ann Summa; **H5** Curt Fischer; **H7** Michelle Chaplow.